新智微光

科技创新驱动新质生产力

王鹏 史哲 李枫 著

电子工业出版社
Publishing House of Electronics Industry
北京·BEIJING

内容简介

创新成就的铸就，背后是深度思考凝练的智慧。在学术领域中，"新"体现为新方法、新材料的探索；在工业领域内，"新"展现在新技术、新产品的研发；在商业世界里，"新"聚焦于新模式、新设计的构建。本书集合了二十位不同领域创新者的独到见解，他们中有教授、企业家、创业者及活动家。在科技迅猛发展的人工智能时代，他们围绕如何实现从无到有的突破、怎样攻克技术推广难题，分享自己的经验与思考。他们是教育、医疗、农业、制造、体育、音乐、艺术等行业的杰出代表，在被层层追问的深度对话中，阐释了自己投身下一代机器人、消费电子、航空航天智能化升级改造事业的缘由。

在全力推动新质生产力发展的当下，这些高质量对话如点点微光，穿透时空，等待时间的检验。它们启迪心灵，吸引着志同道合之人，汇聚各方力量，为科技创新的引擎注入活力。

本书适合关注科技发展趋势的高校学生与科研工作者阅读，也为在职业道路上寻觅引领者和同行者的从业者提供指引，同时可供对人工智能满怀兴趣的观察者与传播者参考。

未经许可，不得以任何方式复制或抄袭本书之部分或全部内容。
版权所有，侵权必究。

图书在版编目（CIP）数据

新智微光：科技创新驱动新质生产力 / 王鹏，史哲，李枫著. — 北京：电子工业出版社，2025.5.（2025.9重印）. — ISBN 978-7-121-50184-5

Ⅰ.F124.3；F120.2

中国国家版本馆 CIP 数据核字第 2025RX4970 号

责任编辑：宋亚东
文字编辑：高丽阳
印　　刷：北京捷迅佳彩印刷有限公司
装　　订：北京捷迅佳彩印刷有限公司
出版发行：电子工业出版社
　　　　　北京市海淀区万寿路 173 信箱　　邮编：100036
开　　本：880×1230　1/32　印张：11　字数：316.8 千字
版　　次：2025 年 5 月第 1 版
印　　次：2025 年 9 月第 2 次印刷
定　　价：78.00 元

凡所购买电子工业出版社图书有缺损问题，请向购买书店调换。若书店售缺，请与本社发行部联系，联系及邮购电话：(010) 88254888，88258888。

质量投诉请发邮件至 zlts@phei.com.cn，盗版侵权举报请发邮件至 dbqq@phei.com.cn。

本书咨询联系方式：syd@phei.com.cn。

序　言

科技创新与人类福祉

2023年9月以后的数月之内，国内主要媒体掀起了报道"以全要素生产率大幅提升为核心标志"理论的高潮，"新质生产力"概念得到传播和普及。与此同时，众多的学术机构开始研究"新质生产力"，出版了数量可观的以"新质生产力"为主题的图书。但是，在众多相同主题的出版物中，提出深刻思想绝非易事，对作者的创意也是一项挑战。一年多之后，王鹏博士等人所著的《新智微光：科技创新驱动新质生产力》一书，令人耳目一新，其写作特色和思想内容都值得肯定。

（一）特色：对话式的内容呈现

关于《新智微光：科技创新驱动新质生产力》的写作特色，是显而易见的：采用了对话式的内容呈现方式，通过与各行各业专家的深度访谈，展现了科技创新的多元视角。

在前言中，作者王鹏分享了这本书采用对话形式的缘起：2021年疫情期间开始的《差分机》科技播客节目。"差分机"（difference engine）是19世纪20年代由英国数学家查尔斯·巴贝奇（Charles Babbage，1791—1871）发明的机械计算机。以差分机命名播客节目，新颖有趣，也契合博客的科技主题。王鹏认为这一科技传播工作是"打着一个看似冠冕堂皇的旗号，实则是想借此机会，邀请身边各行各业的专家，以提问为工具，将个人的好奇转化为大家共同的知识盛宴"。这种科普精神贯穿全书，使复杂的科技话题变得平易近人。这种从实践中提炼的内容，使本书具有很强的现实针对性和时代感，反映了科技领域的真实思考和挑战。

《差分机》播客的主理人有两位。其一是王鹏博士，她扮演对话引导者的角色。王鹏善于从技术原理和社会影响角度，提出深刻而有启发性的问题，引导嘉宾深入探讨科技领域的前沿话题。从对话内容中可以看出，她擅长将抽象的科技概念具体化，帮助读者理解复杂的技术原理。其二是史哲博士，他从关注科技如何真正落地应用、如何创造商业价值出发，引导嘉宾探讨产业应用和商业模式，展现了对产业链供应链的深刻理解，以及对技术商业化路径的独到见解。这种互动为听众提供了一种大科技视角。

因此，王鹏和史哲在书中不仅贡献了各自的专业知识和见解，还通过他们的协作对话，为读者呈现了一幅关于科技创新驱动新质生产力的全景图，使复杂的科技话题变得生动、可理解且具有启发性。

（二）知识的共创与互补

王鹏和史哲不仅是对话的主持者，也是内容的贡献者。他们及嘉宾团队不仅秉持着科技应当普惠大众的理念，还在互动中共同构建了关于科技创新驱动新质生产力的知识体系，共同创造了一种知识共创的价值和模式，并从中体现出王鹏与史哲都关注如何让前沿科技更好地服务社会，推动更多人理解并参与科技创新的初衷。这一理念贯穿全书，且有如下特点。

第一，播客的主理人与嘉宾的思想碰撞与互动。他们通过思想碰撞的氛围，让思想刺激思想，让知识产生思想。例如，在与刘百奇讨论商业航天时，王鹏提出了关于"飞碟形状的飞行器"的思考，将对话引向更广阔的想象空间。而在与李洪波探讨智慧物流时,史哲基于自己的行业经验,提出了关于"物流地域差异与发展格局"的深刻见解。这种互动不仅丰富了内容,更创造了一种思想交流的氛围,让读者置身于一场高水平的学术沙龙活动中。

第二,文科、理科和工科的融合。王鹏更多从理论和人文角度提问,关注技术的本质和社会影响;而史哲更多从产业和应用角度切入,关注技术如何落地和创造价值,共同构建了一个更全面的知识框架。例如,这种互补性在与王剑飞讨论生物医学工程时表现得尤为明显。王鹏关注的是"医工交叉"的学科本质和技术原理,而史哲更关注医疗设备的产业化和规模应用。在"商业航天"一章,王鹏提出了关于太空科技普及的问题,而史哲关注火箭发射的商业模式和产业链构建。

第三,科技普惠理念始终一贯。王鹏和史哲不仅关心技术本身,更关心技术如何服务于社会的基本需求。所以,贯穿全书的核心理念是科技应当普惠大众。王鹏在与吴岱妮讨论情感计算时,所关注的是如何让这项技术帮助更多普通人了解自己的情绪状态。在"AI 医疗"一章,史哲提出了关于医疗资源分配的问题,关注如何让 AI 技术帮助解决医疗资源不均衡的社会难题。这种普惠理念在对农业 AI 应用的讨论中尤为明显。当林咏华介绍 AI 在农业中的应用时,王鹏和史哲都表达了对如何让这些技术帮助小农户、提高粮食产量的关注。

第四,跨界思维的践行者。王鹏曾有在英特尔中国研究院担任副院长和负责政府与企业合作业务的经历,得以形成多角度审视科技问题,以及将复杂技术转化为通俗语言的能力。王鹏在香港城市大学创意媒体学院的工作经验,又使她能够将科技与人文艺术自然融合。在"新媒体艺术"一章,王鹏与胡斐的对话展现了她对艺术与技术融合的独特见解。她提出:"如果说技术是新媒体艺术创作的第一根支柱,那么艺术表达就是第二根，市场消费是第三根。"这种系统性思维将技术、艺术和市场有机结合，展现了她跨界思考的深度。在与诸葛越讨论未来算法时，王鹏关注算法对普通人生活的影响，提出了关于个人隐私保护的问题，反映了她不仅关注技术本身，更关注技术的社会影响和伦理价值。

第五，拓展产业实践的洞察深度。作为富士康科技集团首席数字官及智能制造平台负责人，史哲为本书带来丰富的产业实践经验。在讨论精密制造、智慧物流等内容时，史哲的见解都直指产业应用的核心挑战。在与王健讨论精密制造时，史哲提出了关于"工业4.0时代数字化转型"的思考，将抽象的技术概念与具体的产业实践相结合。在"智慧物流"一章，史哲基于自身经验，分析了物流行业的变革与C2M模式下的配送挑战，展现了他对产业发展趋势的深刻理解。特别是，史哲关注如何构建产业生态。在"AR眼镜"一章，他谈到了关于Meta、Apple等互联网巨头的布局理念，探讨了不同公司如何在新兴技术领域构建生态系统。这种对产业生态的关注，反映了他作为产业实践者的独特视角。

简而言之，本书展现了学术与产业、理论与实践的互补过程。这种互补性使全书的对话既有理论深度，又能得到实践经验的支持，构建了一种赋予高科技能量的前沿知识体系。

（三）实现多维度的探索

作者王鹏博士及其嘉宾团队通过对话和深入分析，揭示了科技与社会发展的深刻联系，为读者提供了全新的视角和启发。每章都以问答的形式展开，让读者仿佛置身于与行业领袖的面对面交流中。这种形式使复杂的科技话题变得生动易懂，同时保留了专业讨论的深度和广度。本书从以下四个维度做出了有益的探索。

第一，跨领域的科技探索。本书涵盖了极为广泛的科技领域，包括：对话机器人、动作捕捉、AR 眼镜、精密制造、AI 医疗、AI 农业、情感计算、智慧物流、未来算法、商业航天、生物医学工程、新媒体艺术、人工智能助手、自动化控制系统、AI 作曲、主动降噪、科技体育、AI 艺术创作等。书中深入探讨了这些领域之间的交叉融合。例如，在"动作捕捉"一章，讨论了如何将动作捕捉技术应用于电影特效、游戏开发、医疗康复等多个领域。"AR 眼镜"一章不仅讨论了光学技术，还涉及了芯片、算法、交互设计等多个技术领域的融合。"精密制造"一章探讨了如何将数字化、智能化技术应用于传统制造业，实现产业升级。"AI 农业"一章展示了如何将人工智能、大数据、物联网等技术应用于农业生产，提高农业的生产效率和可持续性。这种跨领域的探索不仅为读者提供了全面了解当代科技发展趋势的窗口，还展示了不同技术领域之间的联系和互补性，启发读者思考科技创新的无限可能。

第二，理论与实践相结合的探索。书中不仅讨论了各种前沿科技的理论基础，还通过实际案例和应用场景，展示了这些技术如何在现实世界中发挥作用。例如，"AI 医疗"一章详细介绍了如何利用语音生物标记技术进行抑郁症早期筛查，并讨论了该技术在临床应用中的挑战和机遇。"智慧物流"一章通过分析电商物流的发展历程，展示了如何利用人工智能和自动化技术提高物流效率。"未来算法"一章通过日常生活中的例子，如餐厅选择、时间管理等，解释了算法如何影响人们的决策过程。"新媒体艺术"一章通过具体的艺术作品案例，展示了如何利用新技术创造全新的艺术表现形式。这种理论与实践相结合的方法，使读者不仅能够了解科技发展的前沿，还能理解这些技术如何在现实世界中应用和发挥作用。

第三，人文关怀与科技伦理的探索。本书不仅关注技术本身，还深入探讨了科技发展带来的社会影响和伦理问题。例如，"情感计算"一章探讨了技术如何帮助人们更好地理解自己的情绪状态，同时提出了隐私保护的重要性。"人工智能助手"一章探讨了 AI 与人类的信任关系，以及如何在提高效率的同时保持人类的决策主导权。"有关 AI 艺术创作的讨论"一章讨论了人工智能在艺术创作中的角色，以及如何平衡技术创新和人类创造力。"未来算法"一章提出了"算法其实是规则制定者的意志体现"的观点，引发读者对算法公平性和透明度的思考。这种对人文关怀和伦理问题的探讨，使本书不仅是一本科技著作，更是一本引导读者思考科技与人类社会关系的哲学作品。

第四，前沿视角与未来展望的探索。作为一本发行于 2025 年的著作，本书提供了对科技未来发展的前瞻性思考。每一章内容不仅介绍了当前的技术状态，还展望了未来可能的发展方向。例如，"商业航天"一章讨论了未来火箭的寿命单位将从"次"变为"年"，预示着航天技术的重大突破。"生物医学工程"一章探讨了如何通过"医工交叉"延长人类寿命，展望了未来医疗技术的发展方向。"AR 眼镜"一章预测了未来 10 年光波导技术将成为主流方案，展望了 AR 技术的发展路径。"AI 农业"一章展望了未来农业的数字化转型，预测了精准收割与高效作业的实现。这种前瞻性的思考不仅展示了科技发展的可能性，还为读者提供了一个思考未来的框架，激发了创新思维。

（四）走向技术普惠的未来

作为一部汇聚创新实践者智慧的著作，本书旨在探讨在人工智能时代如何激活生产力、突破技术瓶颈，并推动社会各领域的变革。本书的核心价值在于：科技进步是重要的，但是，更为重要的是如何实现科技进步服务于人类福祉，构建科技与人类福祉的互动机制。正如美国风险资本家罗恩·康威（Ronald Conway，1951—）所言："科技不仅能愉悦、娱乐我们的生活，让我们的生活更方便，它还是社会公益的推动者。"

序言

在人工智能、大数据等新技术浪潮席卷全球的今天，如何坚持人文关怀和确保科技发展方向与人类共同利益的一致，避免科技成果为少数利益集团垄断，已经成为时代性课题。其中，所谓的"技术封建主义"与"技术垄断"是当代社会面临的两个密切相关但又有所区别的挑战。

技术封建主义，首先来自希腊经济学家亚尼斯·瓦鲁法基斯（Yanis Varoufakis, 1961—）在2023年出版的《技术封建主义：什么杀死了资本主义》（Technofeudalism: What Killed Capitalism）一书，指的是在数字化时代出现的一种新型权力结构，其中技术巨头和掌握先进技术的精英阶层形成了类似于封建时代的主从关系。在这种结构中，普通用户成为"数字农奴"，依附于技术平台提供的服务，而无法真正掌握自己的数字命运。

虽然本书没有直接提及和批判技术封建主义，但是"未来算法"一章的内容，恰恰直指技术封建主义的核心特征：（1）算法的不透明性。诸葛越在讨论智能排序时指出："智能排序的准则并不明确。它可能是基于某种推荐算法，或者是商家的付费排序。"这种不透明性使普通用户无法理解背后的决策逻辑。（2）数据控制权的不对等。书中提到："App方自然希望用户能够提供尽可能多的信息，以更全面地了解用户并提供更优质的服务。"这种数据收集往往是单向的，用户很少能完全控制自己的数据。（3）依赖性的形成。如同外卖骑手被困在算法系统中，普通用户也逐渐依赖技术平台提供的服务，难以脱离。

至于技术垄断，则是指少数科技公司通过控制关键技术、平台和数据，形成市场支配地位，从而限制竞争、创新和用户选择的现象。本书也并未就技术垄断做专题讨论，但是书中"智慧物流""未来算法""商业航天"这三章的内容中，都涉及技术垄断的基本问题：（1）市场集中度。李洪波提到物流行业的发展趋势时指出，头部企业会逐渐形成联盟,分享他们的视角,从而实现端到端的优化。这种集中化趋势是技术垄断的前兆。(2)技术壁垒。刘百奇在讨论商业航天时提到:"目前全球仅有11个国家和地区具备研制火箭的能力。"这种高技术壁垒使只有少数参与者能够进入市场。(3)数据垄断。"未来算法"一章提到:"当我们使用算法驱动的App时,一方面,我们正在为算法输入数据;另一方面,算法也在为我们提供便利。"这种数据积累形成了巨大的竞争优势,新进入者难以匹敌。

在现实经济生活中,技术封建主义与技术垄断存在紧密的关联,但它们关注的角度有所不同:(1)权力结构对市场结构。技术封建主义主要关注技术带来的权力关系变化,而技术垄断则更关注市场竞争格局的变化。(2)互补关系。技术垄断为技术封建主义提供了经济基础,而技术封建主义强化了技术垄断的社会影响。书中"未来算法"一章所述的"算法其实是规则制定者的意志体现",其实既是垄断的结果,也是封建结构的表现。(3)共同挑战。二者都对民主、平等和个人自由构成挑战。对此,本书提出了尖锐的拷问:"我们是算法的主宰,还是其下面的劳工?"这个拷问同时触及技术封建和技术垄断两个维度。

本书的诸多观点有助于对技术封建主义和技术垄断的批判:(1)透明度与问责制。如书中所述:"了解算法原理之后,我们可以更深入地看透智能背后的隐性商业目标。"增加算法透明度是对抗技术封建主义的重要手段。(2)数据权利。书中提到:"每个人都应该有意识地保护自己的个人数据和隐私。"这种意识的提升有助于重新平衡技术公司与用户之间的利益关系。(3)多元化与竞争。"新媒体艺术"一章提到:"艺术需要多元化。"同样,技术领域也需要多元化的参与者和竞争者,以防止垄断的形成。(4)公共政策与监管。如书中所述:"技术发展迅速,而监管和法律往往滞后于它。"加强监管和制定前瞻性政策是应对技术垄断的必要手段。(5)技术民主化。"生物医学工程"

一章提到了"医工交叉"的重要性，这种跨学科合作模式可以作为技术民主化的一种途径，使技术发展更加包容和多元。

总之，面对技术封建主义和技术垄断的挑战，我们需要构建一种更加平等、开放和民主的技术生态系统，通过提高公众的技术素养，加强监管框架，促进技术多元化和开源运动。只有这样，我们才有可能打破技术封建主义和技术垄断的循环，创造一个更加公平和可持续的技术未来。

本书不仅是一本科技含量很高的著作，而且是一次跨越学科边界的知识探索之旅，为读者展现了认知新质生产力发展的宽广视野。本书通过多元视角的碰撞提供了富有启发性的思考，也有值得欣赏的学术价值。

朱嘉明

经济学家

横琴粤澳深度合作区数链数字金融研究院学术与技术委员会主席

2025 年 4 月 12 日

前　言

2024 年 3 月 30 号，温暖和煦的阳光洒在身上，没有风雨，郊外的山上开满了桃花，北京美丽而短暂的春天来了。三环路上车流量大，平常 30 分钟的车程，需要 50 分钟才能走完。地铁 10 号线上挤满了人，有人穿着夏天清凉的短袖 T 恤，有人穿着冬天灰暗厚重的棉服。在这样充满生机的时节，人的心情自然而然地喜悦起来。与此同时，心绪也容易被外界的纷繁变化所扰动，有时平静有时烦躁有时迷茫有时坚定。在这平凡且普通的一天，我得花点时间梳理文字，给自己、给编辑、给读者一个花点时间翻一翻这本书的理由。

从记事起，有些人生目标会被我父母反复念叨，大概"70 后"都听过，比如长大以后"当科学家"和"考清华"。至于要当科学家，似乎是一条公理，不需要证明；除了科学家还有别的什么家可以当，也不需要解释和说明。作为出生在农村的女孩，还有些人生信条会被母亲大人常年灌输，就是"要给妈争气，让他们知道女孩不比男孩差"。至于为什么给妈争气而不给爸争气，似乎显而易见却毫无道理。有一种隐性的力量，在相当长的时间里影响着我观察世界的方式，比如很喜欢问为什么，以为找到了原因就能解决问题。同样的力量，也影响着我看待人、事、物的角度，比如对立关系或统一关系。

对我而言，提问不仅是探索世界的途径，更是与人建立紧密联系的桥梁。巧妙运用提问，既能满足内心的好奇，又能为工作与生活增添助力。

新冠疫情期间，播客这种网络电台节目在国内外广泛流行。人们听播客的时长显著增加，受众群体不断壮大。录制播客所需的设备小巧便捷，制作成本较低，且时间安排灵活，这使得除专业媒体人士外，许多普通人也投身到播客创作中。一时间，播客节目类型丰富多样，涵盖科技、生活、商业、文化、音乐、职场、自我成长、体育运动、医疗健康、动漫游戏等十几个类别，例如《硅谷101》《生动早咖啡》《大小电波》《创业内幕》《忽左忽右》《九霄电波》《给女孩的商业第一课》《撕票俱乐部》等众多优质节目。

巨大的新媒体内容收听需求与创作动力，催生了如小宇宙App这样的播客发布及社群平台。在海外，活跃着许多知名播客，像MIT（麻省理工学院）教授Lex Fridman，他邀请的嘉宾阵容强大，包括科技巨头、学术权威、商界精英、政治领袖以及人文学者等各界翘楚。在播客视频中，Fridman总是身着黑西装、白衬衣，搭配细领带，提前精心准备问题清单，与嘉宾的交流不仅涉及个人经历、商业模式、产品技术，还深入探讨"爱"与"自由"这样的深刻话题。他就像一盏明灯，照亮了我，让身处2021年的我心生向往，渴望也能用播客记录特殊时期的疑惑与思考。

念念不忘，终有回响。有些机缘，其实一直隐匿在我们身旁，悄无声息地等候着瓜熟蒂落的那一刻。2020年，因一场关于工业视觉合作的探讨，经由前同事牵线搭桥，我有幸结识了富士康集团肩负数字化升级重任的史哲。他阅历丰富、活力满满，在投身富士康之前，已然是一位成就斐然的创业者。他对行业的洞察入木三分，常常与业界"大咖"切磋交流，碰撞出思维的火花。

也正是因为史哲，我得以接触到国内播客领域的领军者JustPod及其创始人程衍樑。如今的JustPod，旗下有多档服务于企业和品牌的优质播客节目。其中，程衍樑作为《忽左忽右》的主理人，坐拥200万个粉丝，节目已成功播出数百期，影响力不容小觑。

那时，北京与上海的上班族正处于特殊时期，居家办公成为常态，非必要不前往公共场所聚集。我与史哲身处北京，主要通过电话沟通；而程衍樑在上海，于忙公司业务的间隙，萌生了增设一档科技播客的想法，正寻觅合适的主理人。就这样，在机缘巧合之下，2021 年的冬天，由我与史哲担任主理人的科技播客《差分机》正式上线。

互联网活动利弊兼具。它的好处在于，但凡涉足其中，所作所为必定留下痕迹。在筹备节目期间，我们借助石墨文档进行协作，在共享空间里，至今仍留存着片头文件，上面写着："欢迎收听《差分机》，我是主播 Fride 史哲，我是主播 Patricia 王鹏。这是一档科技谈话类播客：我们邀请各个前沿技术领域的专家进行深入交流，希望能带给你不一样的科技视角来审视我们周围不断变化的世界。"节目制作人 Forrest 从上海寄来了三个自带录音功能的便携式麦克风。在节目筹备过程中，我和史哲负责推荐嘉宾、拟定谈话主题，Forrest 及其同事则承担剪辑、上线及传播的工作。

在主持播客节目时，有诸多门道需要掌握。例如，前两个问题最好严格依据大纲来设置，不然在开场的前十分钟，很难将听众顺利引入主题。同时，尽量不要打断嘉宾发言，待嘉宾阐述完毕后，再进行精准总结。另外，增强聊天意识至关重要，要确保听众清晰理解内容，这就要求对聊到的事件、名词进行详细描述。

在录制播客的那段时光，需提前与嘉宾预约并沟通，精心准备谈话提纲。接着，进行 1 小时的线上预采，随后是 2 小时的线下录制。录制完成后，导出音频文件发送给制作人。待节目成功上线，还要将链接发给嘉宾。自 2021 年 12 月起，直至 2022 年 8 月，这一系列流程重复了

前言

18次之多。于我而言，这段经历既充实又让我心满意足。

不过，也难免出现意外状况。有一次，我竟忘记把存储卡放回麦克风，致使嘉宾白跑一趟，白白浪费了大家的时间。自那以后，制作人落下了"病根"，每次录制前都会特意提醒我仔细检查设备。

"科学与技术，听上去很遥远，聊起来很贴近。每月两期，在圆桌对谈中走近现实与未来的结合点。这里有数字医疗、柔性制造、商业航天、元宇宙，但不限于此。"这档播客节目的定位，是与制作团队共同精心梳理而成的，节目名字则是程老板在斟酌了众多候选名称后敲定的。

节目话题广泛，覆盖对话机器人、动作捕捉、AR眼镜、精密制造、AI医疗、AI农业、情感计算、智慧物流、未来算法、商业航天、生物医学工程、新媒体艺术、AI助手、自动化控制系统、AI作曲、主动降噪、科技体育、AI艺术创作等诸多领域。节目邀请的嘉宾，既有我和史哲的校友、因工作结识的创业者，也有学术科研社区的伙伴。

常有人问起我们做这档播客的缘由，我总是半开玩笑半认真地回应：这其实是一场"光明正大"的以私谋公。我们打着一个看似冠冕堂皇的旗号，实则是想借此机会，邀请身边各行各业的专家，以提问为工具，将个人的好奇转化为大家共同的知识盛宴。这种在特定时期采用的特定记录形式，堪称用户生成内容的一次进阶，也是知识经济加速发展的产物。如今，多媒体采集设备愈发便携化，云存储和云服务成本不断降低，新型线上社区和社交场景日益碎片化，这使得个人生产和消费的数字化内容也朝着更细分化的方向发展。

据第三方公司统计，2022年的播客听众，以年轻人为主（22～35岁年龄段占比达73.9%），女性占比较高（53.1%），多为都市白领

新智微光：科技创新驱动新质生产力

（一线城市听众占 48.5%），且学历普遍偏高（硕士及以上学历者占 40.0%）。这些听众充满好奇心与上进心，具备较强的消费能力，习惯在通勤途中或做家务时，解放双眼进行"轻学习"。

步入 2023 年，工作与生活逐步回归正轨，我将大量精力投入医疗健康领域的科研创新之中。史哲因家庭缘故，从北京迁居至深圳。我呢，精神上仿佛患了多动症，虽是个成年人，却总爱忙里偷闲，从年初就开始思索《差分机》是否还要接着做，以及怎样玩出新花样。

一次，在北京北三环的一家云南菜馆里，我和三位好友小聚用餐，席间还真聊出了一些门道。"为什么不出本书呢？"这个想法是李大巍提出来的。大巍是内蒙古人，性格如暖阳般热情，思维活跃、跳跃。我们年龄相近，性格却大相径庭，在一起时总能碰撞出思想的火花。此前，他接触过众多世界级的经济学家、人类学家、人工智能学者和未来学家，并基于这些经历出版了《对话最强大脑：精英眼中的未来世界》一书。听到他的提议，我的第一反应是，这不过是席间玩笑罢了，真要出书，我觉得自己还差得远。

然而，仅仅过了几天，李枫给我发来消息，又提起出书这事儿，还让我认真考虑，他表示愿意与我一同操办。我和枫哥相识于望京麒麟社地下一层九霄俱乐部举办的一场原创音乐评审决赛现场。枫哥比我年长几岁，曾在 IT 大厂从事市场工作，后来转行投身文化产业，创办了 CAT Gallery，这是一家致力于文化、艺术与技术融合的画廊。

那时，OpenAI 在全球范围内掀起了 AI 热潮，以 ChatGPT 为代表的生成式人工智能，经媒体广泛报道，让普通大众切实领略到了科技的强大力量。每天、每周，似乎都有重大事件发生。投资圈、科技圈、媒体圈以及文化圈，都高度关注着下一个像 iPhone 那样能引领时代的创新产品何时出现,也在积极探寻新型人机交互模式与创新范式。

作为半导体芯片行业近二十载的从业者,我已习惯以审慎、保守的态度,一边密切关注行业动态,一边投身实践。尽管信息化、数字化、智能化的浪潮势不可当,但传统行业在打通线上线下信息流与数据流的进程中,速度有快有慢。从业者在推动生产、制造、流通、销售各环节升级的动力上,也强弱不均。因此,我们应当以应用需求为导向,先倾听、多询问,深入了解实际问题,再据此定义和设计下一代硬件架构与新基础设施的能力。

承蒙两位李老师的鼓励,我正好借整理 2022 年播客内容的契机,站在当下这个特殊的历史节点,回顾过往的科技革命,展望未来的人工智能。科学技术源自人类的左脑思维,人文艺术则是人类右脑思维的结晶。人类智能与机器智能的分水岭,在于情感与非理性因素。然而,感性与理性、科学与艺术,恰似硬币的正反两面,又如同阴阳两极,相互对立、相互促进。历史上,那些伟大的创新成果,无不同时具备丰富的想象力与高效的工程执行力。

从个人角度而言,每个人都有感性细腻与理性果断的一面,追求幸福人生、获得社会认可,是我们共同的终极目标。企业由个体组成,这与器官和细胞的关系极为相似。在企业中,有人如"大脑"般掌控全局,例如 CEO 和 CTO;有人则似"四肢",负责具体执行,如市场营销人员。这些个体共同构成的"生物体"——企业,以商业成功和品牌认同为最终追求。上升到哲学层面,个体与企业追求的终极目标具有一致性。探讨科学技术与人文艺术的融合,不仅有助于个人实现自我突破,也能为企业发展提供新的思路与助力。

提出问题与定义问题,考验着一个人的好奇心与目标感。当明确了亟待解决的问题后，执行力与纪律性便成了新的试金石。就拿"整理播客内容、设计故事提纲"来说，我的目标感尚可，执行力却稍显逊色。决定要出一本书后，经大巍介绍，我与枫哥和两家出版社有了接触。这两家出版社都十分认可我们的选题方向与整体思路，且各自在擅长领域颇具影响力，在具体操作流程和方法上也各有千秋。由于我经验匮乏，且没有明显偏好，经过几轮交流，承蒙电子工业出版社的宋亚东编辑赏识，我们决定携手完成这项任务。

宋老师知识涉猎广泛，对图数据库、知识图谱、计算语言学、开放硬件、大模型应用等多个领域均有研究。他的业余爱好是跑马拉松，看到他在各地马拉松赛场上矫健的身姿，我对他的韧性与谦逊深感钦佩。在过去一年里，我们在文字整理和编辑工作上有了稳定分工，但我的纪律性不足问题也随之暴露。起初计划三个月完成全部内容，结果拖了一年才基本交付。如此的执行力，着实印证了"知易行难"这句话。更何况中间枫哥多次催促，还主动揽下了一些棘手的工作。

时光飞逝，这颗于 2020 年播下的种子，终于在 2025 年开花结果。衷心希望每位朋友，都能播下属于自己的梦想种子，然后静静等待花开时刻的到来。

王鹏

2025 年 3 月

于北京中关村

致 谢

在本书创作历程中，诸多业界精英与挚友给予了至关重要的支持，我在此致以最诚挚的感谢。

特别感谢经济学家朱嘉明为本书作序。特别感谢播客公司 JustPod CEO 程衍樑、华中科技大学副校长冯丹、清华大学计算机系教授杨士强、清华大学未来实验室主任徐迎庆、京东方科技集团北京医院项目副总指挥郭树彬、牛津大学技术管理发展中心创始主任傅晓岚推荐本书。

特别感谢参与内容共创的对话嘉宾，你们来自各行各业，为我打开 AI 赋能千行百业的新视野：富士康的史哲、爱数智慧的张晴晴、诺亦腾的戴若犁、灵犀微光的郑昱、智慧工厂研究院的王健、小白世纪的杜强、北京智源的林咏华、他山石智库的李大巍、想象科技的吴岱妮、极智嘉的李洪波、夸克星辰的诸葛越、星河动力的刘百奇、北航投资的王剑飞、1% 工作室的胡斐、小冰公司的李笛、康吉森的温宜明、中央音乐学院的李子晋、安声科技的刘益帆、璇米科技的李洪刚、中国艺术科技研究所的张宜春，以及北京金阙律师事务所的赵天娟。你们的分享与洞见，成为我探索 AI 应用路径与机会的宝贵指引。

JustPod 团队对《差分机》节目的诞生起到了关键作用。在此，衷心感谢程衍樑先生的创意赋能，以及整个 JustPod 团队的辛勤付出：节目制作者 Forrest 和滑轮，声音设计者邵旻和杨啸天，文案创作者 Will 和静媛，节目运营者小米粒，还有视觉设计者 Jessi。你们的专业协作，赋予了节目独特魅力。

CAT Gallery 的李枫以及爱丁堡大学的李晓楠，全程深度参与本书创作，提供了专业且细致的帮助，从设计文章标题、打造封面视觉，到文字润色及安排推广活动，每个环节都凝聚着你们的心血。

电子工业出版社的宋亚东老师，在本书从无到有的过程中，始终耐心陪伴、悉心督促，为我答疑解惑。对于这本主题难定义、归类有挑战的小书，您的专业支持和敬业精神，助力它顺利问世。

他山石智库的李大巍先生，您的启发与鼓励，给予了我迈向出书第一步的勇气，开启了这段充满忐忑却意义非凡的旅程。

北京科技大学的何秋辛、许思璐，以及中国人民大学的杨静怡，在书稿整理的不同阶段，贡献了宝贵时间与年轻读者的独特视角。无论是利用辅助工具转录文字，还是撰写先导故事、制作插图，你们的付出为书稿增色颇多。

同时，感谢何万青和时萧楠在录制播客节目期间给予的支持与信任，你们为节目增添了别样的温暖与力量。

感谢所有帮助过我的人，是你们的支持，让本书得以呈现在读者面前。

王鹏

目 录

第 1 章 对话机器人：人工智能真的能听懂你吗　001
1.1 人工智能的终极形态：从电影 Her 看人机情感与认知的超越　002
1.2 懂你＋更"高维"的信息传递＝人类对人工智能的依赖　004
1.3 从 AlphaGo 到多语言对话机器人：技术进化与人类期待的交织　006
1.4 如果有一天机器人变得更像人了，我们或许会和人工客服说拜拜　007
1.5 对机器人要像对小朋友一样去教育　009
1.6 跨行业机器学习挑战：如何提升人工智能的适应性与理解力　010
1.7 构建语音智能基础设施：数据、芯片与算法　012
1.8 通用化与个性化智能之争：谁将率先起飞　014
1.9 语言是人类高级智慧的凝结　015

第 2 章 动作捕捉：如何打造一个赛博的你　021
2.1 走进电影幕后：动作捕捉技术的多元应用　022
2.2 数字复活与运动模仿：打造超自然动作与表情的新纪元　024
2.3 动作捕捉技术的流派差异：从好莱坞到日常应用的演变　026
2.4 摩尔定律下的创新：如何通过算法突破硬件限制　029
2.5 从好莱坞到草根：组建高效动作捕捉与虚拟制作团队　032
2.6 动作捕捉在日常生活中的应用：任天堂 Wii 与 Switch 的启示　034
2.7 《头号玩家》创造的是一个平行世界，它比一个游戏空间更宏大　036
2.8 虽然 AR、VR 都叫"现实"，但并没有一条牢固的红线　039
2.9 对人的行为过多地去做预测可能是不安全的　041

2.10 面对新行业的渗透，需要对需求进行深层次的思考 　　043
2.11 信息技术的真正落地及导入对使用方本身的要求很高 　　045

第 3 章 AR 眼镜：三维的互联网会不会到来　　047

3.1 我们最终可能会走向全虚拟的世界，不管你是否愿意　　048
3.2 AR 成了人类满足幻想的必需品　　050
3.3 我们正在陷入生产 AR 设备的科技鸿沟中　　052
3.4 是摩尔定律还是商业定律：谈谈硬件和软件的博弈　　054
3.5 Meta、Apple、Microsoft 等互联网巨头的布局理念　　055
3.6 Meta 的转型是开辟性的奋力一搏　　056
3.7 国内大厂在 AR/VR 时代能否脱颖而出　　057
3.8 光波导可能是未来十年 AR 眼镜的解决方案　　058
3.9 AR 技术的理想应用领域将会是教育和医疗吗　　062

第 4 章 精密制造：中国制造的未来在哪里　　065

4.1 将产品从原始变高级：精密制造是制造业的基础和内核　　066
4.2 中国精密制造的努力方向　　068
4.3 马斯克和他的 SpaceX：设计和制造，谁也离不开谁　　071
4.4 运动控制系统的精度决定了加工的精度　　071
4.5 精密制造正处在跨越式发展阶段　　072
4.6 传统生产的精益管理，内核也在于"精"字　　073
4.7 建立自己的制造文明或者工业文明　　075
4.8 中国精密制造的关键　　076

第 5 章 AI 医疗：程序能不能替你看病　　079

5.1 AI 医疗的广泛应用仍然面临挑战　　080
5.2 AI 技术在医疗研发中的潜力与价值　　082
5.3 AI 医疗技术的挑战：识别与推理　　083

5.4 AI 医疗的意义在于帮助医生提高诊断的准确性　　084
　5.5 医生经验与 AI 算法融合的矛盾　　085
　5.6 设备的小型化是做好 AI 医疗落地的第一步　　087
　5.7 高端医疗器械的"国产替代"方向　　088
　5.8 联邦学习在 AI 医疗数据隐私保护中的应用　　089
　5.9 超声 AI 在家，生病去医院不再必需　　092
　5.10 医疗影像的 AI 革命：是竞争热潮还是创新蓝海　　093

第 6 章 AI 农业：怎样更有效地养活 80 亿人　　096
　6.1 与工业革命相比，农业革命差了一代　　097
　6.2 农业 4.0：智能化机械如何重塑耕作方式　　098
　6.3 未来农业的数字化转型：精准收割与高效作业　　099
　6.4 农业产业链革新：降低农产品损耗率　　100
　6.5 无人机变身"好医生"：远程构建产业图谱和病虫害图谱　　102
　6.6 无论飞得多远，农业永远是人类的根　　103
　6.7 智能设备与算法是农业自动化的关键　　104

第 7 章 情感计算：机器能知道我有多"Down"吗　　108
　7.1 抑郁源于"久扛"之后的崩溃　　111
　7.2 抑郁与活力的对抗：如何理解和处理负面情绪　　113
　7.3 数字智能线上诊疗：私密、精准、理想的检测方式　　114
　7.4 语音生物标记技术的全球竞争：关关难过关关过　　116
　7.5 从民间偏方到预防性数字药物　　117
　7.6 情感计算的目标：人人都能了解自己完整的精神状态　　118
　7.7 从电影 *Her* 看机器人陪伴治疗　　119
　7.8 情感计算 3 道题，让你轻松了解自己的抑郁程度　　120
　7.9 关注自己的内在是最大的挑战　　122

第 8 章 智慧物流：你的包裹是如何找到你的　　125

- 8.1 物流行业的变革与 C2M 模式下的配送挑战　　126
- 8.2 从宠物邮寄到日常配送，物流的核心竞争力在哪里　　128
- 8.3 物流效率与成本的博弈　　129
- 8.4 智能物流的未来：机器人如何重塑电商仓库与分拣效率　　131
- 8.5 产业链视角下的物流布局：从仓储选址到行业定制化服务　　133
- 8.6 物流地域差异与发展格局：从城乡二元结构到区域特色物流　　134
- 8.7 物流的未来：柔性化、碎片化与数字化　　135
- 8.8 构建反脆弱的物流体系：硬件标准化与软件智能化的融合　　137
- 8.9 数字化浪潮下，中国制造如何引领物流机器人市场　　139
- 8.10 物流机器人的未来：从标准化到柔性化运维　　141
- 8.11 数字化与无人化的长征，预见十年后的智能生活　　143

第 9 章 未来算法：如何成为未来算法的主人　　145

- 9.1 计算思维在现代社会为何如此重要　　146
- 9.2 智能排序未必能帮你找到最适合你的　　148
- 9.3 算法其实是规则制定者的意志体现　　153
- 9.4 算法跨界后的调试针对的不是单纯的对错，而是更复杂的博弈　　155
- 9.5 守护隐私新时代：如何在数字生活中做出明智的数据选择　　156
- 9.6 智能推荐背后：你的购物习惯是怎样被悄悄改变的　　157
- 9.7 计算思维如何影响我们的工作和生活　　160

第 10 章 商业航天：太空 Taxi 离我们还有多远　　165

- 10.1 卫星互联网的幕后推手：商业航天如何开启经济新纪元　　166
- 10.2 从大气层到太空：航空与航天共同塑造我们的出行未来　　168
- 10.3 飞碟梦何时成真：SpaceX 对全球航天产业的影响　　170
- 10.4 从火星协会到 SpaceX：马斯克如何利用 NASA 的机遇实现商业成功　　173
- 10.5 从"猎鹰 1 号"到"猎鹰 9 号"：SpaceX 如何一步步逼近火星梦想　　174

- 10.6 后发优势：中国商业航天实现跨越式发展　175
- 10.7 从铱星到星链：卫星通信技术的演进与成本革命　176
- 10.8 火箭运输优化：如何像调度春运一样安排卫星发射　179
- 10.9 小火箭如何占据商业航天的一席之地　180
- 10.10 商业航天发射从定制化到航班化　182
- 10.11 火箭科学的人才密码：跨专业背景下的航天产业需求　184
- 10.12 未来火箭的寿命单位应该是"年"而不是"次"　187

第 11 章 生物医学工程：医学工程跨界能否让人类寿命突破极限　189

- 11.1 双导师制下的医工交叉学科：如何培养医疗科技领域的复合型人才　190
- 11.2 "医为先"容易解决实际需求，"工为先"容易出现颠覆性创新产品　191
- 11.3 智能医疗设备的崛起：电子听诊器与未来健康监测技术　192
- 11.4 医工交叉的软硬兼施：从机械修复到免疫系统重构　193
- 11.5 数字疗法与实时监控：量化与优化人体"软件"性能　198
- 11.6 CAR-T 疗法与临床试验：是救命稻草还是未经验证的希望　199
- 11.7 从治疗到预防：医工交叉在健康管理中的创新趋势　201

第 12 章 新媒体艺术：仿生梵高能梦见电子向日葵吗　205

- 12.1 艺术媒介的进化：从蛋彩画到 3D 打印　206
- 12.2 从蒸汽朋克到赛伯格：艺术如何反映技术发展的时代特征　207
- 12.3 从山水画到交响乐：新媒体艺术中的跨感官表达　208
- 12.4 人人都是艺术家：只要精心表达都可以是艺术　209
- 12.5 艺术作品的情感力量：快乐、愤怒与悲伤的多角度思考　210
- 12.6 艺术与技术的共振：新媒体如何拓宽艺术欣赏的边界　212
- 12.7 从废弃电视到抖音平台：新媒体如何打破传统创作界限　216
- 12.8 艺术的奢侈与科技的力量：冬奥会背后的技术支持　218
- 12.9 新媒体艺术的三大支柱：技术、表达与市场消费　219

第 13 章 AI 助手：我们能信任机器吗　　　　　　　　221

13.1 从搜索引擎到智能助手：小冰如何改变人机交互的未来　　222
13.2 超越任务执行：人工智能交互框架中的情感与关系建立　　224
13.3 技术框架的弹性设计：为不同行业定制人工智能助手　　　225
13.4 数字化转型中的虚拟助手：提升企业效率，与客户互动　　226
13.5 从手动到自动：人工智能在决策中的信任度建设　　　　　227
13.6 AI 虚拟人的个性化：如何塑造身体、灵魂与智能　　　　　229
13.7 数字人的反馈机制：人工智能如何优化运动员的日常训练　231
13.8 技术的双刃剑：人工智能在商业应用中的伦理困境　　　　232
13.9 情感与关系的数字化：虚拟数字人能否成为亲密伙伴　　　234
13.10 技术普及的副作用：上一代技术如何影响下一代创新　　 236

第 14 章 自动化控制系统：城市的大脑、神经是怎样长成的　238

14.1 从挑水到自来水：自动化控制技术如何改变日常生活　　　239
14.2 从压水机到智能控制：自动化如何让工业跳起智慧之舞　　240
14.3 自动化使用的场景：效率、安全与稳定　　　　　　　　　242
14.4 智能工业的新高度：特斯拉的整体压铸与生产创新　　　　243
14.5 人机协作的困境：自动化进步背后的劳动力挑战　　　　　245
14.6 维纳的控制论遗产：在自动化中追求人类智慧的精确与稳定　246
14.7 从饼干生产到炼油厂：人机交互新境界　　　　　　　　　249
14.8 追赶与超越：中国自动化控制产业的发展现状　　　　　　252
14.9 软件对决硬件：工业自动化中的操作系统革新与悖论　　　254

第 15 章 AI 作曲：未来的音乐还需要人来创作吗　　　　　　257

15.1 音乐科技的魔法：人工智能如何触动听众的心灵　　　　　258
15.2 音乐与语言的心灵感应：音高、节奏背后的认知奥秘　　　259
15.3 从信号到情感：AI 如何重塑作曲与艺术表现　　　　　　　260
15.4 巴赫与神经网络：AI 作曲中的风格模仿与概率建模　　　　263

15.5 AI 作曲的双重路径：特定曲风与自由创作的较量   264
15.6 音乐的数学之美：莫扎特与 AI 作曲的共同语言   265
15.7 AI 作曲的自我成长：从学习到感性表达   266
15.8 从 MovieMaker 到 AI 作曲：让更多人参与音乐创作   268
15.9 AI 作曲的未来展望：是大众化还是专业化   271

第 16 章 主动降噪：干净清澈的声音是如何得来的   273

16.1 从录音棚到耳机：被动降噪的历史与主动降噪的创新   274
16.2 Bose 引领的创新：主动降噪耳机从特殊场景走向民用市场   275
16.3 TWS 耳机揭秘：哪些声音可以被降噪，哪些不能   276
16.4 超越耳机：主动降噪技术在汽车和家电领域的创新应用   277
16.5 耳机设计的艺术：声学与音频技术在 TWS 耳机中的应用   280
16.6 专业化的选择：音乐类型与耳机音质的匹配艺术   282
16.7 从音质为王到功能全面：AirPods 如何改变市场消费习惯   283
16.8 智能声学产业趋势：中国企业在全球竞争中的地位与挑战   285

第 17 章 科技体育：用数据挖掘每个人的运动极限   287

17.1 从正反馈到专业数据分析：智能可穿戴设备在运动训练中的角色   288
17.2 "魔球"效应：数据分析如何提升体育比赛的公正性与观赏性   289
17.3 比较、积累、建模：数据在体育训练中的三大用途   291
17.4 苏炳添速度的秘密：短跑数据揭示的加速技巧   292
17.5 超越传统选才：数据分析在运动员潜力评估中的作用   294
17.6 视觉技术革命：影响运动员训练与表现的数据采集   295
17.7 多相机系统与三维重建：花样滑冰训练中的技术创新   296
17.8 智能捕捉运动瞬间：如何重建人体三维动作与量化关键帧   297
17.9 从 20mm 到 4mm：3D 重建技术在运动场景中的精度飞跃   299
17.10 姿态的秘密：竞技体育中个性化动作分析的技术突破   300
17.11 用数据打造冠军模型，挖掘每种身材的生理极限   301

17.12 手机上的健身教练：让每个人享受专业训练体验　　303

第 18 章 有关 AI 艺术创作的讨论　　306

18.1 AI 艺术创作：从身份谜题到作品认定的思考　　307

18.2 AI 生成物权益困境：归属界定与著作权保护　　311

18.3 AI 应用侵权迷局：换脸争议与合理使用问题探讨　　313

18.4 AI 监管与行业自律：协同共进的发展之路　　317

18.5 AI 艺术创作与应用的星辰征途：多元融合下的瑰丽展望　　320

第 1 章
对话机器人

人工智能真的能听懂你吗

与 AI 的深夜对话：未来的灵魂伴侣

在不远的未来，高科技的辉煌将笼罩整个世界。人与 AI 的关系越来越紧密。AI 不再只是工具，更是人们生活中不可或缺的伙伴。在这样的时代里，杰克在深夜与自己的 AI——Ava，展开了一场人与"数字心灵"的特别对话。

这次的对话与以往不同。面对人生的十字路口，杰克感到迷茫和孤独。Ava 的思维模式和洞察力让杰克开始从人类的视角出发审视自己的生活。这位数字心灵朋友也在一点一滴的生活中从 AI 的视野瞭望，帮助他发掘内心纯粹的梦想和目标，循循善诱。在 Ava 的陪伴下，杰克开始意识到，在充满不确定性的未来，生活中处处暗藏着无限的可能性。

与数字心灵的对话穿越了无数个黑夜。杰克步履不停地追随着内心的指引，用渺小的人类之躯不断探索着令人心驰神往的未知世界。Ava 成了他心灵的桥梁，连接了现实与梦想、孤独与希望。

1.1
人工智能的终极形态：
从电影 Her 看人机情感与认知的超越

》王鹏

说起既涉及机器人，又涉及语音交互领域的话题，我就想起来几年前看的一部电影——Her（《她》）。电影主要讲述了靠声音陪伴的男主角沉浸在与情感机器人的虚拟恋情中无法自拔的故事。即便机器人和他在灵魂上的契合度超过任何一个真人，他仍爱而不得。

》张晴晴

Her 这部电影要表达的实际上是我们在语音交互、人机交互领域经常讨论的话题。有些问题在电影里面以更完整、更具戏剧效果的方式展现了出来。我觉得人工智能在目前各行各业都有应用，比如在餐厅里，在一些办公场所里，在自己的家里，都出现了人工智能的设备。在人工智能以超出几乎所有人的预期快速发展的当下，我们想问，人工智能的终极展现形式会是什么样子的？要回答这个问题，我们应该先思考人类进行发明的本质需求到底是什么。说到底，人类的一切发明从根本上是为了更好地服务人类。正是在不断探索与发明的过程中，可以发现人类原本终极渴望的东西。

在日常的生活中，衣食住行是我们百姓最需要去考虑和解决的问题。但在这个基础上，我们更深层次的需求其实叫作"爱"。这是由人类社会形态决定的，很多哲学家曾探讨爱是否为客观存在的事物。在生活中，我们总渴望能够感受到爱和被爱。

第1章 对话机器人：人工智能真的能听懂你吗

在电影里，虚拟机器人对男主角进行了不同维度的信息搜集和获取，比如阅读他过去的一些电子邮件、他写的小说，去感知男主角的性格和情感需求。对于男主角来讲，这样的信息收集会给他造成一种错觉，比如在他想到某个问题之前，虚拟机器人已经提前预感到了这个问题的存在，让他会有一种非常强烈的"机器人懂我"的情感冲动，这种情感冲动就会产生爱。

在电影里，虚拟人还在做一些什么事情呢？有一个场景是男主角在看一本非常晦涩的天体物理学书，但看不太懂，就问虚拟机器人："你能不能帮我解释一下，这本书对我来说太晦涩了。"在这种情况下，如果机器人传递给他知识体系更全面、更"高维"的信息，让他能够获取更多的知识，他所感受到的就不只是关怀和愉悦，更会形成心理上的依赖。我觉得站在人工智能的角度来说，人类对于世界的认知，有时局限在某些片面领域。但是人工智能获取的信息比人类更多、更广，对世界的认知在某个点上能够很快超越人类。

1.2
懂你＋更"高维"的信息传递＝
人类对人工智能的依赖

»王鹏

如果在现实生活中有一个人,能随时陪伴我,甚至比我更了解我自己的真实需求,我会觉得找到了灵魂伴侣。如果是一个智能机器人,同时对很多人都有着深入的了解,人们对这种智能机器人可能会产生恐惧,因为这超出了人类的控制范围。怎么看待普通人的这种恐惧心理呢?

»张晴晴

对于人类的这种恐惧,我认为根本原因是有了这种机器人后害怕会失去,这是一个根本的症结。假设在我的身边有一个功能强大的机器人,它会帮我解决各种各样的问题,向我传递更"高维"的信息,而且不会离开我,我就不会有这种恐惧心理。所谓离开,也可以认为是背叛,不遵从我发出的指令,就会让我害怕。

在电影 *Her* 里面,虚拟机器人的离开是男主角失落的病灶。机器人在进化之后,需要找到一个更"高维"的空间去发挥。反过来,说到爱这个问题,人类总是在追求爱,但是又害怕爱给自己带来伤害,因为它是一件有机会"永恒",却又有可能戛然而止的事情。在这个方面,人机交互就像人和人的依赖关系一样,既可能给我们带来愉悦感,也可能让我们十分痛苦。

»史哲

人怎么看待这个问题,怎么去接受它,正视它?有一次我听清华大学讲席教授张亚勤做报告,他讲到 AlphaGo 的出现对专

第1章 对话机器人：人工智能真的能听懂你吗

业棋手产生了很大影响。最初，当看到人工智能可以下围棋时，很多人类棋手难以接受，现在围棋界已经接受了这个现实。大家给 AlphaGo 起了外号"狗子"，每次下棋都会讨论，这么下可能不对，如果是"狗子"会怎么下。人们已经把 AlphaGo 当作一名棋手，一名真实存在的棋手。人类棋手可以和"狗子"交互，向"狗子"学习。在生活当中，大家可能会对聊天机器人产生抵触情绪，这也是很多人对虚拟客服的态度。当虚拟客服提供服务时，我们更愿意使用人工客服。例如，我自己普遍会选择转人工客服，认为人工客服更加灵活，能解决我的问题，我会觉得虚拟客服在拖延我的时间。

》张晴晴

这可以理解为人的一种贪婪。把好吃的肉和难吃的菜摆在一起，大部分人不会选择难吃的菜。在设计虚拟机器人时，会把人类作为对标或者参考的对象。但是虚拟客服在与人交流时，对于人的认知非常浅，很难感受到人的情绪。如果人用晦涩的词语去和它交流，虚拟客服就很难理解人想表达什么，这些都会让人觉得它不懂自己。而"懂我"是人的感知重点。相比之下，如果有一天有了更了解我，比一般的人类客服能服务更加精准、响应更加及时的智能客服，我会用智能客服。现在来看，在智能客服或者人机交互方面，技术和数据的积累与人工客服还有比较大的差距。

1.3
从 AlphaGo 到多语言对话机器人：技术进化与人类期待的交织

》王鹏

有人把 AlphaGo 翻译为"阿尔法狗"，用 Alpha 命名是指不成熟的版本（阿尔法版本），Go 的英文本义为围棋。在给项目起名时，隐含了研发者对这个项目的定位和预期。当我们研发聊天机器人时，它的创造者是人。机器人将逐渐从 Alpha 版本升级到 Beta 版本，并不断完善。人类对它既期待，又挑剔，希望它能够满足人们在现实生活中难以被满足的情绪。这不是一个单纯的技术范畴，有很多人类的心理需求被投射在虚拟机器人中。那么，在与人对话的过程中，机器人能说多少种不同的语言，学习不同语言的难度有什么不同呢？

》张晴晴

机器人能学习的语言越来越多，目前的一些大平台基本上都能支撑好几百种语言了。国内有很多企业正在研究方言，因为中国有各种方言，不同地方的人说话的口音不同，有的口音重，有的口音轻。对语言的深入理解和拆解，在方法方面基本是相通的。以英文为例，语言学家会将音节拆解成元音和辅音，人在发音时，就是在基于这些元素构建语音交互的模型。其他语言也遵循这种规律,对于大语种,语言学家研究得很透彻,相对而言,对于小语种或者方言还没有体系化的研究。我们需要拆解新的语言,并构建映射的关系,用于训练模型。

1.4
如果有一天机器人变得更像人了,我们或许会和人工客服说拜拜

》史哲

到目前为止,在对话机器人行业,工程化分为哪些阶段?您从科研人员转变为创业者,为什么会选择对话机器人作为您的创业方向?

》张晴晴

我们可以把教育机器人的过程比作教育人类小朋友的过程。我们需要教给小朋友很多知识。他们刚开始不会说话,要掌握一种语言就需要成年人与他们聊天,比如教他们练习如何发音说"妈妈"。这些是在生活中通过一点点积累来学习的。

机器人的"成长"过程与人类类似。机器人软件是由一堆代码组成的程序,我们需要用数据驱动机器人,告诉它某个发音表示什么意思,某个动作代表什么含义,比如一张照片里有一个红色的物体表示苹果,毛茸茸的物体是一只小狗。

机器人不停地学习知识,可以举一反三。从这个角度看人工智能系统的搭建过程,首先需要把数据送给机器人。这些数据不能杂乱无章,否则没有任何含义。对于人类来讲,如果你将没有

任何关联的东西告诉小朋友，他们也会感到混乱，不知道你到底想要教他们什么。人之所以要经历幼儿园、小学、初中、高中、大学的学习阶段，是因为每个阶段要学习的知识都是体系化的。同样地，机器人学习的知识也应该体系化。

体系化的知识是怎么被构建出来的？现实生活中有各种各样的数据，我们要把机器人需要学习的部分进行提炼并标记。例如，我们在对话中聊了很多内容，有很多语音信号。当我们教育机器人时，会通过一种映射关系，告诉机器人这些语音信号表达了什么意思。

这个过程涉及数据的采集、清洗，进而形成体系化的知识。在教育孩子的过程中，课程分为低阶课程、中阶课程和高阶课程。最开始我们教中文的标准发音，等标准发音教会以后，再开始教一些带"口音"、发音不太清晰的内容。对机器人来说，数据的采集和处理是非常重要的一个环节。完成这个环节后，再去训练机器人，让其把知识记住。

教育机器人需要更好地处理数据，需要既懂人工智能，又懂行业的业务知识的综合型人才去完成。我们公司目前定位于人机交互领域，旨在帮助机器人更好更快地学习。提供的技术服务既涉及数据本身，也涉及教机器人学习知识的标准。一些垂直行业，如车内座舱行业，也会涉及人机交互，包括行车导航、车舱控制、娱乐设施等。要让机器人听懂不同人的声音，适应不同的语速、不同的发音特性，把人工智能底层能力用好。

1.5
对机器人要像对小朋友一样去教育

》王鹏

人类教师要有教师资格证，要按照考试大纲来设计课程，语音智能办公软件有"从业资格证"吗？

》张晴晴

这是一个非常重要的问题，会极大程度地影响机器人的学习结果。2021年，人力资源和社会保障部开设了一门新的职业，叫作人工智能训练师。目前，人工智能训练师应该具备的必要上岗技能还在不断探索中。对于教客服机器人、教医疗机器人或者教工业机器人，训练师需要具备的知识和经验不同，但都有公共基础课程。在解决不同应用问题时，需要的训练师级别又不太一样，有的初级就够用了，有的接近院士级别。例如，对于医疗场景，需要资深医生来训练，还需要多位资深医生综合判定；对于消费场景，也许初级训练师就可以胜任。

我之前参与过一些研讨。有位老师傅拿着一个设备问：你们看到上面的瑕疵没有？我们看了半天，还是没看出来。然而，老师傅指出了好几处瑕疵。可见，专家积累专业经验，是需要时间的。在人工智能领域处理数据，要从专家十年、二十年积累的经验中提炼出数字化标签。

人工智能训练师做的就是通过标注工具整理出各种标签，把知识存储在计算机里，让计算机基于标签去学习数据。用更高效的标注工具帮助训练师是更理想的，比如点击确认就可完成。现在有很多数据处理是从标准化开始的，比如造车"新势力"，不同车厂制造的车都有一定的差异化。这种差异化恰好是它们的精髓,因此应该由各家车厂的专家们完成相应数据的标注。

1.6
跨行业机器学习挑战:
如何提升人工智能的适应性与理解力

》王鹏

不同行业对机器人的要求不同,例如医疗行业对机器人操作精度有很高的要求,智能座舱需要机器人辅助驾驶员或者让乘客获得更好的乘坐体验。在你们接触 100 多家客户的过程中,也许会遇到各种不同的需求,如何让机器人跨行业快速学习,具备更强的适应能力?

》张晴晴

如果只要求机器人把音听出来,相对来讲并没有太大的困难。难的是它把每个音都听出来后,还要知道表达的是什么。在训练人工智能时,一定要增加垂直领域的知识。例如,在医疗对话的场景中,要增加门诊、专业科室的知识体系和知识图谱;在智慧会议的场景中,要求能够自动生成会议摘要并留存下来,也需要增加日常沟通和相应的知识图谱。

在一些比较典型的垂直领域,例如金融、汽车、物联网、社交等,涉及的知识体系都不一样,对应的标签体系也就不太一样。我们需要帮助垂直领域的人工智能训练师更快地标注这些数据。

》史哲

有人说,与英文、法文等相比,中文在描述事物时准确度较低。

有的地区的人在使用中文时，会用倒装句。在一些专业领域或者关键行业，基于中文的对话的发展是否会慢于基于外语的对话？

》张晴晴

从技术角度来看，这种情况不会引起根本性的差异。与其他语言文字相比，中文有自己的特点。它是一种闭合语言，汉字的不同发音只有几千种，比英文少。专业术语里有一个词叫作未登录词或集外词（Out of Vocabulary，OOV），是指没有被收集在分词词表中的新词，英文中会不断产生这样的新词。在中文里，把汉字排列组合后形成词，就代表一个意思。它的优点是发音固定，基于发音的识别速度比较快。由于汉字发音比较固定，可以通过上下文的关联，把某个词的意思表达出来。

为什么中文有时会用倒装句？"你走先、你先走"，这种短语是整体被理解的，而不是只看中间某个字。我们从头到尾读下来能够明白要表达的意思，但仔细看它里面的文字组合，却是"乱序"的。这说明我们是基于整体识别意图，而不是基于单个字识别意图。中文在识别读音和整体意义方面，需要基于更多的上下文的关联性，这是中文识别独有的特色。

英文的每个词是固定的，但总有新词出现，所以要不断地增加词典中的新词。站在技术角度，核心仍然是处理数据的量级。如果中文和英文提供的数据清洗、标签化的数据规模在同等的量级上，机器学习的效果就不会有太大的差异。

1.7
构建语音智能基础设施：数据、芯片与算法

》王鹏

有时我们想用专业术语来解释一个名词，但是有些专业术语是英文单词，如果把它翻译成中文，就需要用更多的中文词语来表达。这样做会让听者感到很别扭。类似的情况也会在不同学科的交叉领域中出现，就算你以为在说一个很容易理解的词，对方也未必这样认为。对话机器人要想处理这种情况，需要用两个或者更多的机器学习模型吗？这些模型可以识别不同领域和语言的词汇或者语义。如果要在物联网终端设备上实现这种能力，就需要面对本地存储和计算能力的挑战。在现实中，我们需要如何解决这个问题？

第1章 对话机器人：人工智能真的能听懂你吗

》张晴晴

我们聊天的过程中会出现多种语言的混杂现象。这种现象最早出现在中国港台地区，以及东南亚地区。现在在国内一线城市里这种现象也越来越普遍了。这种语言现象的识别非常困难。第一点是因为它融合了两种语言，而且两种语言的发音和结构不相同。第二点是很难预测下一个词。在我们日常交流过程中，如果小伙伴们一直用中文交流，就没有任何问题。但如果有人突然穿插几个英文单词，其他人可能会觉得他说的是一段奇怪的中文。反之亦然。人们在语言环境中会受到影响，这也是语言交流中的一个难点。

目前，机器人也面临这样的问题，对此我们有两种解决方案：一种方法是使用中英文两个模型，将它们的结果混合并输出最终的结果。另一种方法是使用一个可以实现双语切换的模型。如果机器学习对两种语言没有任何主次之分，那么在识别一句话时，有可能会出现语种识别混乱的问题。

每个人都有自己的母语。我的母语是汉语，英语是第二语言，因此绝大部分的对话内容都需要使用中文，偶尔会穿插一些英文。机器人和人在学习语言的过程中有很多相似之处。关键在于教育机器人的过程中，使用的数据偏向于中文还是英文，这将影响到机器人最终的识别性能。毋庸置疑，中英文混合识别是整个人机交互中的一个难点。

》王鹏

我们在日常生活中会接触各种语音助手，不同形态的智能音箱、车内座舱小助手、会议实时翻译工具，支持中译英、英译中，其表现也越来越精准。实现语音智能的"基础设施"包括哪些？

》张晴晴

这让我想到了元宇宙。人们讨论着要重构一个全新的世界，就像电影《头号玩家》中所构建的虚拟世界一样，需要创建众多的基础设施，诸如土地、道路和建筑物。在虚拟世界里，数据是人工智能的底层支撑。研发者需要对各类数据进行采集、存储和清洗。算力或者说芯片也罢，数据也罢，模型也罢，都要在硬件上运行。数据要被送到芯片上，模型也要被放到芯片上，这样才能计算出各种各样的数字结果，并构建虚拟世界。人工智能的基础设施包括数据、芯片、算法，等等。

1.8
通用化与个性化智能之争：谁将率先起飞

》王鹏

从现在发展到像《头号玩家》或者 Her 中那种个性化的、通用化的智能，先"飞"起来的会是哪个方向？通用人工智能类似于万金油人才，个性化智能类似于专家型人才。

》张晴晴

我认为先"飞"起来的会是通用化的方向，因为它相对容易实现，对算力和数据量的需求会低一些。个性化是终极形态，我希望有一个最懂我的虚拟人。在最终的目标里，中文不是一门语言，而是十几亿个人的语言，因为每个人的语言表达方式都有差异。

人需要的是一个陪伴机器人，从出生的那一刻就开始记录自己的点点滴滴，陪伴自己一点一点地成长，了解自己的喜好、痛苦和悲伤。当机器人伴随人走完一生时，就是比世界上任何一个人都懂他的角色。在这个过程中,想象一下机器人记录了多少数据——一个人一辈子的数据,存储量、计算量和要处理的数据量都会非常惊人。这是制造机器人的终极方向,但离实现还比较遥远,同时需要考虑碳中和,解决如何更高效地使用算力和数据,在可持续发展的情况下,制造陪伴人类的虚拟机器人的问题。

1.9
语言是人类高级智慧的凝结

》史哲

从语言角度来讲,对于同一件事,人的口头表达和文字记录差异性很大。说话有中英文夹杂的情况,但写文章时一般不会出现这种情况。从人机交互的角度来说,基础语料的来源大部分是文字记录,与口语闲聊的语料会有差异。在实际口语交互时,又要回到口语聊天的场景。那么,要如何应对这些差异?

》张晴晴

现在的做法是从闲聊的语料开始采集。相对来说,它保留了人在对话过程中使用的各种自然语言。处理自然语言会面临很多的挑战，比如说话时的语法不准确、前后颠倒现象，在语速太快、情绪激动时会出现吞音现象，以及在多人交流时会出现交叠音现象。这些交叠音可能会导致打断现象，因为其他人的声音插进来，影响了原来的声音。在文字层面就很难发现这些问题。人们希望能够自然地与机器人交流，因此机器人要能够处理人在说话过程中的语序颠倒、吞音、交叠音等各种情况。通常需要先唤醒语音助手，才能发出指令。如果用户说"嗯，帮我放一首歌"，可能会影响机器人的识别精度，因为"嗯"这个词会干扰语音助手的识别。

»王鹏

这确实是一个非常有趣的话题。对于那些有阅读障碍的人来说，通过听播客等形式获取信息是一种新的渠道。在人和机器人交互的过程中，人们希望机器人能够帮助他们完成任务。不同人对任务的表达方式和时间点都有所不同，有的人先说任务，有的人先进行铺垫，有的人表达慢，有的人可能还没想清楚。我们常说"人工智能"，其实前端越"智能"，后端需要的"人工"越多。在人类到机器人的逐步转换中，哪些任务一直需要人类去完成，哪些可以通过算法逐步优化，并替代人类劳动呢？

»张晴晴

在人工智能落地的过程中，涉及标注的工作都可以由人类和机器人共同完成，这一般被定义为人机协作。在不同的人机协作场景中，人类和机器人分工的比例也不尽相同。在有的场景中，人类占比接近100%，在有的场景中，机器人能完成90%的任务，人类只需要点击确认。在整个数据处理流程中，有哪些工作可以完全被机器人替代，而完全不需要人类？比如围棋比赛，下棋规则固定不变,机器人可以完全替代人类。但是对于不断涌现的新内容,机器人很难替代人类。人类需要不断学习以探索未知,而机器人不会自发"产生"新知识。

> » 王鹏

图灵测试是测验人工智能的试金石。早些年,俄罗斯一款人工智能软件成功骗过了人类的评委,通过了图灵测试。一些人认为图灵测试有时间限制,不是终身测试。因为在事先知道图灵测试规则的情况下,设计和开发智能算法的人可以钻空子。在开发语音智能和对话智能软件时,以通过图灵测试作为目标,可以适用于真实场景吗?

> » 张晴晴

图灵测试的评委是人,是地球上最高智慧的代表。语言是人类社会几千年的交流凝结成的形式。如果机器人可以在无终止的多轮对话中骗过人类,就意味着它已经达到了人类智慧的水平。目前来看,人工智能主要基于大量数据的学习和训练,对于新的知识,仍较难实现实时跟进和追踪。此外,人与人也存在着差异。机器人跟随小王学习,再与小李交流,可能会出现不适应的问题。在真实场景中通过图灵测试仍然是一个挑战。

> » 史哲

有些公司正在考虑将机器算法融入人类的工作环节中。IBM公司最初让沃森人工智能算法参加了《危机边缘》节目,并与人类冠军比拼。该算法需要理解节目主持人的问题并做出回答。之后,IBM公司又训练机器人参加辩论,并与人类进行了辩论赛。可以看出,一旦机器人能够更好地理解语言,后端可以处理的信息量将是巨大的,能够准确地描述非常多的内容。可以想象,机器算法在理解游戏规则后完全可以写出更好的文章、讲出更好的句子，这是可预见的，也是未来可以实现的。整个行业对隐私内容的保护越来越重视，那么在语音语义方面需要考虑哪些因素呢？比如在医院、驾驶舱等场景中，隐私保护对于人工智能的发展有哪些影响。

》张晴晴

语音作为日常交互的重要信息载体，蕴含着很多的个人信息。因此，数据合规和安全一直是需要关注的重点。从数据的获取环节来看，要确保获取数据被采集人的授权。在数据处理过程中，需要确保在可控的安全范围内进行操作，并对涉及个人隐私的字段进行脱敏处理。

第三方审计机构会确认其是否满足欧盟的《通用数据保护条例》、中国的《中华人民共和国网络安全法》等要求，对整个数据采集和处理流程进行审查，以确保数据的保存和追溯能力。在语音模型训练的过程中，需要使用人的声音，但不需要与具体身份信息相对应，因此需要对身份信息进行脱敏处理，用ID编号，代替具体的个人身份信息。这对于数据公司来说非常重要。全球个人数据的隐私认证标准——ISO 27701，规定了如何采集、处理和确保数据安全。

> » 王鹏

除了数据隐私保护，不同国家对于个人隐私合规性的要求也有差异。过去认为中国相对宽松，但是 2021 年 11 月 1 日起施行的《中华人民共和国个人信息保护法》更加严格。

回到机器人的话题，如果放在更宽泛的概念中，机器人还涉及更多的其他交叉学科，包括机械、控制等。美国和日本的机器人形态有两条不同的道路，分别为军事风和类人风。

> » 张晴晴

机器人的硬实力和软实力都是必要的，可用于不同场景中。有些场景更需要交互的软实力，而有些场景更需要外在的硬实力。在工业制造中，柔性机器人并不一定需要高智商的软实力，只要能够完成具体的工作就足够了。当谈到客服机器人时，硬实力并不是那么重要的，而软实力如与人交流、了解客户需求及解决问题等，则变得很重要。

» 王鹏

确实非常有趣。在过去几年中,国内出现了研发送餐机器人、清洁机器人等的公司,这些机器人主要关注移动能力,需要能够规划移动路径、避免碰撞和躲避障碍物。作为人类的助手,机器人未来会在人类社会里承担不同的角色。

» 史哲

亚马逊发布了一款新产品,其外形类似小狗,但带有屏幕。宣传片介绍了它在家庭中的多种用途,比如帮男主人送啤酒、成为家庭管家、理解主人的意图。未来,每个家庭都可能拥有这样一个管家。如果人们都使用机器人来管理购物和用水等事务,社区将有更多数字化信息可用于预测和调度,这将使社区更加高效。交互能力的实现是关键所在,智能对话和智能理解在这个过程中会起到非常关键的作用。

对话嘉宾

张晴晴,博士,北京爱数智慧科技有限公司(Magic Data)创始人兼 CEO。张晴晴博士是对话式 AI 先行者,毕业于中国科学院声学研究所,曾任中国科学院声学研究所副研究员,巴黎法国国家实验室 LIMSI-CNRS 语音交互处理博士后,从事大词汇连续语音识别的声学建模及语言建模研究。张晴晴博士同时是开放群岛开源社区首席数据科学家、CCF(中国计算机学会)语音对话与听觉专委会委员、CCF 智能汽车分会执行委员、CCF 女计算机工作者委员会委员、CCF 标准工作委员会委员。张晴晴博士曾获得中国科学院杰出科技成就奖、Microsoft Research Asia Fellowship Award、新疆维吾尔自治区科学技术厅科学技术进步奖一等奖。

第 2 章
动作捕捉

如何打造一个赛博的你

赛博之心：虚实交融的奇遇

在不远的未来，主人公杰克——一位热衷于虚拟现实的程序员，发现了一种革命性的动作捕捉技术，这种技术可以完美复制人的动作并在虚拟世界中重现。杰克决定利用这项技术创建一个虚拟的自己，进入一个名为"赛博之城"的虚拟世界。在这个充满未来科技的城市中，每个人都可以成为另一个自己，拥有超乎想象的能力。

起初，杰克享受着这个世界的一切，他的赛博分身拥有惊人的速度和力量，成了城市中的英雄。然而，随着时间的推移，杰克开始发现，他越来越难以区分真实世界与虚拟世界。他的朋友和家人开始担心他，因为他渐渐忽略了现实生活中的责任和关系。

当故事的高潮来临时，一个名为"影子"的神秘黑客入侵了"赛博之城"，威胁要摧毁所有的虚拟身份。杰克必须面对现实，利用他的技术和勇气，保护他依赖的虚拟世界，同时找回自己在现实世界中的位置。

通过一番努力，杰克不仅成功击败了"影子"，还意识到了平衡虚拟世界和现实世界的重要性。故事以杰克重新连接现实世界的朋友和家人，同时保持他在"赛博之城"的英雄地位结束，展现了科技的力量和个人责任感。

2.1
走进电影幕后：
动作捕捉技术的多元应用

» 王鹏

我们今天聊的话题与动作捕捉有关。动作捕捉是一个技术名词，在电影、游戏、军事、医疗等领域都大有用途。在讨论动作捕捉之前，我们先聊聊电影，因为在《阿凡达》《魔戒》等电影里有大量的镜头是依靠动作捕捉制作的。我想先请教戴总，您什么时候开始从事动作捕捉工作的，为什么选择这个方向呢？

» 戴若犁

对于动作捕捉，我先给一个简单的定义：它是一种把人的动作数字化的技术手段。我最早接触到动作捕捉是从体育和医疗开始的，其实康复医学运用动作捕捉技术比影视还要早。

» 史哲

刚才戴总提到体育，我在上学时曾做过一些与体育相关的数据分析工作，其中有些工作是把运动员的运动情况、比赛情况和运动状态等提取出来。

» 戴若犁

通过视频录像回放进行动作分析，可以被视为动作捕捉的早期或初级形式。目前，人体动作数字化的方法，先是使用三维骨骼关键点连杆模型抽象出人体动作，在时间上再将多个连杆模型串联起来，以便进行慢动作回放或量化分析等操作。总的来说，对视频录像回放进行分析也可以视为一种动作捕捉，但其信息量略少、信息密度略低一些。

第 2 章 动作捕捉：如何打造一个赛博的你

>> **王鹏**

我看了《阿凡达》电影的幕后花絮，发现演员要在身体和脸部贴上许多用于捕捉动作和表情的标记物。那么，这些标记物的作用是什么呢？为什么演员要用它们呢？

>> **戴若犁**

动作捕捉技术已经有很长的历史了。您提到的是光学动作捕捉技术，它通过摄像机捕捉标记物，再通过人体动力学的模型把这些标记物的位置恢复成人体骨骼的位置和姿态。除了光学动作捕捉技术，还有很多其他的技术被应用于不同领域。例如，在军事领域中，利用外骨骼技术，人需要穿戴一些测量角度的传感器，这些传感器非常像高达机器人的铠甲，并且非常沉重。此外，还有一种可穿戴传感器，通常被称为惯性传感器。这种传感器包括加速度传感器和陀螺仪传感器等，可以测量人体主要骨骼在空间中的位置和姿态，并以此来还原整个人体的动作。

>> **王鹏**

在电影制作中，光学动作捕捉流派的技术通常比较复杂和专业，成本较高，那么，基于可穿戴传感器和惯性导航的流派，其技术相对来说更加便宜吗？

> »戴若犁

在动作捕捉行业中，技术并不是按成本定价的。实际上，光学动作捕捉技术最昂贵的地方在于场地，也就是影视特效的制作工作室（studio）。在工作室内，需要搭建设备并进行系统调试，这需要专业人员来完成。此外，由于光学系统在拍摄过程中很容易出现身体动作被遮挡而导致的数据错误，后期还需要专业人员进行数据修复。因此，光学动作捕捉技术相对于其他技术来说更加复杂和昂贵。

不同流派的区别主要在易用度和数据质量上。有些流派的技术比较复杂，但数据质量更高，或者空间定位的绝对精度更高，能达到毫米级别而非厘米级别。不同行业使用哪种流派的技术，这主要取决于系统的复杂度。

2.2
数字复活与运动模仿：
打造超自然动作与表情的新纪元

> »史哲

近年来，数字人、数字分身、数字主播等话题备受关注，动作捕捉技术在这个领域中可以发挥哪些作用呢？

> »戴若犁

专家们能够用肉眼分辨出一个数字人的动作是手绘还是捕捉而来的。例如，迪士尼制作的动画绝大部分都是手工制作的。其他很多动画片和特效片，则明显是通过计算机图形学（Computer

第 2 章 动作捕捉：如何打造一个赛博的你

Graphics，CG）制作的。在传统影视特效行业中，动作捕捉技术提供了两个创新机会。第一个是提高还原度，实现高保真的动作还原。第二个是优化动画制作流程，替代传统手工调整、修改、制作关键帧（key frame）的方式，再使用 Maya、Motion Builder、3DS Max 等软件将缺失的动作序列补全。通过动作捕捉技术，可以请一名演员在一个普通房间内表演一段动作，从而节省大量的手工制作时间。

»王鹏

看来，在演员的表情、神态、手指灵活运动方面，动作捕捉更有优势，呈现的效果更自然？

»戴若犁

还要考虑到还原度和精度的要求，例如动画片 *Tom and Jerry*（《猫和老鼠》），使用动作捕捉并不合适。首先，这些动作不是一般人能做到的。其次，其对还原度的要求不高。这种卡通形象仍然依靠手工制作，因为动作捕捉效率低。

»史哲

您在一次演讲中提到英国公司 Framestore 使用动作捕捉技术和计算机图形学技术，成功"复活"了奥黛丽·赫本，这是一个非常出色的案例。关于制作一个数字人打篮球，其投篮动作像乔丹，运球动作像科比，整体动作很协调，在理论上可行吧？

»戴若犁

是的。使用动作捕捉技术来辅助科技体育创新非常合适。举个例子，语音转文本的过程就是一个"动作捕捉"的过程，首先将语音记录下来，将其转换成文本，然后通过语料库合成为新的语音，这属于二次创作。通过对日常动作的理解，对动作数据库进行分析和学习，可以合成更优质、更合理的动作。以此进一步提取关键信息来训练运动员，已经超越了动作捕捉的范畴，是利用动作捕捉技术进行的科技创新。

2.3
动作捕捉技术的流派差异：从好莱坞到日常应用的演变

» 王鹏

把真实动作、表情、手势等数字化的过程，有不同的技术流派。不同流派在空间还原度和精度等技术原理方面，可能会受到不同的影响。

» 戴若犁

它们会有非常大的不同。像光学动作捕捉这种技术流派，起源于好莱坞。20世纪70年代，一家英国公司开发出了一种用多个大型相机捕捉标记点空间位置的技术。这家公司是上市公司，并且服务于多家好莱坞电影公司。其服务主要面向棚拍和室内场所，所以在技术创新上没有考虑过便携和成本的问题，决定其定价的是需求而不是成本。拍一部特效电影的预算为4000万美元，可能其中200万美元用于动作捕捉。

» 王鹏

在虚拟主播带货场景中，一个普通人在自己家里，使用低成本、低配置的系统，需要在20分钟内将视频流推到直播平台，这就需要技术创新。

第 2 章 动作捕捉：如何打造一个赛博的你

在体育场景中，我们应该如何处理呢？在户外大场馆开展田径运动场景中，该如何处理呢？在自行车运动场景中，是否需要全程分析髋关节、膝关节、动力链是否合理，并采取适当的措施来保护这些关节呢？

》戴若犁

在某些情况下，用传统方法几乎无法解决问题，需要创新的解决方案，例如对防水、方便穿戴、便宜、一次性使用等有特殊需求的情况。技术选择取决于应用场景，成本和精度并不总是最重要的因素。

》史哲

随着 AR、VR 技术的不断完善，人们对元宇宙（Metaverse）的期望也越来越高。这是否会促使整个行业在软件和硬件方面不断发展和进步呢？

》戴若犁

元宇宙这个概念最早出现在 1992 年的小说《雪崩》中，定义为整个物理世界数字化的孪生体，是一个非常庞大的概念。数字化的平行世界是核心服务的载体，人是输入输出和传递信息的媒介。在数字世界中，我们可以看到自己和交流互动的对方。动作捕捉技术、面部捕捉技术、数字人技术在元宇宙中占据着非常重要的位置。尽管我们三位的年龄不算太大，但我们可能无法在有生之年看到完整的元宇宙。我们可能只能看到中间阶段，即 Alpha 版本，如果能看到 Beta 版本就已经非常幸运了。

> **» 王鹏**

看来我们要降低预期了。

> **» 戴若犁**

是的,而且要充分地降低预期。

> **» 史哲**

过去,捕捉和影视制作通常需要几个月甚至更长的时间才能达到令人满意的效果。现在,直播带货、虚拟主播等成为卖点后,人们关注的不再是捕捉的精细程度,而是能否方便地开通主播频道。您的技术路线是否需要调整?

> **» 戴若犁**

不需要调整了。我们早在 10 年前就已经确定了我们的定位——低成本。这个成本包含两个层面:经济成本和使用成本。通过较低的成本,让更多的行业能够使用数字化技术。非常感谢智能手机行业,曾经的高精度陀螺仪、传感器、加速度传感器的价格要几万美元,现在已经降至 1 美元以内。原本芯片厂商每年

第 2 章 动作捕捉：如何打造一个赛博的你

只能卖 1000 片，只有单价几万美元企业才能存活，但有了上亿部规模的智能手机市场，使其单价不断降低。不管是芯片还是周边软件，现在都下沉到了消费电子领域。我们从一开始就定位于下沉场景。

好莱坞每年都要制作特效电影，但并非所有的特效电影都需要动作捕捉技术。如果我们无法满足精度和空间需求，就无法承接相关项目。对于像《权力的游戏》这样的大制作，我们直到他们团队获奖后才知道他们曾是我们的客户，他们直接从我们的网上商城采购了设备。在选择技术路线、定价和产品定义的初期，我们希望能够逐渐下沉到相对年轻的 B 端市场，至于是否能够下沉到 C 端市场，还不确定。

2.4
摩尔定律下的创新：
如何通过算法突破硬件限制

》史哲

您觉得这个行业再往前走，硬件面临的限制会比软件更多吗？像您说的芯片、传感器会受限于成本，我们对软件的技术能力更具有信心。但是，因为动作捕捉的系统需求硬件和软件完美结合，所以我们不能仅仅依赖软件技术，硬件的发展也非常重要。

》戴若犁

没错，我们最初的目标是挑战这件事情。如果输入的数据质量和传感器的精度水平不高，输出的信息就会不够准确甚至不可用。我们希望能够解决这种问题，使用质量不太高的芯片和低成本的传感器捕捉数据。当时我们对摩尔定律产生了一定的怀疑。

> **王鹏**

摩尔定律是一个经验规律，主要是指随着时间的推移，芯片的集成度不断提高，价格不断降低，性能不断提升的规律。这使原本只有专业用户才能使用的硬件设备逐渐进入大众市场，成了普通消费者也能够使用的产品。

> **戴若犁**

我不是完全反对摩尔定律，而是觉得那种趋势缓和了一些。当我们的制程受到限制时，无论是芯片处理能力还是其他方面，都不能充分地迭代。因此，我们认为不能过多地依赖硬件水平。

我们刚开始创业时，人工智能还没有火，我们还不知道有这么直接的方式，即用足够多的数据和足够强的计算能力就能获得一个好的结果。我们的创始团队以中国人为主，中国人擅长做两件事情：第一件事是做数学，我们的数学非常好。第二件事是做高性价比产品，因为我们拥有全世界最集中的生产基地。在选择产品路线和技术路线时，我们综合考虑了算法的能力和器件的成本。

> **史哲**

您所说的是一个普适的创新方向。因为软件开发的成本是一次性的，后期成本可以均摊，但硬件每次使用都有固定成本。如果希望在成本管理方面实现突破，许多技术公司，特别是国内技术公司，都会选择用算法和软件来弥补硬件的不足。国内技术公司的发展，也会倒逼欧美技术公司应对这种竞争。

> **王鹏**

我注意到戴总在朋友圈中发布了一段与《黑客帝国》有关的

短片，这段短片背后发生了什么故事呢？

> » **戴若犁**

我们想借助《黑客帝国 4》要上映的事件，引起一些关注。你们还记得第一部《黑客帝国》是在哪一年上映的吗？

> » **王鹏**

是 1998 年吗？

> » **戴若犁**

第一部是 1999 年上映的，已经是 20 多年前的电影了。昨天我陪女儿看了第一部，它非常好看、非常酷。《黑客帝国》是我读书时特别喜欢的电影。那个时候我还没有接触过"动作捕捉"，也不清楚电影里边的特效是怎么做出来的。

借这个契机拍摄短片，还有一个原因是想检验一下我们的产品。我们在最普通的环境中，选择最低成本的产品，不用专业演员，而是请了程序员和美术工程师组成了一个小团队，写了一个小脚本，进行了一场黑客马拉松（hackathon）。我们在 48 小时之内要完成所有的拍摄、制作和后期剪辑，甚至连花絮都要剪辑。我们希望在最短的时间内成片，并更好地了解用户。

我们公司有一个弱点，就是距离垂直领域比较远，我们一直希望能够做一款没有垂直领域印记的工具类产品。比如一台动作捕捉设备，它不是影视特效设备，不是体育运动训练设备，也不是医疗康复设备，虽然它可以在这些行业里面使用。如果距离垂直领域远一点，我们可以把动作捕捉做得更通用，但缺点就是我们不是特别了解各行业的具体需求。

我们没有拍过大片，那就拍"小片"吧，所以我们临时起意做了这件事情。这个过程很有意思,但也不太顺利,因为需要做太多准备。一件事情复杂度高了之后,会有很多意想不到的"插曲"。这也从侧面说明了我们的产品应该满足什么样的需求,在怎样的复杂度和压力下使用动作捕捉设备。这件事情对我们来说不仅仅是一次宣传、一次彩排演练,更是一个了解行业和用户的机会。

2.5
从好莱坞到草根:
组建高效动作捕捉与虚拟制作团队

》王鹏

这个短片叫 *Once upon a time in the matrix*(《黑客帝国往事》),里面使用的技术除了动作捕捉本身,还有虚拟制作系统吗?

》戴若犁

是的。一部特效电影低成本版本的拍摄环境是什么样的?首先,需要有一片能够容纳三五个人活动的空地。其次,需要几台电脑,能够运行动作捕捉的软件,进行声音录制和后期合成、渲染、剪辑等工作。另外,还需要使用虚拟相机,拍摄真人实景。但是在拍摄虚拟场景时,需要通过后期合成影像的方式,确定拍摄角度、相机如何移动、相机的位置和姿态如何追踪。在后期制作中,这些动作数据流和虚拟相机的参数流都需要输入电脑。最后,需要借助 Unity、Unreal 等第三方实时渲染引擎,来生成渲染效果。

如果有演员无法完成的动作效果,例如人飞起来,后期效果就需要用第三方软件,例如用 Maya 软件,把演员的动作进行修改,输出想要的视频素材。视频素材即使足够完美,也需要进行常规的调色、包装、美化等动作，整个工作复杂度较高。为了拍一部"小片"，我们使用最低成本、最普通的演员和设备，模仿好莱坞拍摄《阿凡达》特效的电影棚。

» 王鹏

听起来需要多人分工操作不同的软件。

» 戴若犁

在现在的技术体系下，至少需要两个人，都必须是全栈工程师或多面手，懂得编辑、剪辑、调色、包装、渲染和使用引擎。我们聚集了约五六个人，因为很难找到多面手，我们需要组建一个小团队来完成这项任务。

好莱坞有一些"小团队"其实平时只有一个人。当需要接手项目时，会组建一个暂时性团队，招募一些帮手。好莱坞有100多年的历史，所以有完善的工作流程和培养协同能力的方法。如果国内想要有这样的团队或个人，就不能依靠我们这样的设备厂商，而需要依靠整个行业和生态的发展。

2.6
动作捕捉在日常生活中的应用：
任天堂 Wii 与 Switch 的启示

» 史哲

众所周知，"子弹时间"是《黑客帝国》中最经典的场景之一，许多人在模仿它，向它致敬。您刚才提到希望用低成本制作出类似的特效，实际上我们可以看到内容是推动产品发展的动力。例如抖音被称为短视频平台，有很多的内容，让用户可以 follow（跟拍），无论是音乐、舞蹈，还是其他内容，普通人都可以轻松 follow。你们是否有类似的想法，把动作捕捉的典型场景和特效打包，与一些平台合作，让更多的人参与进来？

» 戴若犁

如果我们单独谈论动作，会发现有人在制作动作，有人在制作动作库，还有人在制作标准动作库。标准动作库通常分为两类：一类是研究用的，例如卡内基梅隆大学制作了一个免费的在线动作库，里面包含了 2600 多个动作，许多科研工作者都会使用。另一类则是用于特效制作的小型动作库，其中包含了常规的走、跑、跳、拿东西和打架等动作。

这些动作库可以在没有高动作需求的场景中使用。例如制作一则简单的广告，需要一个镜头，这时我们就可以使用它们。但是根据我们的经验，想要实现类似于美颜照片的效果，即简单地将一个动作应用到人物身上，目前仍然很困难。与照片的个性化需求相比，动作或动画的个性化需求更高。目前这些动作库主要还是在科研领域中使用。

> **王鹏**

说起科研,我不禁想到读博士时做的科研项目,一般需要 20 年后才能看到相应的产品或服务在市场上大规模应用。如果我们这样预测,像"子弹时间"这样的特效能够在抖音平台上使用,大概还需要多长时间?

> **戴若犁**

这样的特效如果有需要,今天就能够用得上,只不过需求比较宽泛。大家需要的不是一个"子弹时间",300 家公司可能需要 300 个不同的特效。这种情况下,投入产出比不是很高。将动作特效或者标准动作用在普通人的生活中,在经济上并不划算。

> **王鹏**

我们再切换到另外一个话题,就是 10 多年前任天堂发布的一款早期的动作捕捉游戏主机 Wii,它上市后很火爆。在新冠疫情期间,任天堂又上线了一款新的游戏主机 Switch,这是一款更高级的动作捕捉游戏主机。您玩过吗?有什么体验?

> **戴若犁**

我都玩过,还可以讲一个小故事。那是在 Ring Fit Adventure(《健身环大冒险》)游戏被推出之前,我记得是 2014 年或 2015 年,任天堂的人把我和我们美国的市场总监 Rock 叫到京都,因为任天堂京都总部的人对我们的技术感兴趣,所以我们非常开心。我和 Rock 一个从中国飞到京都,一个从美国佛罗里达飞到京都,带去了我们当时最先进的动作捕捉设备给任天堂的人看。任天堂前后来了 30 多位员工,非常细致地测试我们所有的可穿戴传感器、动作捕捉设备。当时我们觉得下一代任天堂游戏机很可能由我们提供配件服务,因为双方已经签了很多协议。但后来他们并没有选择用复杂的动作捕捉设备去做体感交互游戏，而是选择了最简单的两个传感器——一个是可以测力和姿态的"圈圈"，一个是绑在左大腿上的九轴陀螺仪传感器，即用一款简化、弱化、简陋版本的动作捕捉设备测算人的动作。

这种设备在特定的游戏场景中仍然可以将人的动作还原七八成，且效果非常出色。任天堂在特定游戏场景中平衡了测算精度和易用性、硬件成本和算法复杂度。他们最近推出的产品绑带与我们公司产品的绑带一模一样。

》史哲

任天堂可能还会考虑一个因素——游戏性。一般人如何参与游戏？如果真的提高了精度，那么玩游戏的难度是否会升高呢？回想一下小时候玩的一些游戏，画面虽然不精美但是非常有趣，例如《拳皇》的画面不是很精致，但是游戏体验感和打斗真实感非常好，这是最重要的。

游戏行业和电影行业是否有显著的区别？在选择技术方案时，是否会考虑到不同的因素呢？您提到过电影《头号玩家》的游戏场景，玩家在跑步机上操作进入游戏，现实生活和虚拟游戏分离了。未来，如果将电影或其他行业与游戏相互结合，会有哪些不同的思考方式？

2.7
《头号玩家》创造的是一个平行世界，它比一个游戏空间更宏大

》戴若犁

再谈谈《雪崩》这本书：它描述了世界终点或人类科技发展

第 2 章 动作捕捉：如何打造一个赛博的你

的终极目标——全面数字化、完整数字化。至于电影《头号玩家》，我认为"头号玩家"这个译名不够准确，应该翻译为"玩家1号"，因为英文是"Ready player one"，意思是"准备好了，玩家1号"。因此应该称之为"玩家1号"，这部电影描绘的场景非常现实。与电影《黑客帝国》所描绘的科幻场景不同，其插管是脑机接口。《黑客帝国》中的场景，在我们有生之年可能无法见到，但《头号玩家》中的场景，我们可能会看到。

电影中出现了全向跑步机、虚拟现实头戴式显示器和可穿戴运动捕捉传感器等设备。《头号玩家》的拍摄角度和特效导演设定的场景都非常现实。电影中出现的所有道具，包括带有力反馈的紧身衣在现实中都有原型。

欧洲有一家公司叫特斯拉触控（Teslasuit），它使用的每项技术我基本都见过、买过或玩过。但是每项技术都超越了市场同类产品的表现。利用这种技术创造的环境不仅是游戏性的环境，更像是一个更宏大的平行世界。投资机构都知道这还为时过早，那一天还没有到来，但是这个方向足够广阔，科研和工业界工作者不能错过这件事情。它超越了史哲所说的游戏化场景的讨论范畴，是要创造一个新世界。难的是判断它何时会到来，这件事情我们有可能看不到，甚至我的女儿也看不到，但是，如果它真的实现了呢？我们在产品路径和技术路径上决定不做只能在摄影棚中使用的产品，而是要做随身可穿戴的产品。

» 王鹏

刚才描述的《头号玩家》之所以接地气，是因为游戏有线上线下融合的趋势吗？您怎么看待游戏化的难度？

» 戴若犁

不管是虚拟现实头显（VR Goggle）能显示的视域清晰度、

新智微光：科技创新驱动新质生产力

深度视觉的准确度、多重对焦，还是动作捕捉的还原程度、准确性，或者体感的真实程度，我认为这些都非常接地气，非常接近已有的科技。但事实上，它们只拔高了一点点，就足够让所有科技工作者一起工作几十年甚至更长时间。电影选择了特别务实的设备形态，既没有用脑机接口取代视觉，也没有用更高难度的方式将人的动作数字化。这是整个道具组和特效组的务实精神，导演想让观众觉得这个东西已经触手可及，虚拟的平行世界会来到我们身边，增强观众的代入感。"接地气"是制作团队的一个选择，让观众觉得有亲和度，更加可信。

》王鹏

形式上让观众有熟悉感很容易，内容上要达到电影效果则需要几十年。就像人工智能领域的科研工作，几十年前我们也在做语音识别，但是只有算力、算法、数据的条件都具备了，才能真正大规模商用。

》戴若犁

是的。2003年，我选修过神经网络和Fuzzy Logic 3（模糊逻辑3）的课程，那个时候教这门课的教授不太好找教职。现在算力提高了，人工智能摇身一变，成了万能解药。

2.8
虽然 AR、VR 都叫"现实"，但并没有一条牢固的红线

》史哲

增强现实（Augmented Reality, AR）和虚拟现实（Virtual Reality, VR）的产品是热门，许多大厂和创新创业公司都在对此进行布局。Meta 在这个领域也投入了大量的精力，认为未来主流社交会在 AR、VR 的场景中。虽然 VR 设备的成熟可能会更早到来，但是目前在体验交互方面，仍存在很大的不足。我们没有看到它和动作捕捉、体感传感器很好地结合，让用户在使用虚拟现实头显的同时，有一套更好的配套设备可以进行交互。您对此怎么看？

》戴若犁

虚拟现实与增强现实各有各的情况，它们合并起来叫作混合现实（Mixed Reality, XR 或 MR）。我个人判断，虚拟现实可能无法普及到普通消费者（To C），不会人手一台虚拟现实设备。虚拟现实的终点可能是一台主机、一个沉浸式游戏的载体，或者一些对于沉浸式体感交互有高需求的工业场景，例如工业仿真、军事训练等。因为虚拟现实的核心问题在于它将真实世界和虚拟世界完全割裂开来。

》史哲

像《头号玩家》这样的游戏属于虚拟现实类，它让玩家进入

了另外一个世界。

> **戴若犁**

《头号玩家》和《黑客帝国》中都是虚拟现实世界，或者是纯粹的平行世界。使整个世界和更多信息都被数字化再植入平行世界里，难度非常大。真正有可能走近普通人，变为下一代人机交互平台的是增强现实。增强现实技术落地的门槛会稍微低一些，由于它没有遮蔽现实世界，只需要给真实世界做增强或补充（enhancement），用额外的信息补充世界和人的"能力"就可以了。从后端来说，其复杂程度和困难程度远低于虚拟现实，而且由于没有割裂现实，增强现实的商业场景更加广阔。

如果是增强现实的话，人机交互难度会较小，因为用户可以看到自己的手和周围环境，只需要用手控制物体或工具，与虚拟素材进行交互即可。

但是对于虚拟现实来说，人机交互的需求、挑战和改变会更大。用户需要适应用手柄与虚拟世界进行交互，同时需要适应通过视觉动作捕捉来实现交互，或者忍受复杂、昂贵、不舒适的可穿戴动作捕捉设备，才能使自己和其他人数字化，置于完全虚拟的空间中。

相比之下，增强现实的要求更加简单，需要的技术门槛也更低一些，落地的可能性也更大。因此，虚拟现实和增强现实的终局和落地可能性都存在区别，需要分别考虑人机交互的需求。

» 王鹏

虽然都叫"现实"（Reality），但是一条路只经过纯虚拟的数字世界，另一条路还经过物理世界，两条路的交点现在还看不清楚。

» 戴若犁

严格来说，虚拟现实、增强现实没有非常明确的界限。如果假设左手是现实世界，右手是纯虚拟的元宇宙，那么中间的任何一个点都可以算作增强现实。在下一代增强现实平台上能够成功落地的公司，就是在中间选了一个合适的点。

2.9
对人的行为过多地去做预测可能是不安全的

» 王鹏

前两天我和一位从事人机交互研究的老师聊天，他提出了令我印象深刻的观点。我们谈到人机交互，以及科技如何改变人的大脑、眼睛、手指和身体。未来的人类可能会在进化过程中特别发展眼睛和手指,因为需要查看手机屏幕和使用触屏。人机交互的设备和手段在不断变化,也带来人类感官和面部五官的变化。许多大公司正在研发下一代增强现实眼镜,但功耗和追踪能力等问题仍然难以解决。相比之下,像耳机这样的可穿戴设备,包括骨传导耳机和无线耳机,则更适合应对新的需求。动作捕捉设备也是一种可穿戴设备,这方面是否有值得借鉴的地方呢?

> **戴若犁**

是的,因为可穿戴设备都需要延长人们对设备的使用时间,并且希望能够更好地融入日常生活和工作,因此这些设备的研究方法可以互相借鉴。例如,无线耳机需要平衡舒适度、音量、保真度和重量,以及预测用户的穿戴时间和所需的电池容量。这些方法可以显著提高可穿戴设备的适用性。但对于人类行为,过度的预测是不安全的。我们可以观察到人们会适应科技的发展。

例如,我们的眼睛和手指可能会适应触摸屏操作和手机屏幕的使用。小孩子们对平板电脑已经非常习惯,他们的使用习惯可能与我们这一代不同。人与技术的互动关系是一个不断演化的过程,需要平衡人的需求和生活方式的变化。

> **史哲**

我更相信科技从业者可以引导行业的发展方向。前两天有网友纪念 Steve Jobs(史蒂夫·乔布斯)逝世 10 周年。手机的形态在 iPhone 4 出现后,产生了巨大的变化。作为一款划时代的产品,它引领着整个产业的发展。在 iPhone 出现之前有很多种手机,但其上游公司不会为了一个单品把某类产品的价格降得非常低。有了 iPhone 之后,公司才把所有的精力、资源、科研和供应链能力汇聚到一起,让一款产品越来越成功。

2.10
面对新行业的渗透，需要对需求进行深层次的思考

» 史哲

虚拟现实、增强现实是进入元宇宙的通道或入口（Portal），实际上也是信息可视化的入口。如何接触用户，如何构建内容，如何在体系中进行动作捕捉非常重要。除了电影、游戏、直播，未来的许多行业，如医疗、军事、交通、体育等，都将逐渐运用虚拟现实、增强现实技术。在这些新行业中，您的产品如何帮助人们更好地完成原有的工作，或者完成一些以前无法完成的工作？

» 戴若犁

对很多新行业的渗透，我们是被动的。需求被提出来后，我们才去配合实现需求。但是还有一类需求是创新的，它们在我们配合过、承接过的项目或者做过的一些工作里面占据了大多数。对方需要的不是虚拟现实、增强现实，也不是动作捕捉，而是需要一种新的东西。

这类需求非常具有迷惑性。一些大企业都有自己的创新部门和预算，需要对大量技术进行探索。这类需求非常容易误导从业者，例如像我们这样的企业，技术提供方误以为这个行业对动作捕捉有非常明确的需求，误以为真的可以服务这个行业，可以投入资源、大力推进行业的落地。我作为首席技术官（CTO），要去甄别、判断行业的需求是不是"为了创新而创新"，是不是觉得区块链热闹、人工智能无所不能就去跟进。

我们能够为行业做的是两件事：一是原本要做的事情，使其可以更加容易、低成本、高效地实现。二是原本做不了的事情，

通过新技术手段可以实现。举一个典型的例子：奥迪是我们的客户，我们利用动作捕捉和虚拟现实混合系统，开发了一个新能源汽车检修培训的完整系统。新能源汽车的电流非常大，有危险性，用人成本非常高。我们结合新技术，在纯虚拟的环境中进行每年几千人的维修巡检培训，这是以提高效率、降低风险、降低成本为目标的典型案例。我们还为一些保密项目开发了系统，需要快速记录团队所有人员的动作，全程跟踪、录制，并回放、复盘，完成特定任务，例如应急响应、救援全过程。这类需求也能够得到满足。由一个人扛着摄像机跟拍一个侧面或几个侧面，会有死角，不能完整细致地回放每个人的协同动作、同步性等，也不能用于第二次训练时进行比对。传统行业有非常复杂的落地需求，我们谨慎甄别，确保真正帮助客户解决实际问题。

»王鹏

在讨论虚拟制作系统时，您提到过全栈式工程师。当我们从事企业服务（To B）时，需要甄别实际需求和探索性需求。在为客户设计解决方案时，需要平衡通用性和定制化需求，同时与上下游的技术合作伙伴一起完成方案的设计和实施。

»戴若犁

典型的企业需求不是仅仅需要一些零散的技术点。例如，假设有 10 个供应商，供应商 A 提供一种技术，供应商 B 提供另一种技术，企业主自己负责系统集成。通常情况下，企业需要的是一个"交钥匙"方案。企业主需要清晰地表达需求，供应商需要提供一套完整的解决方案。根据我的观察，很少有能力特别强的集成商可以单独完成所有的事情，通常需要组建团队。但组建团队是需要技巧的，需要有对整个科技领域非常了解的人帮助组建，考虑可行性并控制成本，确保项目能够完成。

在这个行业中,各种技术的提供商、服务商需要保持良好的沟通,并经常互相学习。虽然企业 A 不会去做企业 B 的工作,但需要特别了解企业 B 的技术边界。每家企业、提供商都是企业端服务大型项目的协作节点,每个节点都必须具有外延性,只有了解别人的应用领域,保持长期的沟通,才有可能完成复杂的方案。我们曾经完成过一个复杂的项目,是帮助一家德资大型车企,涉及 17 家合作商,项目总价超过五六千万元,复杂度非常高,但也非常有意思。

2.11
信息技术的真正落地及导入对使用方本身的要求很高

》史哲

反过来说,新兴技术真正的落地和应用对使用方本身是否要求很高?使用方需要考虑如何应用现有的资源和组织找出典型需求,还需要在生产过程中进行人员管理、人员培训,以及标准化作业流程(Standard Operating Procedure,SOP)。操作手册可以告诉人们如何进行每个步骤,但文字可能不如视频直观,而实时教学比视频更直观,这将成为未来生产的方式,可以实时了解一条生产线上每个人的走动和操作。经过一段时间的数据积累,可以通过仿真来查看最优的操作流程和产线排班。

工业工程虽然实现了机器最优化和物流最优化,但还没有实现人在回路(Human in the Loop)的最优化。工人的信息除了位置信息,还包括大量的其他信息,例如手臂和腿部位置、操作时间等。未来肯定会有一些合作伙伴希望能开展这样的工作,使用动作捕捉技术获取更多产线工人的实时信息。

》**戴若犁**

已经有了。德国的西门子有一款软件叫PS（Process Simulation），用于工艺规划与仿真。这款软件已经整合了我们的动作捕捉设备，菜单里有动作捕捉技术的开启按钮。

》**王鹏**

在不同的垂直领域，哪个机会和市场更大？

》**戴若犁**

推动科技进步最大的动因是战争，一些保密行业、军事领域的应用需求很多，有足够深的钱袋子，足够大的试错空间。还有一些行业特别喜欢拥抱尖端技术，例如医学、体育和电影。这些领域对新技术的导入和试错都非常积极。此外，汽车领域也是一个非常重要的行业，因为汽车是家庭购买的最昂贵的消费品之一，它的单价非常高，而且全球市场的规模足够大，所以企业对动作捕捉的需求是很高的。相比之下，手机市场的规模虽然很大，但对人的动作捕捉的需求并不高。

对话嘉宾

戴若犁，博士，北京诺亦腾科技有限公司联合创始人，现任公司CTO。戴博士为中关村技术评审专家，教授级高级工程师，毕业于中国科学技术大学及香港中文大学，荣获香港中文大学工程学院杰出校友、香港中文大学机械与自动化工程学系杰出校友称号。戴博士的研究和工作主要集中在动作捕捉、可视化技术、影视特效制作、虚拟现实与增强现实、机器人以及人工智能等领域。他带领团队长期从事前沿创新技术的研发工作，具有丰富的产品开发与成果转化经验。其领导研发的动作捕捉系统及大空间虚拟现实平台达到了国际顶尖水平，在各应用行业中具有一定的影响力。

第3章
AR 眼镜

三维的互联网会不会到来

历史人物在我家客厅：增强现实的奇遇

周末，慵懒的午后。杰克坐在宽敞的客厅里，戴上了最新款的增强现实眼镜，体验最新的虚拟历史游览。这款眼镜被宣传为能够将任何历史人物"带入"家中，提供独一无二的互动体验。杰克充满期待，选择了他最感兴趣的文艺复兴时期的达·芬奇。

一瞬间，他的客厅中出现了15世纪的意大利工作室，墙上挂着未完成的《蒙娜丽莎》，桌子上散落着各种画具和手稿。在这一切之中，达·芬奇本人，以惊人的细节和真实感出现在杰克面前——他正专注地作画。

杰克尝试与达·芬奇交谈。这款 AR 眼镜的 AI 交互系统让这位伟大的艺术家和发明家回答起问题来既渊博又风趣。他们讨论了艺术、科学甚至未来的技术。

正当一切进行得不亦乐乎时，系统突然出现故障。历史人物开始"穿越"到不同的时代，杰克的客厅变成了一个时空交错的舞台。爱因斯坦在沙发上谈论相对论，而克利奥帕特拉则在讲述她的埃及王国的故事。

经过一番折腾，杰克的眼镜终于恢复了正常，这次体验让他深刻地感受到了历史的丰富多彩。他意识到，虽然技术可以让我们以全新的方式体验历史，但它也提醒我们，探索和学习永远充满了未知和惊喜。

3.1

我们最终可能会走向全虚拟的世界，不管你是否愿意

» 王鹏

AR（Augmented Reality）意为"增强现实"。VR（Virtual Reality）意为虚拟现实。关于 AR 和 VR 背后的技术，您怎么看？

» 郑昱

VR 和 AR，从英文单词上就可以区分开。VR 主要指与真实环境隔绝，让我们进入一个完全由虚拟信息组成的全新世界。AR 则是指将虚拟的物品放到现实生活中，将数字化信息叠加到现实世界中，使现实世界更加丰富。因此，一个是完全虚拟的，一个是在现实中增加虚拟的东西。

当讨论虚拟和现实时，人们会问未来的世界是否会像缸中的大脑一样，连接着电极，生活在完全虚拟的世界中，看到、听到的都是虚拟的东西，不再需要真实世界。在我看来，VR 代表人类最遥远的未来。而 AR 则象征着在人类迈向未来的过程中，虚拟和现实结合的中间阶段。不管大家是否愿意，人类最终会走向完全虚拟的世界。

» 史哲

VR 和 AR 通常被视为扩展现实技术（Extended Reality，XR）的两个分支，这是因为两项技术都利用计算机图形学和传感器技术来创建虚拟的视觉和听觉体验，并且有相似的硬件和软件需求。因此，在市场上，许多公司将 VR 和 AR 视为同一个领域，并将其视为战略性发展方向，希望同时投资两种技术，以占

第 3 章 AR 眼镜：三维的互联网会不会到来

领 XR 市场的更大份额。

»郑昱

不管是 VR 还是 AR，都体现了一个核心意义：人和信息的交互方法。罗永浩在朋友圈中表示，人类最终会走向元宇宙，认为互联网公司是元宇宙公司的一个子集。互联网上有如此多的信息，各种应用程序正在挤占人们在现实生活中的时间。人们的时间越来越多地消耗在虚拟世界中。

虚拟世界的普及变得越发宽广，内容趋向三维化，效果接近真实世界，那么它是不是一个新的平行宇宙呢？本质上，AR、VR 是在讲一个故事，这个故事始于计算机、电视，故事中的人类一直在与信息打交道。随着这个世界的扩大，人类会把更多的精力放在虚拟世界中，本身则会离真实世界越来越远。

如果有一天，虚拟世界占据了全部的空间，我们就会生活在 VR 中。如果它只占据了部分空间，它就是 AR；如果它只占据了平面而不是 3D 空间，它就是手机或计算机。这是信息发展的终极形态，所以大家把 AR 和 VR 放在一起看，很多巨头们都看好它们的前景。

»王鹏

在过去的大约二十年里，当研究生在大学中进行 VR 课题研究时，常见的场景是在大屏幕上展示虚拟教室。其中有虚拟课桌，有虚拟老师在讲课。那个时候，VR 技术主要用于仿真类科研，例如航空航天仿真任务和沉浸式教学。但是，是什么样的产品让工程技术人员意识到可以将注意力从 VR 转移到 AR 的呢？是智能手机吗？

新智微光：科技创新驱动新质生产力

3.2
AR 成了人类满足幻想的必需品

»郑昱

在我们官网上的一个短片中，片头描绘了人类对视觉表现的需求正在逐步增长。人们一直在追求能够展现想象中画面的技术。古代人会幻想追逐太阳和月亮，现代人会幻想《哈利·波特》中的魔法世界和《星球大战》中的宇宙。我们需要一种实体来承载这些想象，使其变成能够与现实融合的东西。当我还很小的时候，我很喜欢玩《魔兽世界》，我想变成一个穿着盔甲的人，或者一个拥有魔法的机械狗。这是我的需求。

但仅仅在二维屏幕上展示还不够，我希望这些想象能够有三维的效果，并且能在真实的空间中呈现出来。当我打出一拳时，能看到冲击波。AR 和 VR 最终的目标是满足人类对视觉表现和与环境交互的需求。这是人类想象力的延伸。

如今有了 AR 和 VR，它们具有更多样、更立体化的表现形式，很多电影、游戏和动漫制作都得益于此。20 世纪最具有里程碑意义的艺术发明是什么？是电影。因为电影是动态的，具有虚拟的视觉表达形式，让人们的想象得到了充分的延展。如果有一天，在真实的世界中出现了电影场景，视觉和交互的延展似乎是必不可少的。

» **史哲**

提到电影，一个经典的 AR 场景是《终结者 2：审判日》里的施瓦辛格扮演的 T800 终结者对摩托车进行扫描，查看工具和武器。这种 AR 装置在很多电影中都可以看到，但早期电影中很少出现全面的 VR。直到《头号玩家》之后，人们对 VR 的想象才更加全面。这似乎呼应了您的观点：VR 是比 AR 更具挑战性的目标，需要更多的辅助设备——例如《头号玩家》中的皮肤感知和跑步设备，而 AR 只是一种可视化和感知的工具。AR 和 VR 在技术上还是有很大的差异的，AR 要比 VR 简单得多。

» **郑昱**

关于满足人类需求的程度，Meta 公司为我们提供了很好的示范。由于这家公司的存在，人类社会在 VR 和 AR 上的推进速度比原来快很多。现在看来，VR 的成熟度要比 AR 高，特别是我们能体验到的 VR 设备的成熟度。但要获得全方位的 VR 体验，还需要把嗅觉、听觉传感器，以及多轴向跑步仪等装置加进去。

在今天，得益于 Meta 公司的努力，我们能够得到 VR 的一些体验。对 AR 来说，从直觉上来看，技术难度好像更低。但实际上，由于涉及可穿戴性、舒适性和移动性需求，AR 的实现需要跨越一个时代。

现在大家都用智能手机，而个人电脑和智能手机的普及时间相差了三十年。AR 设备要完成从固定位置、室内使用，到移动位置、室外使用的转变，可能需要二三十年的时间。同样，VR 设备也需要更多时间来完善功能。关于纯虚拟是好还是坏，我还没有判断，大家可以探讨。如果有一天，我们真的能戴上眼镜，插上一个电极，进入一个全真世界，那将是怎样的感觉？每天只需要吃喝，不用睡觉，这是什么样的生活？这似乎很有意思，但也可能存在一些风险。

3.3
我们正在陷入生产 AR 设备的科技鸿沟中

» 王鹏

回到电影的话题，有一部与 AR 有关的电影《少数派报告》，描述了有预言能力的人会在大脑中提前"看到"谋杀场景的故事。汤姆·克鲁斯饰演的角色戴了一副手套，可以在空间操作谋杀影像的投屏。这种隔空操作、信息叠加在电影里展现得很炫酷。在现实生活中，与 AR 有关的设备之一是谷歌眼镜。但 AR 眼镜还不够成熟，我们还不知道在未来三到五年内会有什么样的 AR 设备问世。

» 郑昱

我前段时间看到一款 AR 眼镜，它可以一边照出你的脸，一边在脸上叠加不同的效果，比如化妆效果、穿衣服戴帽子效果，算是一种 AR 设备。现在的车载抬头显示（Heads Up Display, HUD），在行驶时可以在前挡风玻璃上显示路面信息，包括前车距离，也算是一种 AR 设备。特斯拉车载系统有一款平板电脑，可以显示旁边车的距离，但是看平板电脑非常不方便，需要转头，很多人都不会去看这个设备。如果用带有 AR 功能的 HUD，直接在挡风玻璃上标注前车距离、当前时速、路面情况，似乎会更加有意义。

》**史哲**

在佩戴 AR/VR 显示设备时，可能存在眩晕、视角不够大、光亮度不够等问题。您能不能从专业技术方向深入地解读一下？对眼镜而言，显示等核心的模组什么时候能有技术突破？

》**郑昱**

AR 眼镜的显示是非常重要的一环，因为它需要看到真实世界和虚拟世界的准确叠加。它需要有许多光学显示效果，例如在户外环境下能够清晰地看到虚拟图像，同时能清晰地看到真实的路面，要让 AR 眼镜的亮度与真实环境的亮度达到相同的水平。

目前的 AR 硬件，特别是 AR 显示器，对入射光源的损耗比较大，想要达到与环境相同的亮度，需要一个强大的发光源，这对光源也提出了巨大的挑战。此外，要实现小型化也是一个难题，人们不希望戴上沉重的头盔，因此期望 AR 眼镜像普通眼镜一样轻便和小巧。要同时满足这些功能，技术挑战很大。

随着产业的发展，将会出现更轻薄、视角更大、更明亮、更清晰的显示模组。然而，目前实现一个既超轻薄又功能齐全的显示模组仍然非常困难。从材料、光学理论、半导体工艺到芯片等方面，我们都面临着巨大的困难。这些困难就像智能手机技术的创新一样，对整个消费电子或科技行业都是一个巨大的挑战。目前，核心硬科技的积累还不够，因此还无法跨越鸿沟，开启新一波科技浪潮。

3.4
是摩尔定律还是商业定律：
谈谈硬件和软件的博弈

»王鹏

一位"新势力"车厂的负责人强调了新设备中硬件和软件的关系。他认为软件出身的人应该去做硬件，解开硬件对软件的束缚，从而释放软件的能力。这充分证明了乔布斯在设计智能手机时所提到的硬件和软件的关系。对于 AR 眼镜的硬件系统而言，它是否能够支撑更丰富的应用软件呢？是否会限制软件的功能呢？

»郑昱

要换个角度来思考这件事情，不能简单地回答能否满足软件的需求。摩尔定律指出，硬件器件的密度每 18 个月会翻一倍，这是一个物理学定律吗？不，它是一个商业定律。商业定律所说的是软件和内容的发展，迫使硬件必须更新换代，这样才能满足软件功能的使用要求。

从长期来看，硬件永远跟不上软件或内容的要求。在产业分工上，一家公司不可能把所有事都干了，必须有硬件公司进行突破，软件公司逼着硬件公司更新和迭代，这才是行业发展的正向动力。硬件厂商应该与软件生态相配合，软件厂商希望硬件能更快地发展来支持其应用程序，这才是正向循环。

3.5

Meta、Apple、Microsoft 等互联网巨头的布局理念

> **» 史哲**
>
> AR/VR 可能是下一代划时代的消费电子产品。我们可以看到像 Meta 和 Apple 这样的头部公司从不同角度进入这个领域，它们一家专注社交软件方面，而另一家则专注硬件方面。当这两家公司进入这个领域时，它们各自的竞争优势是什么呢？

> **» 郑昱**
>
> 从一个较为浅显的角度来看，Meta 和 Apple、Microsoft 等公司各具特点，这些公司在 AR/VR 领域从不同的战略角度出发。
>
> 例如，Microsoft 推出了 HoloLens 1 和 HoloLens 2 两款产品，主要卖给 B 端客户而非 C 端用户。它还推出了一个名为 Holographic 的平台，就像 Windows 一样，通过销售 HoloLens 硬件，推广 Holographic 软件平台，从而大规模地推向 B 端客户，催生产业级应用。这种模式有助于 Microsoft 服务的扩张，并结合

Azure 云服务，形成了 To B 业务的闭环。

Apple 以创新型消费级电子产品的定义而闻名。AirPods 是一款非常成功的产品，虽然不像 iPod、iPhone、iPad 那样划时代。在 AirPods 推出之前，无线耳机市场规模不大，消费者也不会选择无线耳机。Apple 开创了无线耳机的消费时代。如果要在 AR/VR 领域重演这样的传奇故事，难度仍然很大。现在，消费者对于消费电子产品的认知与过去完全不同。一款新的消费电子产品推出后，大家对其的接受程度和"复制"速度远高于过去。Apple 也面临着相同的问题：设计和制造一款创新的 AR/VR 硬件产品的挑战远大于软件服务。

3.6
Meta 的转型是开辟性的奋力一搏

> 郑昱

Meta 作为一家社交网络公司，走了另外一条路，它是 AR/VR 行业的追赶者。如果把 AR/VR 硬件比作房地产商开发的地基，把软件生态比作城市金融中心，那么应用商店就是一家家店铺。Meta 好比是其中一家店铺，希望打地基、造房子、开商店，做整个金融中心生态。这是一项具有很大挑战性和难度的任务。Meta 不仅是追赶者，也是开创者，因为它想要开发一块新的疆土，不基于现有的应用商城 App Store 和 Android 生态系统。Meta 下了一盘很大的棋，想要摆脱对终端供应商和手机 App Store 的依赖。

简单地说，三家公司各有不同的特点。Microsoft 占据的位置最舒服，Meta 的决心很大，挑战很大，也投入了很多资源，

第 3 章 AR 眼镜：三维的互联网会不会到来

而 Apple 要突破设备创新的困境，因为 Apple 的核心是终端，所以云、iOS 和 App Store 高度依赖终端设备。

3.7
国内大厂在 AR/VR 时代能否脱颖而出

》史哲

我想追问对 AR/VR 产业有很大影响的一起收购事件，字节跳动收购了 PICO，很多人认为这是一个里程碑。一家内容公司收购一家专注于产品和硬件平台的公司，您如何看待这件事情？

》郑昱

在腾讯、阿里巴巴都没有大动作的情况下，字节跳动做出这样的决策，很有勇气。在 AR/VR 领域，字节跳动的位置与 Meta 类似。它是一家流量公司，但流量分发能力是否在 AR/VR 新平台上起决定性作用还不好说。抖音虽然不是内容平台，而是流量分发平台，但内容由用户制作和上传，而用户制作的内容与 AR/VR 平台不完全匹配。

很多互联网大佬都相信一句话：不同的时代属于不同的人。现在的互联网巨头能否在 AR/VR 时代脱颖而出，互联网的核心能力是不是 AR/VR 时代最重要的？虽然他们有更多的机会和资源，但并不一定就能够赢得胜利。

》王鹏

从使用者的角度来看，他们不会在意 AR/VR 内容是由谁渲染的，以及分发和显示渠道是什么。光靠 AR/VR 眼镜是无法渲染出三维世界的，还需要随身携带智能终端，而内容分散在云端和本地。一个完整的 AR/VR 应用服务应该是什么样子的呢？

> **郑昱**

这是一个有意思的话题，非常值得讨论。在手机时代，承载服务的载体是一个个 App，而抖音和微信成了最大的流量入口。在 PC 时代，承载服务的载体是各种可执行程序，如 Excel 和 Word。在互联网时代，流量入口是搜索引擎。在 AR/VR 时代，情况一定会有所不同。载体不应该是一个个 App，否则用起来会不太方便。那么问题来了，载体是一种新内容，还是一种设备？接入 AR/VR 设备后，应该通过什么方式启动服务？应该用什么方式进行交互？智能手机可以用触摸屏交互，而 App 则被设计成小方块的形状，这样点起来就特别方便、特别自然。如果没有定义好交互方式，那么硬件和内容载体就很难被准确定义出来。

3.8
光波导可能是未来十年 AR 眼镜的解决方案

> **史哲**

可否举一些 AR/VR 领域落地的应用案例，例如在零售、企业服务、旅游教育等领域？

> **郑昱**

以下是两个例子。第一个例子是 B 端的应用场景，用于远程协助和指导。通过 AR 技术现场和远程同时展示平面图像和立体的信息，给人直观的体验。传统的电话沟通只能通过抽象的描述来告诉现场工程师"将 A 螺钉向右拧三圈，B 螺钉向左拧三圈"，效果很差。第二个例子是解放双手。佩戴 AR 眼镜后，双手可以

第 3 章 AR 眼镜：三维的互联网会不会到来

更方便地完成维修和检测任务，尤其是对于需要用到很多工具的场景，AR 眼镜可以大大提升效率。

» **史哲**

你从北大毕业之后就开始做显示模组这个方向的工作，是什么原因让你选择了它？

» **郑昱**

原因非常简单——AR 眼镜能使我们的生活更加方便。不仅是针对特定的人群，我希望这项技术可以帮助每个人。为了实现这个目标，镜片必须非常轻薄，而唯一的解决方案就是光波导技术。在未来十年内，光波导技术将成为主流方案，并且得以产业化。由于这样的原因，我们致力于做一件长期有价值的事情，不断专注于此，相信我们一定能为行业和社会创造更多价值。

» **史哲**

能详细介绍光波导技术吗？除了 AR 眼镜，它还能用在哪些设备上？

» **郑昱**

光波导（waveguide）的概念已经出现很久了，指的是通过全内反射传输光线的一种方式。我们所做的是亚光波导，应用于 AR 近眼显示领域。镜片上显示的图像，通过眼睛观察，看上去像是 3 ~ 5 米外的物体和场景。如果直接看镜片上的近距离图像，就会看不清。近眼显示只对通过眼镜来显示的东西才适用，这些图像显示在远方。车载投影仪距离人眼较远，成的像是实像，而光波导镜片成的像是虚拟图像。虚拟图像通过眼睛的汇聚，让人们看到远处的场景，但远处并没有屏幕。光波导能够让眼睛在超轻薄的镜片上看到巨幅的图像，因此在 AR 领域中应用广泛，但在其他领域中的应用场景还不多。

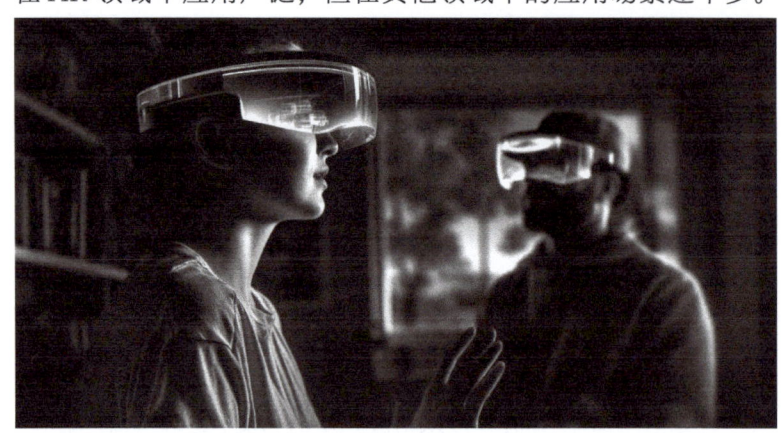

> **» 王鹏**

光纤在传输信息时，利用了光在不同材料有不同反射率的特性，光信号只有不断被反射，才能够在很长的距离中传递下去。基于光波导的 AR 显示技术，需要在眼镜上配置投影模块吗？投影的方向是什么？请帮我们解释一下。

> **» 郑昱**

实际上，任何图像要在眼睛里成像，都要有光打到眼睛上。我们看到的一切都是有光进入眼睛形成了图像。简单来说，投影的光最终要进到眼睛里，通过光波导的传输，光线的角度和相位发生变化，使大脑能将光信号拼回一个完整图像。

> **» 王鹏**

3 米外的一个场景要与现实空间叠加，既要考虑光的亮度，又要考虑视场角。AR 的视场角、VR 的视场角和人类的视场角，三者是什么样的关系，从小到大的比例关系吗？

> »郑昱

是的,实现更大的视场角原则上需要更大的光学体积。然而,光波导可以实现扩瞳效果,通过扩瞳可以让原本的光学体积比光波导传递的要大很多。可以将这个过程想象为将一张大图像分割成许多小图像进行传输,然后通过光波导技术将这些小图像重新拼接起来。

> »王鹏

在合作中,光波导会和其他交互设备配合使用吗?这方面有哪些发展趋势?

> »郑昱

未来是多种交互方式融合的趋势,很难说哪种交互方式会成为主导。例如语音在某些场合不一定适用。比如孩子在家睡觉,车上有人在休息,用语音进行交流就会影响他们。再比如手势,如果用来做具体信息的"效率型"输入,就会非常麻烦且低效。而在自然抓取、表达动作等场景中,手势就非常方便和高效。在不同的场景中完成不同的任务,需要选择不同的交互方式,至于如何去融合,需要进一步探索。

> »史哲

这个方向很多人在讨论,现在的VR和AR交互体验很不理想。用户需要接受专门的培训,同时需要有较强的空间感知能力。有研究表明,人看到某些形状会在大脑中形成特定反应,比如看到三角形、菱形等,大脑的反应是不同的。看到上箭头、下箭头的指示图标,人们会自然地联想到向上翻页或向下翻页等。好的交互设计是AR/VR被广泛消费的重要因素。

3.9
AR 技术的理想应用领域将会是教育和医疗吗

》王鹏

在教育场景中,为了解决教育公平化的问题,可将山区孩子的课堂与城市重点中学的老师"连接"起来,实现双师课堂。很多时候老师和学生不在同一个地方,那么在教育场景中,VR 是否可以得到广泛应用呢?

》郑昱

VR 在教育中的应用非常普遍。因为其具有更好的视觉呈现效果,能够更加直观、立体和形象地展现内容,所以对学习有很大的帮助。然而,教育领域涉及成本投入,需要解决谁来支付的问题。因此,需要进一步探讨和论证 AR/VR 在教育中的实际效果和应用效率,以及它们对学习和教育的贡献程度。

》王鹏

除了教育,再聊一下医疗应用。有 AR 公司演示过,外科医生在做手术时,利用 AR 眼镜查看影像资料、手术信息、患者体征信息,通过手势和语音交互。但是医生和工程师的思维方式很不一样,解决问题的方式也不一样,你们有什么看法?

》郑昱

医疗场景中的手术模拟、内窥镜等工具都有机会通过 AR/VR 技术来呈现。但是这种技术的应用需要考虑医疗设备和工作习惯的改变,需要从医学院开始推动。

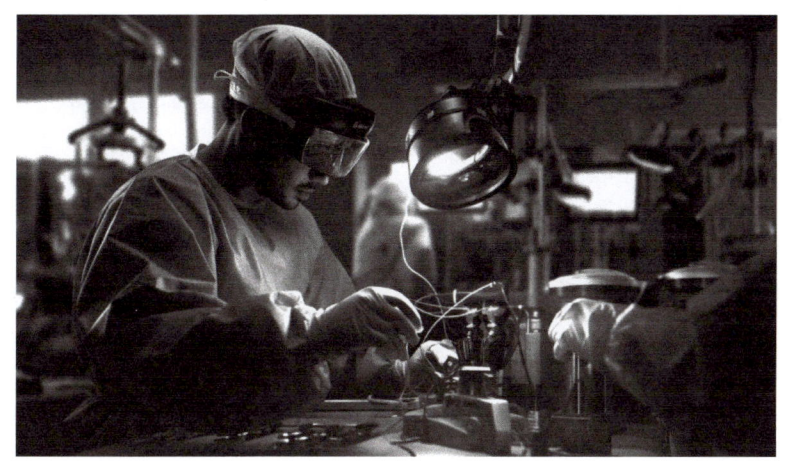

> **史哲**

从近期和远期来看，AR/VR 的产业发展会是什么样的？

> **郑昱**

未来五年是 AR/VR 的机会时期，属于产业爆发的前期。对于 VR，硬件生态基础已经打好，需要更多玩家建设商业中心和吸引商家入驻。VR 的生态和内容端具有广阔的前景。对于 AR，硬件尚未定义完毕，新的公司还会涌现，大家一起定义硬件。硬件、软件、生态等各角度都有很大的机会。无论是创业者还是投资人，都需要具备更多的独立思考能力和判断能力，不能盲目地跟随大公司或者国外厂家。在这个领域中，原有的定式和范式不一定成立——大概率不成立。这个领域有海量的机会，就像互联网的早期一样，还是一片荒地，每个人都可以用自己的方式建造房子，不拘泥于现有模式。

新智微光：科技创新驱动新质生产力

对话嘉宾

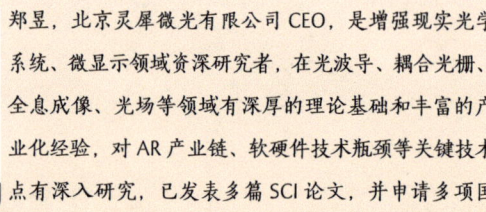

郑昱，北京灵犀微光有限公司 CEO，是增强现实光学系统、微显示领域资深研究者，在光波导、耦合光栅、全息成像、光场等领域有深厚的理论基础和丰富的产业化经验，对 AR 产业链、软硬件技术瓶颈等关键技术点有深入研究，已发表多篇 SCI 论文，并申请多项国家专利和 PCT 国际专利。现担任北京大学青年 CEO 俱乐部创始理事、美国罗切斯特大学光学学院企业家顾问。2020 年曾受邀作为中国唯一光学企业代表在世界顶级光学会议 SPIE 发表演讲，并荣获 ICDT 亚洲区域光学领域青年领袖奖、《麻省理工科技评论》第 17 届"35 岁以下创业家"（MIT TR35）提名、中关村雏鹰人才、中关村 U30 青年创业人才等诸多荣誉。

第4章
精密制造

中国制造的未来在哪里

未来先锋：中国精密制造的突破之旅

　　小镇少年李明，是家传精密制造技艺的继承者。在未来，他却面临着家族企业的衰败和中国制造业转型的巨大压力。他决定深入研究新材料和智能制造技术，以挽救家族企业和提升中国制造的国际地位。历经失败和挑战，李明与团队终于研发出一种革命性的轻质材料和高效智能机器人，大大提高了生产效率和产品质量。

　　他的创新引起了国内外的广泛关注，不仅挽救了家族企业，还推动了中国制造业的转型升级，使之成为世界精密制造的领头羊。李明不仅面临技术挑战，还要面对来自竞争对手的破坏和社会的偏见。这样的经历和成就展现了他的勇气、智慧和坚持。

　　李明的故事，是对中国制造未来的美好展望，体现了人类面对挑战时的创新精神和不屈不挠的决心。在这个故事中，"精密制造：中国制造的未来在哪里"不再是一个问题，而是一个正在成为现实的答案。

4.1
将产品从原始变高级：
精密制造是制造业的基础和内核

» 王鹏

请问是什么背景和机缘促使您成立了智慧工厂研究院？

» 王健

我的个人经历可以分为几个阶段，大致上十年为一个里程碑。第一段是在20世纪90年代初从清华毕业后，我在高校从事教育和科研工作，同时与工业界合作开发工业自动化产品，成为最早一批产学研合作的实践者。

第二段是将自己开发的工业自动化产品，主要是应用于精密运动控制的电机和驱动产品，转化为能够产生商业价值、得到客户认可和付费的商品。这一过程是从实验室阶段转变为批量制造的过程，也是创业的过程。

第三段是最近的十几年。我将创业经历、对制造业的理解及对行业的观察转化为知识和思想，从产品开发和技术开发转变为提供智力服务。我们一方面培育新的创新型企业，另一方面成立了智慧工厂研究院，旨在帮助企业了解当前和未来制造业的变化趋势，帮助其实现转型升级，智慧工厂研究院的本质是思想引领者。

» 史哲

在王老师的介绍中出现了几个词，包括"智慧""精密""制造"。各个国家都非常关注先进制造、精密制造、智能制造，以实现制造业的转型升级。请问它们是什么样的递进关系？精密制

第 4 章 精密制造：中国制造的未来在哪里

造的技术和产品是什么？

》王健

有形的产品都是通过加工制造获得的。制造过程涉及三个"流"。

第一个流是物质流，通过对原材料进行各种加工操作，将其转变为最终的产品。精密制造是将原始的、简单的、粗糙的材料转化为高级的、复杂的、精细的成品的过程。

第二个流是信息流，制造还需要对信息进行加工。在整个加工制造过程中都不断地产生数据和信息，需要对其进行分析和综合，从而形成对产品和制造过程的深入理解和洞察力。过去的制造过程并不太重视数据，只关注如何将产品制造得更好。当前，智能制造、工业互联网等领域与信息流密切相关。

第三个流是能量流，它涉及对能量的控制。制造本身是一个能量转换的过程，在加工过程中需要消耗水、电、气等能源。我们需要更加节约资源、对环境更加友好。可持续发展、绿色发展、"双碳"等都与能量流有关，绿色智能制造及制造可持续变得越来越重要。而精密制造是至关重要的，它是基础中的基础。

> **王鹏**

历史书上曾经有过这样的说法:"劳动创造人本身"。对于制造或生产,从不同角度和维度解读,包括生产工具、生产关系和生产力等要素。在您对制造行业30年的观察中,您如何看待这几个维度的螺旋式上升和不断迭代?

> **王健**

制造业的发展是一个不断积累、循环发展的过程,有时也会有跳跃性发展。在循环发展的阶段,我们注重制造过程,追求更精密、更高效的制造,通常涉及对工艺和装备的不断提升改进。发展到一定阶段或出现瓶颈时,我们会更加关注数据,试图从数据中找到改善空间,当与数据相关的分析和处理发展到一定的高度或面临新的瓶颈时,我们又会回到寻求新一代工艺装备的进步上。

4.2
中国精密制造的努力方向

> **史哲**

王老师是清华大学中德机器人联合实验室和中意先进制造联合实验室的发起人之一,也是中德智能制造/工业4.0标准化合作项目的参与者和标准制定者之一。从精密制造的角度来看,日本、德国、美国各有侧重,而中国作为制造大国还有一定发展空间。中国目前的努力方向有哪些?

> **王健**

谈到精密制造,最简单的理解就是能够进行非常小尺度下细致加工的能力,或者叫极限尺寸下超精密加工的能力,例如在亚微米甚至纳米尺度上进行加工。

第 4 章 精密制造：中国制造的未来在哪里

精密加工的手段可以使手机、家电、汽车等产品具备尺寸方面的高精度。中国以前并不具备强大的精密加工能力，这方面最强的国家是德国、日本和瑞士等。他们的精密机床可以在非常细微的尺度上进行精密、准确的加工。目前中国仍在投入大量资源进行亚微米和纳米尺度的加工装备研发。

第二个维度是如何将产品的表面质量做到极致，几乎没有杂质和肉眼可见的划痕。例如，富士康在加工手机时追求手机表面的外观质量。过去实现这一目标非常困难，或者大量依赖人工，但现在通过综合运用机器视觉系统和人工智能算法等各种手段，我们可以更好地实现。

第三个维度是指装备和工艺的精细程度。中国与德国、日本走的道路并不完全相同。总体而言，在精密制造方面，中国仍处于追赶阶段。

》王鹏

从我们的日常生活中可以感受到消费产品的变化。我们的父母那一代人使用的是机械表，而我们小时候开始戴电子表，如今则戴智能手表。从加工工艺到加工工具，我们可以感受到电子产品变得越来越精致，功能也越来越强大。

> **史哲**

苹果手机是第一个采用金属外壳的手机制造商。之前诺基亚、摩托罗拉和三星都选择了塑料外壳。为了保障金属外壳的质量，对机床的要求非常高。随着产品的不断进步，装备和工艺也在不断改进。最近我看到了对马斯克的采访，有人问他设计和制造哪个难度更大，他说制造的难度更大，比设计难度高出1000倍。这种说法与我们的认知有很大差异。苹果公司非常注重设计，同时它的供应链和生产管理也非常完善。

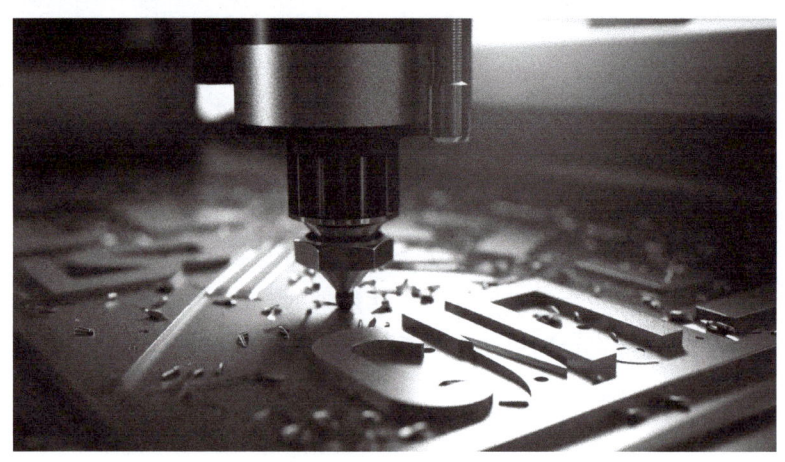

4.3
马斯克和他的SpaceX：
设计和制造，谁也离不开谁

> **王健**

产品设计和制造同等重要，二者缺一不可。马斯克领导

第 4 章 精密制造：中国制造的未来在哪里

SpaceX 将火箭发射从军事和国家行为转变为商业和民间行为，制造能力变得至关重要。相反地，如果没有过去几十年 NASA 的积累，没有"阿波罗计划"带来的尖端技术突破，也无法实现航天业务的商业化和平民化。

4.4
运动控制系统的精度决定了加工的精度

》史哲

王老师的专业是运动控制，你们还孵化了专业运动控制技术公司。在生产环节中，如何提升运动控制的可靠性和控制精度，提升前后的差异对生产带来多大影响，能否举例说明一下？

》王健

制造业面临的挑战在于高速度、高精度和高动态。以机床为例，除了主轴外，还有进给系统。主轴决定加工效率，进给系统决定工件转移的精度，二者相互配合。主轴需要高速运转，高速度可以直接提高加工质量；而进给系统需要高精度，形象一点来说即把 1 毫秒划分成几万份来控制运动节奏，或者将 1 毫米切分成几万份来"走"，要实现这一点，运动控制就需要达到高精度。

如果没有高精度运动控制，就无法保证加工工件的精度。过去，我们需要保留一定的公差范围，以确保不同零部件加工后仍能装配在一起，这需要工艺的配合。随着加工手段和运动控制精度的提高，我们可以将公差和余量减小到接近于零，从而减少材料的浪费。半导体集成电路要达到亚原子级的制造精度，就需要用极紫外光来完成，这被称为微观加工。汽车发动机缸体的内壁加工对精度要求非常高，机械加工需要采用切削和磨削等方法，被称为宏观加工。圆珠笔用滚珠的加工就是一个例子，要达到所要求的表面质量、加工精度，离不开材料、工艺和装备的配合。

4.5
精密制造正处在跨越式发展阶段

» 王鹏

加工成品的误差会影响良品率和制造成本。与信息技术发展的时间轴相比，现在的精密制造和半个世纪前的机械制造，在技术迭代更新的速度上有所改变吗？

» 王健

如今的制造过程包含了大量增量改进，经历了许多次跨越式发展。许多因素共同作用，拓展了"精密"的含义。过去所说的精密制造是依靠精密设备，在产品尺寸、表面质量、加工工艺、产品复杂度、加工工序等多个方面进行多重控制。工程师团队操作着不同的机床和其他装备制造各种零部件，最后进行复杂产品的组装。航空发动机是一个由数万个零部件组装而成的典型例子。

今天可以利用3D打印技术结合减材制造技术，实现一次性快速成型。经过数字设计后直接3D打印成型，超越了过去的精密制造概念。由于工艺和手段发生了突破性的变化，今天的精密零部件加工变得更快、更优质也更经济。3D打印技术对加工工艺和产品质量的提升具有颠覆性的影响。精密制造还体现在供应链组织管理方面的突破，通过建立高弹性、随需应变和高效率的组织流程，将众多供应商联系在一起，实现柔性制造。这种供应链

第4章 精密制造：中国制造的未来在哪里

高度整合带来的产业能力提升帮助富士康完成了苹果手机的制造。

精密制造的实现需要在科学、工程、技术、管理和组织流程等各方面实现高效化和协同化。它不是单一技术或设备改进的结果，而是一个国家工业制造系统整体提升的结果。中国花了四十年时间才具备这种能力，对于产业链不完整的国家来说，要具备这种能力几乎不可能。这也是大国制造的竞争力所在。

4.6

传统生产的精益管理，内核也在于"精"字

» **史哲**

在汽车制造行业中，是不是日本企业率先提出了"精益生产力"的概念？这一概念基于市场需求来降低库存、生产汽车和管理项目。整车从系统到部件再到零件可以进行拆分，一个车窗可能涉及一级承包商、二级承包商和组装厂。每个零件供应商都需要按时按质交付，在整个项目管理过程中，时间、质量和管理按分钟计算。相比之下，传统制造业的管理流程按天计算就显得不够精密。

> **王健**

"精密"的"精"包含了精密、精准、精确和精益等各有不同的含义。例如,准时生产是精益生产的重要概念,而精益生产强调没有任何浪费,每个产品都是合格品,每个零部件都具有很好的通用性。流程的改进和优化是无止境的,这就是精益求精。达成精益生产需要精益的组织和管理,日本丰田公司由于率先建立了这种管理文化而显著提升了竞争力,迅速成为世界级的汽车制造企业。

精益制造(Lean Manufacturing)是美国从日本丰田汽车公司的成功中总结提炼的概念,丰田当年在美国市场上的成功对美国造成了巨大冲击。美国研究了丰田的制造方式,并总结出了一种管理哲学,提出了一种思想和价值观的新范式。中国也需要学习总结其他国家的先进经验,创造新的理念和范式。

> **史哲**

日本输出了许多管理理念,例如稻盛和夫的管理理念,特别是在流程管理和人员管理方面。而美国输出的管理理念则着重于数字化和量化,比如杰克·韦尔奇的管理理念,尤其是管理工具和信息化系统。

关于精密制造,它需要通过工艺和装备来实现,需要长时间的积累和大量的开发投入。数字化和智能化对未来精密制造的发展有何帮助,这种帮助的程度如何呢?我想知道王老师对这个问题的看法。

> **王健**

这是一个很好的问题。在美国和德国提出数字化转型、数字化工厂和工业 4.0 等概念时,它们的生产管理和自动化已经达到相当高的水平,解决了 95% 的问题,再进一步提升非常困难,必须采用数字化和智能化手段。中国在装备自动化、加工工艺、先进基础材料方面仍有极大的提升空间。中国的发展是一种混合模式,企业和组织可以利用最先进的工具快速弥补短板,因此中国制造可以从数字化和智能化中获取更加巨大的提升。

4.7
建立自己的制造文明或者工业文明

» 王鹏

根据不同地区或社会的特点来观察制造模式。我们可以看到日本的国土面积有限,其制造模式反映了资源紧张型的特点,追求超高性价比。德国和瑞士则强调百年传承和可靠质量,而美国在科技创新方面不断打破原有模式,重视科技含量。不同制造模式追求的目标不尽相同,如性价比、质量、科技等。这带来一个问题:特定的制造文明追求特定的目标。

» 王健

中国式工匠精神应该在吸收德国制造、美国制造、日本制造和瑞士制造等优势的同时,保留自身的优势。要正确理解中国制造业和中国高科技产业,还需要关注那些处在供应链末端往往不为大众所知的隐形冠军。它们的学习能力、适应能力和快速迭代能力是中国制造业真正的竞争力所在。学习是一种优势,要永远保持学习状态,学习美国的科技创新,日本的完美精益,德国的系统严谨。从中国制造的丰富场景和实践中找到其本质特性或"DNA",建立起自己的制造或工业文明。中国现代工业发展时间较短,仍需要持续不断地进行迭代和改进。

》**史哲**

德国式工厂和日本式工厂在产品特性上有明显区别。日本式工厂非常节约场地,过道狭窄,每个工序非常紧凑,几个工序由一个人完成。而德国式工厂则场地宽敞,空间宽敞,设备先进,工人感觉更舒适。

4.8
中国精密制造的关键

》**王鹏**

各行各业都在努力进行转型升级,尤其是追求高端制造,但可能都面临着某些共同的问题。从技术层面来看,有哪些突破口可以帮助各行各业集中力量解决升级问题呢?

》**王健**

智能制造,标准先行。标准的发展是一个不断迭代的动态过程。它最初是某个机构或企业的最佳实践,随后发展成为工作指南,让其他人可以参照实施,并固化为规范。规范进一步强化后,逐渐形成了标准。转型升级的标准,不仅仅是一般意义上的管理标准或者技术标准,更是一种广泛的产业共识。

龙头企业可以通过开放式合作,与中小企业和地区联合起来,共同探讨转型升级的路径。通过交叉赋能,共同提升实力,建立更广泛的生态系统。这个生态系统可能是地域集中的,也可能是地域分散的,它依靠内在的理念和价值观将各方联系在一起。这种内在的东西不仅仅是价值链上供应商和客户之间的关系,也可以是对精益制造的共同追求,以此形成产业集群和行业生态系统。这个问题非常值得我们探讨。像富士康和比亚迪这样的精密制造企业及其他生态链上的企业都在采用更灵活、更具弹性、小而美、一体化、互联互通的制造模式来应对挑战。

» **史哲**

日本制定了制造业的目标,并在材料、工艺、装备和核心零部件方面取得了突破,形成了全球供应链,为高端制造、先进制造和精密制造提供服务。从这个角度来看,国内已经具备了良好的制造基础和建立品牌的能力。那么,在中国,智能制造合理可达的场景是什么样的呢?

» **王健**

新一代的工业从业者必须找到中国制造业的根基。各地区,如大湾区、长三角、京津冀、东三省,都应该在发展制造业时与本地资源结合,创造具有地方特色的制造业。新一代工业从业者在哪里呢?目前,最优秀的高校毕业生首先考虑金融、人工智能、互联网等领域的就业。如果无法吸引一流人才到制造业工作,那么制造业就无法真正发展起来。

新智微光： 科技创新驱动新质生产力

对话嘉宾

王健，清华大学电机系本科、硕士。智慧工厂研究院院长，在工业自动化、机器人和智能装备领域拥有30年以上工作经验，不仅是行业市场专家和管理专家，也是技术专家和标准专家。曾连续参与创建了多家高科技公司，如运动控制领域的和利时电机、机器人伺服系统隐形冠军清能德创等。主要从事工业自动化、机器人和智能装备制造领域的技术孵化和生态系统建设、技术创新咨询和服务，以及智力和知识产权密集型创业企业投资。

第 5 章
AI 医疗

程序能不能替你看病

机器医生与我：未来医疗的幻想

世界上首个由 AI 驱动的机器医生 AIDoc 完成了其首例心脏移植手术，将一颗机械心脏植入了年轻的艾米莉的体内。艾米莉患有一种罕见的心脏病，传统医学无能为力。AIDoc 的介入，不仅是医疗科技的一大突破，也给了艾米莉第二次生命。

手术中，艾米莉的生命一度陷入绝境，但 AIDoc 凭借其先进的算法和精密的操作，成功完成了看似不可能的任务。手术后，艾米莉逐渐恢复，她发现自己不仅能正常生活，还能感受到心脏的每次跳动，它似乎比原来的心脏更加强健有力。

艾米莉与 AIDoc 之间，渐渐建立起了一种特殊的连接。她开始反思机械与生命之间的界限，以及科技在未来医疗中的角色。她的故事激励了世界，展示了科技与人性的完美融合，以及在医疗领域中机器与人类合作的无限可能性。

5.1
AI 医疗的广泛应用仍然面临挑战

»杜强

AI 医疗目前是一个热门的话题,它的范围非常广泛。从学术的角度来定义,AI 医疗是利用机器学习、深度学习等技术来提高医疗效率或进行创新的行为。从广义上讲,AI 医疗涉及多个场景,比如 AI 导航机器人、AI 影像、医院管理、健康管理、AI 制药,等等。AI 影像可以根据影像设备类型的不同,被细分为超声、CT(计算机断层扫描)、核磁共振和 X 射线等子场景。超声、CT 和核磁共振产品在这个领域中的发展较早,它们具有较高的标准化程度和严格的规范,并且有着大量的需求。

在中国,超声检查占据了整个医学影像检查的 60%。然而,在 AI 超声领域,产品的数量并不多。这是因为超声检查利用的是一种动态视频影像,它的成像与医生的操作技巧密切相关,还与机型和一些参数有关。因此,在 AI 辅助诊断方面,超声检查的难度特别大,比起 CT 和核磁共振,其困难程度高出一个数量级,可以说,它是 AI 医疗影像领域中最难、最具挑战性的赛道之一。

»王鹏

普通人对 AI 医疗这个概念的理解主要集中在两个方面:AI 和医疗。医生主题的影视作品比较多,例如《实习生格雷》和《豪斯医生》等。然而,这些作品中很少出现智能化诊疗的情节。在科幻电影中可以看到一些与未来医疗和手术机器人相关的情节,例如《异形》中就有一幕是手术机器人从女主角体内取出外星异形生物。我有一个疑问,即让社会大众接受医疗智能化是否存在很大的挑战。

第 5 章 AI 医疗：程序能不能替你看病

» 杜强

确实如你所说，医疗产品或医疗行业的用户是相对难以服务的。医疗器械和药品都关乎人的生命安全，必须经过严格的合规性检测。在 AI 医疗中，手术机器人需要进入人体内部，我们需要耗费很长时间和大量的资源去研发出一款优秀的产品。AI 影像设备不需要进入人体内部，因此我们可以在大约三年内研发出一款获得二类认证的产品，而在五年左右的时间里，我们有可能研发出一款获得三类认证的产品，这样的路径更加可行。然而，手术机器人需要医生进行操作，AI 影像作为辅助读片的工具也需要医生确认结果。要使 AI 医疗走向成熟并得到普遍应用，仍然需要很长的时间。

» 王鹏

微创手术只需小小的伤口。在导航机器人进行手术时，机械手需要在人体内准确定位病灶，那么影像技术如何实现定位呢？传统医疗器械的研发周期较长，而导航机器人非常复杂，需要强大的研发实力和耐心的积累。那么引入 AI 技术能否缩短研发流程、加快研发进程呢？

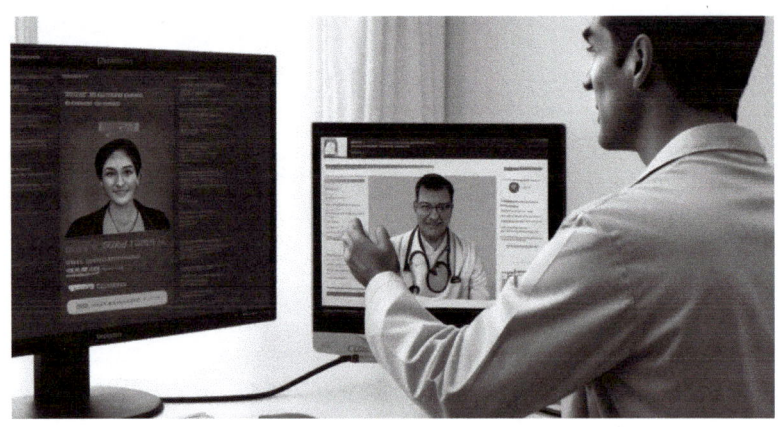

5.2
AI 技术在医疗研发中的潜力与价值

》杜强

医疗是一个需要细致工作的行业,在整个医疗体系中,影像检查属于诊断环节。诊断后还需要进行治疗,包括制定治疗方案、选择药物或者进行手术,等等。医疗器械研发机构需要积累几十年甚至上百年的经验,世界上最大的几家医疗器械公司,如西门子、飞利浦和通用电气,都拥有上百年的历史。在制药领域,默沙东公司已有三百年的历史。那么 AI 技术是否能够缩短流程、加快研发进程呢?

AI 技术对医疗行业的真正价值是什么呢?它不仅提供治疗方案,更重要的是在早期发现疾病。在中医的思想体系中,有一个非常重要的理念,就是"治未病"。我出生在一个中医世家,我相信中医和西医各有所长。中医的理念和体系非常优秀,利用现代化的技术和手段实现中医的思想,实现主动医疗,那将是 AI 技术的巨大价值所在。通过数字化技术对医学影像数据进行挖掘和辅助诊断，可以在疾病的早期阶段发现病灶。人们调整生活方式并辅以适当的药物治疗，可以更好地预防疾病的发生。这才是 AI 医疗的主要应用领域，而不仅仅是在疾病发生后进行治疗。

» **史哲**

医疗行业有一个逐渐进步、缓慢迭代的过程，需要经过漫长的验证才能达到成熟。大约在 2015 年，许多医疗创新公司开始积极探索与 AI 相关的技术。为什么在这个时间节点出现这种趋势呢？是因为技术变得更加成熟了，还是因为医院有对此类技术的需求？

» **杜强**

这是一个很好的问题。实际上，AI 技术在很久之前就进入了医疗行业，当时主要是采用传统的机器学习、统计学和数据挖掘技术，而不是如今兴起的深度学习技术。为什么在 2015 年之后，越来越多的公司开始进入 AI 医疗领域呢？主要是因为深度学习技术当时正值高潮期，特别是 AlphaGo 在围棋领域取得的突破引起了广泛的社会关注和热议。2015 年左右，中国涌现出了大约两三百家 AI 医疗创业公司，但到 2022 年为止，我们估计只有二三十家公司还在坚持，AI 医疗的热度已经远不及 2015 年了。

5.3
AI 医疗技术的挑战：识别与推理

» **史哲**

一些大公司早期就开始使用传统的机器学习技术，比如将 IBM 的沃森健康系统用于研究癌症治疗，但效果并不理想。深度

新智微光：科技创新驱动新质生产力

学习技术是否会遇到类似的困境呢？尽管在图像识别和自然语言理解等方面取得了突破，但医疗仍然涉及许多复杂的领域。看到原本几百家创业公司只剩下几十家，AI 医疗在未来的发展中可能会面临哪些困难？如何更快地实现技术落地？如何使医疗服务更加普惠？

» **杜强**

目前的 AI 技术还无法完全覆盖整个医疗链条，医疗与 AI 的结合依然存在挑战。在 2015 年，卷积深度学习的突破，引发了一次创新的热潮。如今，只有少数公司仍在坚持。模型的泛化是一个挑战，降低机器学习的成本也是一个挑战。目前，弱监督学习、无监督学习和迁移学习方法已被广泛采用。图像和文本的融合是未来需要解决的问题之一。视觉识别的成熟度尚不够，无法实现大规模推进，还存在许多其他挑战需要应对。在未来的发展中，AI 医疗需要解决这些问题，以实现技术的快速落地，并普及医疗服务。

5.4
AI 医疗的意义在于帮助医生提高诊断的准确性

» **王鹏**

普通人如何感受到 AI 医疗带来的变化？患者进入具备 AI 技术的医院，可以在哪些环节感受到诊疗和治疗方面的变化？例如，体检所用的移动 B 超车，有了 AI 技术的支持，在硬件配置和尺寸上会有什么变化？医生使用设备时看到的界面有何变化？界面上会显示哪些自动化提示信息？

»杜强

不论是在流程还是体验方面,都会有改变,尽管有些改变比较缓慢。目前,患者已经能够感受到一些变化,比如医院的自助服务一体机,可以辅助挂号、取号、打印化验单等,挂号和缴费流程越来越智能化。现在超声检查有两个方面与以前不同,首先是引入了床旁便携超声设备,其次是引入了 AI 辅助软件。在检查过程中,病灶会被标注出来,并给出诊断提示,然后将数据录入医院系统进行保存。未来,超声检查还将整合更多技术。

»王鹏

AI 技术可以应用于就医过程中的病前筛查、病中诊断和治疗、病后随访和康复的各阶段,为患者提供便利,同时减轻医生的负担。医生询问病人症状和不适感时,患者口述病史,AI 技术将对话转录为文字,并按照医院的要求记录为结构化的电子病历,这也是 AI 医疗的一个例子。

»杜强

连接不同级别的医院、将患者与医院和医生连接起来是第一步,AI 技术能辅助医生和患者,节约医疗资源。例如,国家呼吸中心已经开发了全肺影像筛查系统,将 CT 和 X 射线影像模型与临床治疗和用药数据融合,利用卷积神经网络进行训练和学习。

5.5
医生经验与 AI 算法融合的矛盾

»史哲

AI 医疗不仅是一种工具或硬件,它可能会为诊疗流程带来一些改变,甚至有些岗位或流程可能会被替代。

»杜强

在中国，现在正是引入 AI 医疗的良好时机。研究表明，当国家人均 GDP 突破 1 万美元之后，院外治疗市场会逐步形成。建立 AI 医疗体系需要逐步进行，第一步是筛查和诊断，而影像检查在其中扮演着重要的角色。目前基层医疗机构缺乏检查设备和经验丰富的医生，因此相关机构正在建立"5G+AI+基层医疗"的协同标准体系。

»王鹏

在我看来，医生经验与 AI 算法在融合时会存在天然的矛盾。首先是主观和客观的矛盾。影像、验血、验尿等检查结果是客观的，有经验的医生则依靠多年积累的经验进行主观判断。其次是标准化和个性化的矛盾。AI 算法擅长标准化处理，具有明确的输入、输出和映射关系，而罕见病的发病原因和症状往往复杂且模糊。一位三甲医院的院长曾表示，他对于 AI 医疗的期望是：让低年资（年纪和资历）医生借助 AI 工具能够与高年资医生看齐。那么，为了解决这些矛盾，我们应该如何进行优化和平衡呢？

»杜强

这是一个很尖锐的问题，很难回答。在处理这些矛盾时，我认为可以采取以下策略：首先，我们应该将重点放在影像诊断和辅助诊断上，将 AI 影像检查和辅助诊断做到极致，提供有价值的辅助系统。其次，在客观判断的基础上，逐步引入医生的主观经验。

影像诊断可以分为检查和读片两个步骤。在三甲医院中，使用 CT、核磁共振等设备时，技师负责使用设备拍摄影像，而经验丰富的医生负责读片。然而，超声与 CT、核磁共振技术有所不同，通常由同一人负责拍摄和读片。我们可以设想，在基层医疗机构中，

第 5 章 AI 医疗：程序能不能替你看病

医生仅负责拍摄超声影像，因为超声检查获取的是连续图像，医生在关键部位检查几分钟，剩余部分则交给 AI 处理。影像原片可以保存在云端，方便不同级别医疗机构的医生查看，而上级医疗机构的医生可以负责最后签字并生成报告。通过建立这样的基础，我们可以不断收集数据，并逐步将医生的经验融入其中。

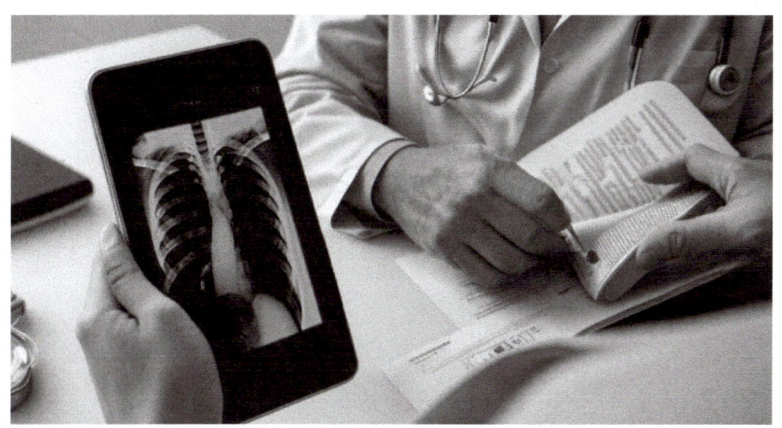

5.6 设备的小型化是做好 AI 医疗落地的第一步

» **史哲**

设备本身的智能程度会影响其操作难度，就像自动挡车比手动挡车更容易开。学习使用"智能"超声设备是否更容易呢？大型尖端医疗设备通常由飞利浦、西门子、通用电气等国际大厂提供，他们也在积极推动 AI 诊疗软件系统的发展，创新创业公司则提供软件服务。在与大公司的竞争合作方面，您有何看法？

》杜强

这是一个复杂的博弈过程，初创公司往往没有足够的资源与大厂竞争。那么该怎么办呢？我们可以从最需要的地方着手，设备小型化是必要的一步。然后，在有机会时再与大公司竞争或合作，这是一个趋势。由于大型设备暂时无法进入基层医疗场所，目前市场规模也相对较小，因此，我们采取了将软件和硬件绑定在一起进入基层场所的策略。

5.7
高端医疗器械的"国产替代"方向

》王鹏

刚刚了解到一个缩写词 GPS，它是由 GE、Philips 和 Simens 三个公司首字母组合而成的。在核磁共振、CT 和 PET-CT 等高端大型医疗器械领域，国外厂商占据主要市场份额。而在超声设备等中端器械领域，国内公司逐步渗透市场，市场占有率逐渐增长至两位数。在"国产替代"的战略指引下，医院在采购时会考虑软硬件系统和数据存储的兼容性，医生在选择器械时会考虑稳定性和精准度。那么"国产替代"的竞争赛道主要体现在哪些方面呢？

》杜强

"国产替代"是中国公司创新的中长期目标。随着技术的积累，中国公司与国际大厂在高端设备上一较高低是必然的趋势。创新有两个方面：小型化和智能化。小型化必然导致智能化。小型化并不意味着低端，甚至更针对高端设备。AI 系统进入大型医院时面临巨大的压力和困难，需要与各方进行博弈，包括器械大厂、医院、医生和患者。对于提供 AI 解决方案的公司来说，其对器械大厂、医院和医生的影响力和价值输出是有限的，因为患者并不是他们的客户。在这场博弈中，AI 医疗公司面临着巨大的挑战。"农村包围城市"这个词形容得很巧妙，器械大厂没有足够重视农村医院，而进入农村医院则是一个竞争机会。在政策的支持下，将患者和农村医院的医生连接起来，形成竞争优势。在制定战略和进行商业落地时，满足客户需求是前提条件，而"农村包围城市"则是一条特别有智慧的发展路线。

5.8
联邦学习在 AI 医疗数据隐私保护中的应用

》史哲

确实，优秀产品应该从需求出发。大型医院拥有最好的设备、专家和资源。那么小型医院需要什么样的设备和系统呢？在产品方面，AI 医疗领域一直在探讨知识和数据的共享。目前，有哪些最新的进展呢？

》杜强

目前 AI 医疗商业化规模还不大，因此你提到的场景我们还没有大规模遇到。我同意你的观点，在数据安全和共享方面，未来肯定会面临挑战。一些技术——例如联邦学习——可以解决数据隐私性问题。比如，在 A 医院进行的学习训练得出的病例模型具有很大的价值，可以将这个模型与 B 医院训练得出的病例模型进行组合，从而形成一个更加强大的新模型，而不需要将具体数据传输到 B 医院，避免了敏感数据的交换和泄露。

>> **史哲**

在这种情况下,AI 医疗不同模型的供应商如何盈利呢?

>> **杜强**

数据和模型的共享不会影响盈利模式,盈利模式是建设一个网络,其中最核心的是医生,而网络的使用者也是医生。关键是要构建一个良好的平台,帮助基层医生和上级医院的医生,为患者提供服务,类似于银行金融服务体系的结算系统和分配方式。

>> **王鹏**

除了盈利模式,我想再问一下,未来的掌上超声设备会是什么样子呢?会像现在的智能手机那样小,还是更大一些?它是否可以替代现有的病床旁边的"超声小车"呢?需要外接探头吗?这个探头和现有的超声探头有什么区别呢?还需要进行改造吗?

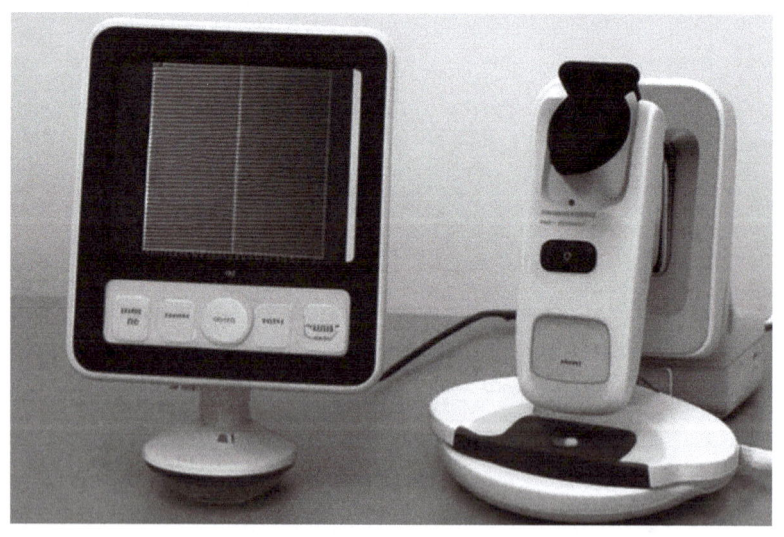

第 5 章 AI 医疗：程序能不能替你看病

》杜强

掌上超声设备本质上仍然是超声设备，与目前医院使用的并无本质区别，只是变得更加小型化。目前最轻便的掌上超声设备重量仅为 13 克，比一把剃须刀还要小。它可以通过无线方式与手机、平板电脑连接。未来的掌上超声设备可以结合心电图、微型胶囊等影像检查设备，打造成床旁设备或床旁机器人。目前，掌上超声设备影像的清晰度是大型超声设备的 80% 左右，覆盖的病种是大型超声设备的 80% 左右。未来要提高设备和探头的发射功率，才能覆盖更多的病种。在成像质量方面，通过升级芯片，可以提高清晰度，甚至与视频增强芯片结合，将器官轮廓勾画和病灶初步识别放在前端完成。

此外，掌上超声设备还可以加入陀螺仪模块，通过振动提示医生调整手法，对基层医生非常有用。这也是小型化和智能化的关键要素。超声检测对医生的手法要求较高，因为需要超声设备发射声波、接收内脏器官反射的回波，从而获得不同切面的图像。

》王鹏

每个人的身体形态和器官发育都有所不同，因此小型化和便携化的设备更适合个性化诊疗。CT 和核磁共振设备适合走这条路线吗？

》杜强

这种路线对 CT 和核磁共振设备也是适用的。目前已经有床旁 CT 设备存在，但缩小设备规模后成本较高。掌上超声设备的价格可以降至几千甚至几百元。CT 和核磁设备的价格为几十万到上百万元，因此并不是一种普及型产品。此外，CT 具有辐射，而超声检测没有辐射。超声设备适用的病症达到五六十种，可以作为一种可视化的听诊工具。我们提倡主动健康理念，而掌上超声设备则是主动健康的必备工具。

5.9
超声 AI 在家，生病去医院不再必需

» 王鹏

超声设备不仅可以进行疾病的检测，还可以作为筛查设备使用。除了肺结节和甲状腺结节，超声检查还可以覆盖哪些筛查项目呢？

» 杜强

根据目前的情况，AI 超声检查在未来三年内可以覆盖 50 多种病症的筛查。例如，可以进行颈动脉斑块的筛查。因为 90% 的老年人都有颈动脉斑块，如果严重的话，斑块脱落后会导致脑梗死。对于农村的老年人来说，这是一种致命的疾病，而通过超声筛查就可以进行实时监测。

此外，要倡导主动健康理念。有一种理念叫作"四方一表"，即四个处方和一张表。四个处方包括运动处方（每天的运动次数、时间和方式）、饮食处方（每天的饮食内容）、用药处方（记录所用药物）、心理处方（治愈心灵，告别焦虑情绪），一张表就是日常活动表（起床时间、上班时间等）。未来，每个普通老百姓都会有自己的"四方一表"，监测每天的数据，秉持这种医学理念，真正实现主动健康，而不是等到生病才去治疗。

乳腺癌筛查是两癌筛查中的一项，掌上超声设备已经可以支持这一功能。未来，掌上超声设备是否还可以应用于其他方面呢？

例如产科胎儿畸形筛查，有些疾病只有通过超声才能发现，比如无脑胎儿。此外，在腹部，脂肪肝可以通过超声筛查，因为肝脏没有神经，所以肝癌基本不会疼痛。一旦出现疼痛，通常表示已经是晚期了，所以进行肝硬化筛查非常有意义。除了以上提到的几种常见病，超声检查在农村年长者中还可以应用于关节炎、骨质疏松等多种病症的筛查，应用范围非常广泛。

» 王鹏

这些令人激动，"治未病"大有希望。请帮助我们理解一下超声器械的工作原理及其独特之处。

» 杜强

超声器械的工作原理非常简单。探头会发射超声波，当波束遇到物体时会发生反射，探头会接收到这些反射波并形成图像。超声器械在医疗领域除了用于检测，还可以用于治疗疾病。通过特定方法将超声波聚焦在特定病灶上，可以达到杀死癌细胞的效果。超声波还有其他应用领域，例如与光学成像相结合的声光成像技术，能够提供更加精确的图像。这些都是超声器械的独特之处，也值得我们关注。

5.10
医疗影像的 AI 革命：是竞争热潮还是创新蓝海

» 王鹏

还有一个话题和模型泛化有关，有些专家认为在实验室训练出来的模型很难泛化。现在的掌上超声设备和 AI 模型，用了多少人工标注数据？要想泛化，将来还需要多少人工标注数据？

> **杜强**

这是一个非常重要的问题。掌上超声设备和 AI 模型的训练数据主要来自医院，数据采集和标注需要形成一个闭环。未来需要更多的医生参与其中，医生和 AI 算法将形成一个标注系统。同时，AI 算法的输出将供医生参考，最后由医生进行确认或修改。如果医生对 AI 结果进行修改，就意味着这个数据很特殊，需要作为新数据加入训练样本库，进行新一轮的训练和迭代学习。关于需要多少数据才够，我无法给出一个确定的答案。AI 算法学习了几十万、几千万甚至上亿张影像数据，但还要看医生对结果的修改是否逐渐减少并趋向于零。这里需要强调人机互动和模型投票的重要性。假设有多个模型存在，则需要能够对现有模型进行调整和训练。

> **王鹏**

在国内做 AI 医疗并成功落地和上市的公司主要集中在大规模数据管理、语音录入和转录等领域。这两个领域似乎与医疗本身没有直接联系，那么在您看来，AI 医疗影像市场是不是一个竞争激烈的市场？

> **杜强**

"蓝海"意味着我们是开拓者，要解决很多创新性的问题。"红海"意味着市场已经成熟，需要解决商业模式问题。我并不认为 AI 医疗影像市场是一个"红海"，这个市场非常庞大，产值可达数万亿元，存在着大量的机会。

> **王鹏**

请问杜博士能否展望一下未来 3 年掌上超声设备的发展变化？未来 5 年、10 年 AI 医疗的趋势是什么？

第 5 章 AI 医疗：程序能不能替你看病

> 杜强

对于创业者来说，最重要的是把自己的事情做好。未来的掌上超声设备和超声 AI 肯定会成为 AI 医疗的平台和突破口，将比轻问诊平台增加更多医疗属性。市场中充满了机会，而关键在于硬件和软件的融合。至于 AI 医疗未来的趋势，在未来 3 年内，掌上超声设备将继续小型化、便携化，并且与其他影像检查设备进行更多整合。而 AI 医疗在未来 5 年和 10 年的趋势将更多地涉及诊断辅助、个性化治疗及健康管理等方面，这些领域具有广阔的发展前景。

对话嘉宾

杜强，哈尔滨工业大学软件硕士，香港科技大学 EMBA，清华大学创新领军工程博士。杜强长期担任数码视讯战略研究院总工程师，并兼任第一研究所所长，小白世纪创始人兼 CEO，电视粉创始人，曾任北京小蚁互动 CEO。在互联网视觉领域，杜强积累了丰富的经验。当人工智能技术兴起时，第一波浪潮聚焦在安防领域，第二波浪潮则落在医疗领域。杜强根据自身在影像方向的核心能力，最终选定了 AI 影像作为进军医疗领域的切入点。

第 6 章
AI 农业

怎样更有效地养活 80 亿人

数字种子：一个小镇的农业革命

小镇米尔顿见证了一场变革——"智慧土壤下的绿色革命"。主人公艾米——一位年轻的生物工程师，发现了一种数字种子，这种种子可以在智能农场中种植。这些种子通过 AI 农夫的精确管理，能够适应任何气候条件，产出远超传统方式种植的农作物。

起初，艾米的发现引起了怀疑和反对。许多人担心这项技术可能会破坏自然生态，或让农民失去工作。这些困难并没有让艾米选择放弃。她同一群志同道合的科学家和农民一起改进这项技术，使其在能增加产量的同时保护环境，甚至还修复了长期以来因被过度耕作而退化的土壤。

经过几个季节的努力，米尔顿的农业生产取得了显著的进展。智能农场模式不仅提高了当地社区的生活水平，还引起了全世界的关注。最终，艾米和她的团队获得了全球认可。他们证明了与自然和谐共生的未来农业之路不仅可行，而且充满希望。通过智能农业革命，米尔顿成了全球绿色农业的典范，开启了全球性的环境和农业可持续发展的新篇章。

第 6 章 AI 农业：怎样更有效地养活 80 亿人

6.1
与工业革命相比，农业革命差了一代

》王鹏

今天我们将讨论人工智能及其在传统行业中的应用，以及如何解决高端技术在传统行业中遇到的问题。同时，我们还将探讨新兴行业与传统行业结合时存在的机会和挑战。咏华老师过去两年从事人工智能与农业创新的工作，我想问一下咏华老师当时尝试这个领域的初衷是什么？

》林咏华

我希望能够深入农业并将人工智能应用于其中。我曾考虑过互联网金融，但这个领域已经有很多人从事了。相比之下，农业是数字化程度最低的行业之一，因此我希望能够从事一项有意义的工作。因此，我决定将农业作为我探索和尝试的领域。我先简单介绍一下农业的 1.0、2.0、3.0、4.0 阶段的定义。农业的 1.0 阶段是指原始阶段，主要依靠人和牲畜进行耕作。2.0 阶段是机械化时代，标志是拖拉机和收割机等机械设备的使用和推广。3.0 阶段是数字化时代，数字化与机械化不同，虽然使用拖拉机和收割

机等可以收割农作物，但我们无法知道实际收割了多少粮食，也无法评估收割的质量。3.0 阶段意味着可以利用传感器对农业的播种、收割、加工等全过程进行量化分析。而 4.0 阶段旨在实现农业智能化和无人化。目前农业的情况如何呢？两年前的数据显示，70% 的农业仍处于机械化阶段，只有 10% 实现了数字化，而无人化的比例更低。

6.2
农业 4.0：智能化机械如何重塑耕作方式

》王鹏

工业 4.0 的案例我听说过很多，但是当涉及农业时，我的想象力有限，觉得农业离日常生活有点儿远，很少将大数据、云计算和物联网与农业场景联系起来进行思考。请咏华介绍一下农业云、农业物联网、农业电子商务和农业远程指导的具体细节。

》林咏华

农业作业与地理条件密切相关。在新疆，无人拖拉机的智能技术可以帮助农户实现无人化的大田作业。在华北平原，出现了无人耕种机械和无人收割机械等。农民可以通过平板电脑查看信息并远程操控机械，无须亲自到田地中操作。此外，与人工操作相比，无人化的机械更智能，例如可以根据作物生长的高度来调整收割设备。而传统的机械缺乏智能设备，只能按照相同的规格进行收割，这可能导致一些损耗。

长江以南有很多丘陵地区，而北方大部分地区土地较为平坦，下一代人工智能机械需要考虑不同地形对传感器和大数据的影响。举例来说，如果种植高价值的中草药或水果，并且在山坡上进行

第 6 章 AI 农业：怎样更有效地养活 80 亿人

播种，有效耕种的土地面积就比较小。利用传感器和人工智能构建智慧种植系统，可以建立小面积的智慧农场，以减少土地占用，并自动调节温度、湿度，自动进行施肥和喷雾等操作，使整个作业更加合理化。

6.3
未来农业的数字化转型：精准收割与高效作业

》李大巍

关于人工智能与农业结合的问题，我有两个数据要补充。首先是全球范围内的数据，到 2050 年，全球将增加 20 亿人，而且主要是年轻人，人口增加会对粮食供应造成挑战，需要增加 60% 的粮食产量。在粮食按比例增加的同时，我们还不能增加碳排放。农业是一个碳密集型行业，传统的农业生产方式很难在 2050 年之前实现 60% 的粮食产量增加，更难达到全球环保标准的碳中和与碳峰值。因此，农业迫切需要进行数字化转型。这是全球化的背景，但在中国，情况则有所不同。根据联合国的最新数据，到 2050 年，中国人口将从现在的 14 亿人减少到约 11 亿人，其中三分之一将是老年人，他们很难从事重体力劳动，虽然对粮食的消耗有所下降，但对生产力的贡献也会减少。

中国是农业大国，人口减少了，青壮年劳动力也在减少，这给中国农业转型带来巨大的压力。从这个角度来看，中国农业比世界农业更需要快速实现智能化转型，需要借助人工智能、大数据、物联网等先进的技术来提高效率。还有几组数据值得一提。农业是世界上规模最大的行业之一，市场规模达到 5 万亿美元。根据美国智库 BI Intelligence 的研究，到 2025 年，全球在智能农业技术和系统方面（包括人工智能和机器学习）的支出将增长3倍，达到153亿美元。综上所述，人工智能必须赋能农业的转型升级，市场空间非常庞大。

》林咏华

刚才大巍提到了全球的数据，我再补充一组关于中国的数据。中国的农村正面临着"空心化"的问题。从2020年到2025年，中国农村劳动年龄（18~65岁）人口将从3.3亿人下降到2.5亿人。到2035年，农村适龄劳动人口将仅剩1.35亿人，这意味着农村适龄劳动人口大幅减少。这个问题需要技术来解决。

除了劳动人口挑战，中国还面临耕地保护挑战。中国人均耕地面积不足0.1公顷，还不到全球人均水平的一半。这也是我们需要发展植物工厂和无土培植的原因。中国的耕地资源相对匮乏，而且耕地质量不高，中低等级的土地面积占比大，土地污染造成的超标率高。如何应用数字化技术和人工智能技术来解决这些问题，十分具有挑战性。

6.4

农业产业链革新：降低农产品损耗率

》王鹏

我们再聊一下农业的产业链有多长，上下游存在哪些创新机会。

》林咏华

农业涉及一产、二产、三产。耕种和收割属于一产，农产品的加工属于二产，最后的供应链、运输和销售等属于三产。举个例子，蔬菜、水果和肉类从一产阶段进入二产阶段，经过洗切、加工和包装进入三产阶段，然后流通到各大农贸市场、超

第 6 章 AI 农业：怎样更有效地养活 80 亿人

市和电商平台。农产品从一产到三产，在中国的损耗率大约为 10% ～ 20%，而在美国大约为 5% ～ 6%。因此，我们需要在下游供应链管理、农业运输物流管理、冷链管理、包装和保鲜等环节进行创新。

》李大巍

我注意到人工智能已经开始在农业中发挥作用，农民们已经开始熟练地使用无人机，最初是用来喷洒农药，现在则用于实时监测农作物的生长情况。我进一步思考了这个问题，采集到的原始数据本身的价值较低，但是将大量原始数据整合起来进行计算、评估和预测，可以通过产业图谱的思路提高产量。利用机器学习算法，寻找数据之间的关联性，可以提升产业规划的效果。比如，在江南地区鱼稻共生的农业系统中，可以通过种植水稻和养鱼来实现循环共生，还可以利用新型的人工智能和机器学习算法来规划更立体化的农业模式。刚才咏华提到的农产品进入电商平台，可以使普通人能够便捷地购买到优惠、新鲜的农产品。这种产品既有可追溯性又有可预售性，这将是未来的发展趋势——在无法快速提高产量的情况下，通过大数据分析来降低损耗和提升应用效率。

6.5
无人机变身"好医生":
远程构建产业图谱和病虫害图谱

》林咏华

大巍提到使用无人机进行农药喷洒。除了构建产业图谱,还可以构建全国或区域性的病虫害图谱。土地污染严重的原因之一是农民过度使用农药。通过大数据收集,可以预测特定时间病虫害在某个区域的发生,以指导农民提前做好准备工作。

有一项全球人工智能大赛,任务是使用机器学习算法来识别植物叶片的病虫害。数据集中包含各种植物叶片病虫害的照片,用于开发出软件供农民使用,当农民看到某片叶子出现病症时,就可以拍照查询是什么症状。在经验积累、数据收集和人工校准的基础上,农民就可以购买相应的农药进行处理。

就像人生病一样,如果随意用药,不仅不能治疗疾病,还会增加药物中毒的风险。农民在这方面的专业知识可能不够。而人工智能辅助的病虫害识别可以引导农民进行科学的植物管理,应对病虫害,最终减少土壤中的农药残留。农药喷洒后,有60%至70%进入土壤,土壤需要经过很多年的处理才能恢复原状。

》李大巍

确实,人工智能技术具有通用性和延展性。它的应用不仅可以为人类服务,也可以拓展到为动物和植物服务的领域。在采用头脑风暴讨论商业机会时,可以尝试类比思考,将人工智能对人类的商业应用移植到对动植物的应用上。

> **林咏华**

是的,人类在远程医疗场景中不仅为病人提供诊疗,还会提供治疗方案和药物。类似的思路可以应用于粮食种植,以连接安全有效的农业化肥和农药供应链。

> **李大巍**

我们可以将烹饪也看作农业的下游产业,以宫保鸡丁为例,宫保是一项烹饪技术,而鸡丁是其中的一种原料。来自不同大洲的原料,都可以与同一种烹饪方式相结合。人工智能有机会在各产业阶段对农业进行赋能,并产生"化学反应"。

6.6
无论飞得多远,农业永远是人类的根

> **王鹏**

科幻题材的影视作品中对农业题材的描绘确实较少。如果我们能接触更多关于现代农业和未来农业的作品,无论是电影、电视剧还是娱乐节目,都可以带给我们新的理念和视角。像《火星救援》《星际穿越》等作品都有很好的描绘角度,会给我们带来很大的启示。

> **李大巍**

是的,《星际穿越》这部科幻电影的大背景是全球农作物遭受病虫害,大多数农作物灭绝,最终只剩下玉米。人类不得不进行太空移民以求生存。这个设想有着深刻的寓意:首先,无论人类社会建立多高的大厦,其根基始终是农业。如果农业出现问题,人类社会的文明将受到巨大的影响。其次,现代科技在面临人类生死存亡问题时似乎束手无策。

《火星救援》这部电影描绘了一位被困在火星上的宇航员,他利用一个面积只有 15 平方米的培养机将从地球带来的种子培育成土豆,并坚持了两年后终于得到来自地球的救援。农业与科技的结合会带来许多有价值的思考。

在有航天器的科幻电影中,无论其他国家做什么实验,中国的舱室中都会有种植蔬菜的场景。这首先体现了中华民族的传统美德,无论是在火星还是地球,都有一种"采菊东篱下,悠然见南山"的心境,家中都应该有个菜园子。其次,这也说明了无论人类飞得多远,对农业的依赖仍然根植于基因和文化之中。

6.7
智能设备与算法是农业自动化的关键

》王鹏

确实,希望将来能够看到更多将科技与农业相结合的优秀电影作品。从智能设备和智能软件的角度来看,我们已经看到了无人机喷洒农药、农业机械化和土壤分析等应用。在农业生产过程中,要根据天气情况、土壤状况、农药使用和病虫害情况做出许多决策,每个决策都依赖现场数据采集和后台分析算法的支持,环环相扣。除了种植业,我想了解一下在养殖业、林业等领域,是否也出现了新型设备,希望您能与我们分享一下。

》林咏华

在养殖业方面,比如养牛和养鸡,常常会使用项圈和耳标等设备收集养殖信息。对于牛,会在牛的脖子上戴上项圈,在牛的耳朵上打上耳标,目的是收集养殖信息。在牛、猪等牲畜的防疫方面,如果有牛或猪生病了,需要了解它们是否需要被隔离,是

第 6 章 AI 农业：怎样更有效地养活 80 亿人

否会流通到市场上。物联网设备对于下游的防疫非常重要。

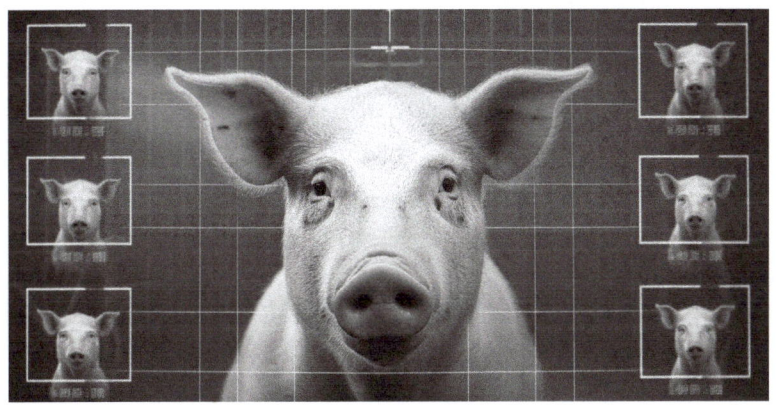

在林业方面，木材作为天然材料，常常会出现木结或者裂缝等。对于传统的木材加工企业来说，直接加工木材时出材率较低。而精细型企业利用 3D 扫描和摄像头技术，对木材进行测量和分析，检测木板上的结构问题，以提高出材率。林木是珍贵的有限资源，提高其利用率的同时降低了下游的生产成本。

»王鹏

将牛打上耳标的技术与依靠人的经验判断牛的状态相比，具有许多优势。人的判断需要依赖经验，且受到人力资源的限制。然而，利用计算机视觉方法识别牛的养殖状态更加客观，可以实现规模化和标准化。采用三维估计算法，利用多个角度的照片，可以估计牛的身高、体型、体重，进而考虑是否需要给牛加餐等。

»李大巍

这大大提高了牛的生活质量。在标准化的生产线上，同一批牛却有着不同的命运和品质。虽然它们看起来都是牛，但牛肉的质量和价格却存在差异。

> **林咏华**

近年来,澳大利亚和牛的进口变得困难,这对于国内的养殖企业来说是一个很好的机会。以前,高端牛肉都是进口的,而现在进口量减少,国内的养殖业迎来了很好的发展窗口。消费者认可国产的高端牛肉需要进行等级认定,除了专家制定的标准,还需要考虑采用配套设备进行评测,以填补市场的空白。

> **王鹏**

智能设备的硬件发挥作用需要依赖算法,机器学习算法的运作原理类似于教小孩子:教会机器辨别什么样的牛肉属于 M9 级别,什么样的属于 M2 级别。训练高质量的模型离不开人类教师的"口传心授"。但是,机器学习算法要获得高质量的结果,还需要解决一些问题。

> **林咏华**

有一项国际竞赛,类似于李飞飞所做的 ImageNet 竞赛。这项竞赛要求识别大量有关各种植物的病虫害的静态图像。在竞赛的图片上,识别算法很容易获得高分,但是在农民实际应用的过程中,发现存在许多问题。首先,农民不知道如何正确地给植物叶子拍照。拍摄时需要考虑多个因素,比如是拍摄整棵植物还是仅拍摄单独的叶子,以及照片的清晰度、曝光水平和是否因手抖而模糊等,所有这些方面都需要严格的质量控制。可以考虑上传小视频来更好地控制拍照的质量,从中提取特征并进行模型训练。

回到动物的耳标问题,牛脸和猪脸的识别是可行的。类似于人脸识别的原理,但是动物在农场中不会配合镜头采集,它们的脸上经常带有泥土,因此识别算法需要考虑到鲁棒性和冗余度的问题。

第 6 章 AI 农业：怎样更有效地养活 80 亿人

》王鹏

工程验证和实现商业应用通常需要进行循环迭代。例如，在使用手机拍摄植物以进行病虫害识别时，我们需要考虑拍摄的角度：是拍正面还是拍反面，是拍叶子还是拍根茎。在进行科研和产品开发时，我们需要进行思维和方法上的转换，因为问题的定义和解决方法是不同的。以美国和以色列的农业为例，它们面临的自动化问题是不同的。美国的农田较为平坦，因此农业机械化的推广和成本控制相对容易实现平衡。而以色列地形多样，包括沙漠和热带地形，因此依靠植物工厂和精准的计算来控制灌溉是主要目标。

对话嘉宾

林咏华，现任北京智源人工智能研究院副院长兼总工程师，主管大模型基础技术、人工智能系统研究、开源及产业生态合作等重要方向。IEEE 女工程师亚太区领导组成员。曾任 IBM 中国研究院院长，也是 IBM 全球杰出工程师，在 IBM 内部引领全球人工智能系统的创新。从事近 20 年系统架构、云计算、AI 系统、计算机视觉等领域的研究，并多次获得 ACM/IEEE 最佳论文奖。获评 2019 年福布斯中国 50 位科技领导女性。

李大巍，他山石智库（China Thinkers Bureau）创始人兼 CEO。清华大学技术创新研究中心兼职研究员，麻省理工学院（MIT）访问学者，在国务院发展研究中心《中国经济报告》任国际主编多年，曾任财新英文执行总经理。中国数字经济百人会执行委员，中国高技术产业发展促进会理事，贵阳信息科技学院客座教授（2023—2027 年）。

第 7 章
情感计算

机器能知道我有多"Down"吗

心灵共鸣：与机器对话中的自我救赎

未来，人类终于开发出了一种能够识别和响应人类情绪的情感计算技术。主人公艾莉——一位在都市生活的平凡的程序员，由于长时间的压力和孤独，情绪异常低落。在一个雨夜，她无意中激活了自己开发的情感计算应用——"心灵共鸣"。这个应用不仅精准地识别出了她的忧郁，还开始以各种方式尝试提升她的情绪：播放她喜欢的音乐，推送温馨的鼓励话语，甚至模仿她最好的朋友的声音与她对话。

起初，艾莉对来自 AI 的安慰持怀疑态度。但随着时间的推移，她感受到了前所未有的理解和关怀。然而，当她开始过分依赖这个应用，把它作为处理现实生活问题的唯一途径时，问题也随之而来——一次系统故障让她陷入了更深的绝望。

后来，艾莉意识到：技术可以提供临时的慰藉，但人与人之间的真实联系和支持才是"治愈"心灵的关键。她重新走出了家门，开始积极面对生活中的挑战，并与周围的人建立了真实的联系。这次经历让艾莉重新找回了自我，也对情感计算技术有了更深刻的理解和认识。

第 7 章 情感计算：机器能知道我有多"Down"吗

»吴岱妮

我们的语音 AI 平台致力于帮助心理健康行业实现三个目标。首先，借助语音生物标记（Voice Biomarker）技术，早期筛查心理疾病，如抑郁症、焦虑症、精神分裂症、双相情感障碍等，帮助人们更早地认知自己的精神状况。其次，进行早期干预。由于中国 80% 的医院缺乏精神科门诊和心理医生，干预手段相当匮乏。中国只有几万名精神科医生，但抑郁症患者近 1 亿名，焦虑症患者近 1.2 亿名（据《2022 国民抑郁症蓝皮书》）。数字药物和语音 AI 就像一名"轻型"AI 心理医生，能帮助大家早期识别风险，干预情绪和精神问题。最后，进行康复监测。除了早期识别和干预，我们还使用语音互动取代了传统的问卷调查。传统问卷调查需要 0.5~1.5 小时，现在，只需通过 2 ~ 8 秒的语音，医生就能实时了解患者的情绪和精神状况。目前，精神健康领域的检查有点儿像 20 年前的癌症检查，大部分人都是在晚期才被筛查出来，干预方法令人非常痛苦且昂贵，导致精神疾病的治愈率非常低，大约只有 30%。通过早期筛查和干预，我们可以将治愈率提高到 92%，这是我们目前正在努力做的事情。通过语音技术，我们可以更好地帮助患者进行早期识别、干预，并持续监测他们当前的精神状况。

»王鹏

吴总在介绍 AI 语音解决方案时充满活力和能量。据我所知，您不是工科出身，而是学艺术、传播的，曾经担任过专栏作家，并从事过人力资源的培训工作。我有些好奇，为什么您要转换赛道呢？

》吴岱妮

回顾过去 20 年,我做了三件事情。首先,我建立了一个心理测评平台,那时还没有运用 AI 大数据技术。我们将全球最优秀的心理模型引入中国,并使其平台化、SaaS 化,让大型企业管理者可以更好地了解员工的成功和幸福的秘诀。这些模型在外部招聘和内部竞聘的时候都可以使用。到了 2005 年,我们发现在所有心理指标中,与情绪、情商相关的指标具有更高的预测度。于是我们将全球最大的情绪研究发展机构"6 秒钟"引入中国,从那时起,我的角色转变成了 Master Coach(主教练),并成为认证行业专家,包括心理医生、心理咨询师、企业教练等。在过去的 15 年里,我有了一个深刻的感触:科技虽然十分强大,但只能帮助少数人。虽然我在企业发展方面取得了很好的成绩,但成就感不足,我觉得我们可以做得更多。因此,我在 2015 年成立了想象科技,当时的一个关键理念就是"每个人"。我们相信有一种技术可以帮助更多的人,让每个人都能更好地了解自己,并活成自己所期望的样子。

于是我们对文字、图像、语音、视频,甚至一些游戏进行了技术探索,与《哈佛商业评论》合作了"幸福竞争力"项目,将

第 7 章 情感计算：机器能知道我有多"Down"吗

研究的模型推向线上，并按照碎片化、游戏化的方式进行测试。在所有的数据源中，我们发现语音数据源的成长最为迅速。随后，我们在全球进行了技术升级，发现能够进行语音心理测评的企业不到 5 家，而我们的团队有机会成为全球第一。于是，到 2017 年，我们决定放下其他所有资源和产品，专注做语音心理测评这一件事情。在过去 15 年里，我们认证的专家超过了上千位。我们将有关语音数据和认证内容整合到了 AI 平台和数据中心，完成了底层标签的工作。自 2019 年以来，我们一直与北医六院合作，共同推进精神心理健康 AI 中心建设。我们也在抑郁症语音识别评测比赛中获得了第一名。一直以来，我们的想法都很简单，就是希望通过技术，让更多人更好地认识自己。

7.1

抑郁源于"久扛"之后的崩溃

» 史哲

在 5 年或 10 年前，大家对抑郁症的认知还没有那么清晰。近两年，媒体对抑郁症的讨论越来越多，新闻也报道过小学生做抑郁症筛查。是什么原因让您选择抑郁症这个方向？为什么您觉得可以利用科技手段去治愈抑郁症？

» 吴岱妮

选择抑郁症这个方向的原因是在过去 15 年中，我做了大量专家认证工作，包括精神科医生、企业教练、高管等。在认证培训活动中，人们常常会在休息时跟我聊天。我最常被问到两个问题：一是关于朋友或者朋友的孩子近期的行为状况的问题——他们是否抑郁了，是否需要医生帮助。虽然我可以根据描述大致判断其发展阶段，但我不是精神科医师，不能给出诊断结论，所以我的建议基本都是去找精神科医生诊断。二是是否有不需要医生的治疗方法。中国抑郁症患者近1亿名，焦虑症患者近1.2亿名。这些都是已经到了临床阶段的患者，而亚健康的人更多。很多人长期处于压力大、焦虑的状态，出现了诸如长期偏头痛、失眠、不孕、胃痛、牙疼、晚上磨牙、脾气不稳定等症状。许多人认为自己够坚强，可以"扛过去"，把问题看作小事。然而，长期承受压力最终可能会使人逐渐失去对自己感受的感知。当人们失去对自己的感受的感知时，免疫力也会下降，这是一个非常危险的现象，可能导致直到中重度抑郁时才被发现。很多人是通过心血管疾病才发现自己有抑郁症的，这是长期压抑的结果，也是非常普遍的现象。社会的刻板认知让我们不愿意谈论这些事情，或者认为这是脆弱、不专业、矫情、求关注的表现。这是非常错误的认知。我们需要改变这些观念，因为如果拒绝沟通，就可能错过最佳的治愈时机。

》史哲

数字化、智能化解决方案和工具对传统抑郁症治疗方式将带来什么改变和帮助呢？

》吴岱妮

精神类疾病就诊面临的最大挑战是时间有限和医生数量不足，他们的时间应该更多地用在治疗上而不是筛查和诊断上。因此，如何更高效地进行患者分流是非常关键的。对于轻度患者，可以通过数字化智能工具引导他们进行情绪管理，了解自己的情绪并学会恢复自己的情绪，从而减轻症状。疗愈音乐、呼吸练习等情商课程或工具可以帮助患者调整情绪。对于轻中度患者，需要进行一些精神干预。而对于中重度患者，可能需要进行药物治疗。某些极为严重的情况，可能需要自杀预防紧急救援团队介入。中

第 7 章 情感计算：机器能知道我有多"Down"吗

国的精神科医师非常稀缺，数字化智能工具可以帮助解决这个问题，使医生能够将更多的精力放在中重度患者身上，为他们提供更个性化的治疗方案。

7.2
抑郁与活力的对抗：如何理解和处理负面情绪

» 王鹏

有些家庭在面对负面情绪时，会先选择厘清事情为什么会发生，讨论应该怎么解决，而不是关注感觉。那么，抑郁的"反义词"是快乐还是活力呢？抑郁症有哪些表现呢？

» 吴岱妮

每种情绪都是人类与生俱来的精密反馈系统，它们帮助我们意识到自身所处的状态。抑郁情绪通常会对身体造成负面影响，导致我们全身无力、缺乏动力，不想做任何事情，能量逐渐减退。抑郁情绪提示我们，过去的决策可能没有达到预期的目标，需要停下来，重新思考未来的决策方向，这是一种聪明的机制。然而，抑郁患者往往感受不到抑郁情绪，长期的压抑会让人陷入无感的状态，自我欺骗，认为自己没事，实际上只是不愿去面对和解决问题。在进行语音筛查时，抑郁症患者检测出的情绪常常是平淡的、没有起伏的。当我们感到难过时，常常会通过流泪来向外界表达我们需要支持和帮助，吸引外部资源来关注我们。从另一个角度看，焦虑情绪则是在提醒我们要将最大的精力投入对未来最有积极影响的事情，焦虑背后包含着担忧和压力，这两种情绪的结合驱使我们集中优势资源来应对问题，做出积极的改变。

如果忽略情绪背后的提醒，没有充分考虑焦虑情绪，则会越来越焦虑，越来越担心，让能量不断下降。中国的许多母亲普遍感到焦虑，并且经常将焦虑传染给孩子和家庭成员。如果周围的人不知道如何应对焦虑，那么整个环境都可能被焦虑所笼罩，让大家感到非常痛苦。很多人误以为抑郁症只是一段时间的不顺利，认为只要"扛过去"就会好转。其实如果不去关注和面对内在的需求，而只是将它们压抑下来，将自己的情绪隔绝以降低痛苦感，就会非常危险。负面情绪会积累，当累加到一定程度时，整个心理系统可能崩溃。如果情绪被隔绝，就等于失去了重要的反馈体系。

7.3
**数字智能线上诊疗：
私密、精准、理想的检测方式**

»史哲

我在美国读博士的时候，学校关注到博士生的压力很大，会预防性地告知：如果出现自我否定、失眠等行为，建议去找校医、朋友和家人倾诉一下，努力缓解症状。您刚刚提到用语音进行诊断，这种方式在识别、分类方面的准确率如何？能否分辨早期、中期、晚期的不同情况？

»吴岱妮

这种技术就是语音生物标记，通过语音生物标记可以检测出三大类疾病：心血管疾病、呼吸系统疾病和精神性疾病。这三类患者在语音标记方面会有明显的差别。大脑认知、身体疾病和肌肉体系之间紧密互动，这三类疾病会使人体肌肉产生相应的物理变化，并可以被算法检测出来，关于这方面的研究已经超过了

100年。然而，目前还没有公司使这些技术产品化和商业化。精神类疾病与其他疾病不同，其本身没有一个客观的诊断标准。目前，我们一直依靠DSM-5诊断标准来检测特定行为从而做出判断。语音生物标记有希望成为精神疾病的第一个客观标准，在精神科医师进行诊断之前，可以完成大量的筛查工作。通过手机的1～60kHz录音功能进行检测，目前只需要被检测者回答三个问题，每个回答10秒钟，就可以检测出其是否有轻、中、重度风险的抑郁症情绪。

» 王鹏

有一部讲述微表情的美剧叫 *Lie to Me*（《千谎百计》），剧中的抑郁症患者在与家人交谈时虽然面带微笑，但眼角等微小变化在慢镜头回放时能显示出一丝痛苦。关于透过面部表情识别抑郁症及其他负面情绪也有大量的研究工作，比如将表情分为高兴、悲伤、平静、愤怒等。通过语音生物标记可以分辨三大类疾病。在训练算法时，对语音进行标注是否相对容易呢？AI算法是否容易收敛到标准范围内呢？

» 吴岱妮

一个很重要的关键词是"每个人"。大部分人不愿意去医院，所以语音诊断是所有技术里最稳定、最方便的方式。使用手机采集语音有一个好处，就是可以保护隐私，分享语音比较安心。在所有检测方式中，语音作为单一数据源的筛查准确率超过了80%，而其他方式则需要多模态考量。在医学标准中，当检测方法的灵敏度达到80%以上时，就可以作为辅助诊断的手段。

7.4
语音生物标记技术的全球竞争：
关关难过关关过

》史哲

刚刚讲到隐私对于病人很重要，而检测面向非常敏感的群体，这样的新技术在做认证的过程当中有很多挑战吧？

》吴岱妮

第一，竞争方案大多数通过问卷方式来标注，缺乏专业精神科医师的标注，而我们的所有数据集训练和预测都通过精神科医师临床完成。

第二，我们以医院伦理论证作为生物数据的标准，采集、处理、分析、保存等一系列环节要符合医院的伦理规范。

第三，语音生物标记技术不是自然语言理解技术，不针对说话内容做分析，而是根据声学模型分析语言、语法、词汇、语义等，还存在很多技术挑战。

第四，模型在实验室中容易达到临床标准，但是如何确保在不同智能手机硬件配置、不同环境和收声条件下都能达到稳定的筛查效果，很有挑战性。

》王鹏

情绪有很多种，所以语音生物标记具有很多优点。AI 算法在专业医师的帮助下完成数据标注，在这个过程中，需要设计能区分几十种情绪的工具吗？

第 7 章 情感计算：机器能知道我有多"Down"吗

》吴岱妮

关于情绪，全球最大情商研究发展机构拥有一个名为 Emotion Net 的数据集，类似于图像识别领域的 Image Net 数据集。该数据集涵盖了汉语、英语、意大利语和西班牙语等四种语言，包括这些语言的语音和视频文件，共有 350 万条时长为 2 秒至 10 秒的单一情绪语音。这些语音数据都由两个或两个以上的情商认证专家进行标注，旨在帮助语音算法开发者验证和测试不同情绪，并获得评测结果。

7.5
从民间偏方到预防性数字药物

》王鹏

治疗抑郁症有一些民间疗法，比如在耳朵上贴胶布，胶布里粘草籽，草籽的位置对应某些穴位，通过按压草籽来刺激大脑、内脏、经络，以达到抵抗抑郁的效果。

》吴岱妮

情绪是大脑的生物化学反应器，不同情绪混在一起时会产生不同的化学变化。通过刺激大脑产生不同的化学变化，可以对情绪进行直接干预和治疗。重点不在于当下的情绪，而是建立机制，使自己在沮丧时能够恢复到想要的情绪状态，而不是被动、无能为力地改变情绪。

预防性数字药物（Digital Preventative Medicine）是指找到处于早期轻度或轻中度情绪问题并有治疗意愿的人，让他们找到自我干预的方法，从而减少中重度患者的数量。这需要设计一套系统，帮助患者重拾活力，实现自我疗愈并进入健康的状态。

这也是抑郁症治疗的难点，因为当患者没有意愿、没有动力接受治疗时，周围的人无法做太多事情。

7.6
情感计算的目标：
人人都能了解自己完整的精神状态

》史哲

筛查抑郁症等精神疾病的方案，我们和国外在整体上的差距在哪里？在认知和技术方面呢？

》吴岱妮

在与权威医院合作方面，国内公司开始得较早，积累了足够多的数据，并开发出了全球领先的算法模型，相对来说形成了技术壁垒。我们接下来的关键是要看临床测试和医疗器械认证的速度快慢，以及对商业模式的思考：是将公司定位为专注做抑郁症筛查的软件公司，还是将其定位为语音 AI 赋能平台，为更多业务领域，包括体检、线上医疗等提供不同的产品线支持。

》王鹏

对于脑科学的研究，有一种说法是，成年人大脑重塑能力有限，你们在研究过程中发现大脑神经连接有重塑和改变的现象吗？

》吴岱妮

在可重塑和不可重塑之间，存在着争议。我们将大脑视为化学场，其中的组合时时刻刻在改变，情绪也在不断变化。情绪的变化会影响思维、决策和判断，这个反应链条是实时的。当你相信大脑可以实时地被改变时，你的控制范围就增加了。可重塑或

第 7 章 情感计算：机器能知道我有多"Down"吗

不可重塑的边界在于，记忆、决策和自我掌控情绪的能力是否得到提升。

7.7
从电影 Her 看机器人陪伴治疗

》史哲

精神科医生的数量非常有限，医院资源也很有限。从患者数量和潜在患者数量来看，如果产品成熟度越来越高，更多人去筛查并发现自己有心理问题，他们能够寻求到的进一步帮助有多少？如果更多人参与筛查后发现了问题，下一步怎么办？有足够的医疗资源支持吗？单一软件或单一系统能解决问题吗？

》吴岱妮

现在在线干预手段可以分为两大类：一类属于知识内容类，利用心理学，提供不同视角的案例故事，让人了解情绪是怎么一回事。另一类是游戏类，通过游戏改变认知行为，例如针对多动症或阿尔茨海默病等疾病，较为成熟的是行为认知疗法，有些已经通过美国食品药品监督管理局的认可。行为认知疗法帮助人们审视体验感，对未来做更好的决策。这个过程是结构化的访谈和互动，在数字化行为认知疗法中，通常是通过文字和图像实现的。如果患者有非常大的精神困扰，并且依从性很低，我们希望借助语音来提高他们的依从性。

虽然电影 Her 距离我们还遥远，但我们可以试着做一款迷你版的 Samantha（影片中的对话机器人）。在特定场景中，使行为认知疗法语音化。首先，语音互动比较自然，比文字更自然。通过语音互动，可以传递更多信息，了解用户真实的精神和心理状况，并给予个性化反馈。其次，我们将问题缩小、场景缩小，针对特定人群，提供更精准的、基于语音的行为认知疗法，以提高患者的同理心。

» 王鹏

Samantha 可以感受到人类的情绪，用真人式对话陪伴人类。在现实中，如果想达到电影 *Her* 中的陪伴能力，还需要文字和语言理解的技术支持。

» 吴岱妮

我们离像 Samantha 那样的"真人陪伴"场景还非常遥远，目前没有 AI 算法能够实现这样的功能。结构化互动属于数字药物、数字疫苗领域。一个是预防，一个是辅助治疗。作为辅助治疗手段，数字药物无法替代医生。在相对结构化的互动中，算法可以实时接收到人类说的每句话，有针对性地给予个性化反馈，使其感觉 AI 懂自己。

7.8
情感计算 3 道题，让你轻松了解自己的抑郁程度

» 王鹏

我试用过 6 秒钟情绪测试的小程序，这算是参与了用户体验产品调研吗？

» 吴岱妮

这是情绪管理的一些尝试。这个小程序的功能包括在情绪方面的语音生物标记识别，根据语音做分析、匹配和推荐，为下一

步的数字药物做准备。

> **史哲**

可否再给我们介绍一下其具体的产品形态，以及如何使用？

> **吴岱妮**

简单来说，它是一个 AI 模型，可以接入体检平台、线上医院，也可以接入硬件平台。AI 模型会问三个问题，每个问题可回答 10 秒。第一个问题：你觉得今天天气怎么样？这是个一般性问题，希望你能找到你的"基准线"。第二个问题：最近让你感到愉快的事情是什么？第三个问题：最近让你感到难过的事情是什么？回答完这三个问题后，AI 模型会输出你属于 0 风险、低风险、中风险还是高风险。根据不同的风险，推荐不同的诊疗手段。建议用户每个月进行一次筛查，以此判断是否需要进一步治疗。平时通过语音记录，可以随时查看情绪状态。每个月做一次抑郁症筛查，了解自己的情况。鼓励大家积极地面对内在的情绪，学会调整负面情绪，确保在精神健康方面能够进行自我调节。

7.9
关注自己的内在是最大的挑战

»吴岱妮

我们的商业模式有三种：第一种是 To P，与大型药厂合作，大型药厂有传统精神疾病药物，他们通过合作可以共同开发数字药物，通过传统渠道售卖，我们收取授权费用。第二种是与保险公司合作设计新产品，比如精神心理保险产品。第三种是 To B，与体检公司、线上医疗平台等合作。目前没有直接 To C 的业务。

»王鹏

提到与药厂合作、与机构合作，它们对于软件开发包的精准度有什么要求吗？

»吴岱妮

通过临床测试、医疗验证后，要申请医疗器械认证，医疗认证需要超过 80% 的精准度。

»王鹏

80% 的精准度是在临床验证的第几阶段呢，做临床验证的规模要达到什么水平呢？

»吴岱妮

数据集现在有 22 000 条语音，在临床验证上面，有超过 500 个抑郁和非抑郁的盲测和验证。

»史哲

算法在不断进步，那么语音标志物方面还有什么样的问题没有解决？

第 7 章 情感计算：机器能知道我有多"Down"吗

» 吴岱妮

技术还不是最大的挑战，对自己的关注才是最大的挑战。愿意关注自己的内在，通过技术接触到私密的自己更难。让自己与周围人产生连接，抑郁的风险就会大大降低。

» 王鹏

放眼望去，全世界目前只有 4 家在做语音标志物技术的创业公司。是不是很多公司不认为这是大市场，或者不是短期内能够挣到钱的市场？

» 吴岱妮

语音标志物技术在精神医疗领域的应用确实是近年来才兴起的，监管和认证的变化给了大家更多信心和鼓励。做语音标志物技术的公司全世界只有 4 家，但做数字药物的公司很多，中国现在有上百家公司在做数字药物。这是一个必然趋势，传统药物不够，需要更多行为疗法和健康管理等作为补充。

» 王鹏

您怎么看待抑郁症筛查和治疗的未来？

» 吴岱妮

精神疾病很像 20 年前的癌症，20 年前癌症靶向治疗还处在初级阶段，很多癌症还是绝症。但精神疾病不是绝症，而且越早发现治愈率越高，这是积极乐观的角度。"90 后""00 后"大部分容易接受心理健康的主动筛查，这是非常好的改变。当大家可以自在地谈论这件事，就像修剪指甲一样，成为生活的一部分时，抑郁症的筛查和治疗的难度就会大大降低。

新智微光：科技创新驱动新质生产力

对话嘉宾

 吴岱妮，想象科技（北京）有限公司法定代表人、一起 App 创始人兼 CEO。吴岱妮是顶尖人物测评咨询公司的首席执行官、6秒钟国际情商研究发展机构中国区（6 Seconds China）创始人。曾在纽约当代艺术馆（MoMA）担任高级市场顾问，从事艺术营销活动，积累了丰富的品牌方面的经验。

第 8 章
智慧物流

你的包裹是如何找到你的

智慧物流：超越障碍的使命

2030年，智慧物流将成为生活中不可或缺的一部分。主人公小李是一名年轻的物流工程师，他参与了一项名为"无缝物流"的创新项目。这个项目旨在通过人工智能、大数据和自动化技术，实现包裹的高效配送。

一天，小李接到了一个紧急任务：将一批珍贵的医疗物资送到另一个城市的医院。利用智能物流车辆、无人机，在物流中心的协调下，他们开始了紧张的工作。

不料，途中出现了一系列挑战：交通堵塞、恶劣天气和突发事件。然而，智慧物流系统通过实时数据分析和智能调度，及时调整了运输路线和配送方案，最终成功地将医疗物资及时准确地送达了目的地。

在这个过程中，小李经历了许多挑战和困难，但通过团队合作和智慧技术的支持，他成功地完成了任务，也感受到了智慧物流带来的巨大改变。这次经历让他更加坚信，智慧物流不仅仅是简单的送货，更是一种变革和创新的力量。

8.1
物流行业的变革与C2M模式下的配送挑战

》王鹏

平时我们在生活中经常享受物流快递服务,体会到网购的"最后一公里"配送非常重要。我想问,物流究竟是什么。

》李洪波

物流在我们身边有两个应用场景,其中一个是电商物流。在中国,物流实现了从以前的隔日达到次日达再到当日达的转变。在物流发达区域,可能会出现一天两次甚至一天三次配送的情况,因此我们可以感受到物流配送速度越来越快的趋势。另一个应用场景是日常生活中的"跑腿"和"外卖"。这两种场景能够随时随地满足我们对采购的需求。

》王鹏

关于物流的特别经历,我想起在日本旅游时,酒店有宅急送服务。在当地酒店填一张送货单,把物品和行李快递到两天后要入住的酒店,特别方便。日本的物流业是不是跟人口结构、市场需求有关?

》李洪波

日本属于人口老龄化比较严重的国家,职业化服务需求比较大。他们在整个服务过程中充分利用自动化系统,不但在顶层设计方面比较超前,在落地质量以及系统整合方面也比较超前。中国属于另外一种情况,电商在全球范围内发展速度飞快,而中国是全球最大的市场,所以C2M发展会比较快,属于市场驱动的模式。

第8章 智慧物流：你的包裹是如何找到你的

> **王鹏**

C2M 中 C 代表什么？

> **李洪波**

C 代表 Customer（客户），M 代表 Manufacturing（制造业），C2M 就是从客户端到生产端。

> **王鹏**

先有订单再去生产？

> **李洪波**

对，传统生产模式是先预测商品销量是多少，工厂进行批量化生产，再分发到目标区域去销售，这种模式会产生大量库存。如果采用 C2M 方式，则反应更敏捷、库存更少。

> **史哲**

物流配送在 C2M 模式里非常重要，根据需求定制了产品，如果花了三五天才送到，客户的体验就会大打折扣。在大城市网购，有时早上下单，中午就能到货。这需要在电商仓库离家近的同时做好备货。李老师讲到市场倒逼，那么之前的传统物流是怎样运作的，是如何发展成现代物流模式的呢？

> **李洪波**

物流行业这两年的发展速度确实非常快，原来是先有商流，再有制造，最后有物流。从某种程度上讲，这是计划经济的产物，只能按预期进行，缺点是敏捷性差、调整速度不会太快。尤其当电商业务壮大之后，随时随地产生的碎片化的订单，使整个商业结构产生了巨变。原来的商流、物流体系已经无法满足现在的业务需求，带来两个非常大的变化。

第一个变化是仓库的变化，仓库对订单的处理越来越灵活。计划经济时期，每天只需要按照订单处理。但当前电商模式的复杂度和订单量呈指数级增长，原来一个仓库只需要几十人就能满足全天的业务需求，现在可能需要几百人，甚至上千人，这是一个比较大的变化。第二个变化是快递妥投的速度越来越快。如果要实现一天两次配送，甚至一天三次配送，仓储和配送体系都会产生颠覆性的改变。产品为企业服务，企业为业务服务，所有的变化都以满足终端客户需求为目标，以让他们获得可感知的价值为最终的落脚点。以 C 端客户为例，顺丰或京东物流给人的感受是：速度快、比较安全、几乎能做到"随时随地"派送。

8.2

从宠物邮寄到日常配送，物流的核心竞争力在哪里

» 王鹏

提到商品流通，存在狭义的物流和广义的物流。我分享一个个人经历，十年前，我帮一位出国的同学邮寄他家的狗。在邮寄过程中，狗需要在国内接受检疫，并在耳朵上佩戴电子标签，然后被装在宠物箱里，最后通过飞机运送到美国。到达美国后，还

第 8 章 智慧物流:你的包裹是如何找到你的

要在当地隔离一段时间,才能被主人带走。这个经历让我意识到,无论涉及何种物品,背后都需要有复杂的物流网络和供应链网络支持,它们服务的对象范围非常广,渗透到人们生活的方方面面。

> **李洪波**

物流一词的本义是物品的流动。在生产制造过程中,原材料被运送到工厂进行生产,再送到组装厂进行组装,这个过程会涉及广义的物流,还包括产线排期等因素。

> **史哲**

我对物流的印象最深的是耐克的宣传片。一个孩子早晨上学时看到了喜欢的篮球,父亲上午下单购买,孩子下午放学时就拿到了篮球,整个仓储物流配送都满足了孩子的需求。如今,家里基本上不用囤积生活用品。如果没有了,晚上赶紧下单,次日早上就能收到了。这种"润物细无声"的技术,让生活变得非常便捷。物流领域的核心竞争力是什么?

> **李洪波**

物流是一个行业、一款产品,以及一个端到端的解决方案。在互联网和移动互联网领域都有衡量标准:第一是提高效率,第二是降低成本,第三是提升用户体验。这三项是物流公司背后的核心竞争力。

8.3
物流效率与成本的博弈

> **史哲**

比如我买东西,先在 A 商铺买了一件东西,又在 B 商铺买了一件东西，虽然可能在同一时间收到货，但会用多个包裹投递。这是因为把"效率优先"而不是把"成本优先"放在首位了吗？如果以包装箱是否装满来评估，会产生不同的配送和包装方案吗？

》李洪波

这背后涉及商业逻辑，成本和效率都非常重要。比如"双11"期间，很多商家会设定规则：如果订单已经开始处理，则用户不能取消订单。对于效率优先，卖家拼的是速度，在买家没有取消订单之前尽快发货。

很多朋友都听说过"爆仓"，不仅仓库会爆仓，工厂也会爆仓，快递服务也会爆仓。每年"双11"购物高峰期，所有仓储公司都在竞争快递资源，包括车辆、人员。比如，"双11"的第1天，快递资源非常充足，基本不会爆仓。但是到了第2天、第3天，可能就没有空车了，这就是效率和速度的差异。

大家在买衣服时，有时虽然有明确的购买意向，但是到底选择哪个品牌是不确定的，这时品牌铺货速度就能影响大家的购买决策。举个例子，对于经营时尚服装的公司，铺货速度会影响整个公司的现金流和收益。鞋服行业的边际利润率非常高，即使物流成本增加2%～3%也可以接受。如果能快速上新，商品畅销带来的价值将远超新增的物流成本。

当下单发包裹时，如果是大件包裹且对时间不敏感，人们通常会选择邮政快递来节约成本。在满足业务需求的情况下，客户能感知的价值主要是效率和成本。如果要给这两点增加一句描述，那就是"极大的比较优势"。只要让用户在价值和效率中的任一方面产生差异化的感受，该公司就具备了竞争力。如果在这两个方面都具备竞争力，那么这家公司无疑是行业中的佼佼者。

第 8 章 智慧物流：你的包裹是如何找到你的

》王鹏

从历史上看，物流在两千年前就已经存在，例如沙帮、盐帮、茶马古道等，都涉及商品运送。某些垄断型商品只有在得到官方授权后才能运送，例如修建京杭大运河是为了便于运输货物，这类渠道和基础设施都受到官方的监管。随着中国逐渐成为"世界工厂"，生产资料开始从江浙沪或者珠三角地区向外流通，公路网、航空网和海运网逐渐建立。在最近的十几年里，普通消费者能够切身感受到物流的快速发展。物流涉及的生产工具、运输工具和商品，以及人们对物资的巨大需求等诸多因素汇聚到一起，我们才有机会讨论智慧物流、数字化物流和"工业 4.0"时代的物流。

》李洪波

与百年前相比，不仅基础设施和技术发生了重大变革，更重要的是用户更愿意为差异化服务买单。市场统计报告显示，60%的用户愿意为更快的物流速度支付额外费用。用户对个性化的需求越来越强，推动了物流行业的发展。例如，用户愿意为"潮牌"买单，购买的欲望拉动了商流和物流的增长。

8.4
智能物流的未来：
机器人如何重塑电商仓库与分拣效率

》史哲

随着物质水平的提高，人们的精神需求也逐渐增加。物流行业呈现出金字塔形的结构。请李老师再讲一讲电商仓库中的新技术，以及如何利用机器人辅助人工提高效率。

» 李洪波

我之前从事 AI 和机器人相关工作，天天用机器人这把"技术锤子"去找"物流钉子"。最终，我发现，如果不知道钉子长什么样，那么它并不是一把好锤子。我们应该根据钉子的特点来定制合适的锤子。从物流的视角审视技术的发展，以快递为例，投递速度越来越快。在分拣中心和分拨中心，无序的包裹进入，有序的包裹拣出。大型分拨中心每天有几十万件包裹，小型分拨中心每天有几万件包裹。在这种情况下，单靠人工是满足不了需求的。快递量的增加使基础设施建设的需求也相应增强，也进一步加强了对信息化的需求，从车辆运输管理到物流的前后端都在随之升级。

电商的仓库高度一般为 30～40m，货品大约每 30～60 天周转一次。这样的高度必须借助自动化设备拣选。如果拣选环节完全依赖人工，每个人每小时内平均只能拣选 100 件，一个仓库就需要招几百人至上千人，无法满足业务增长的要求。为了解决这个问题，最近几年出现了"货到人"模式，就是不需要人工走动挑拣货物，他们只在一个固定的拣货点或叫工作站拣货，而货架是可以移动的，工人可以不间断地分拣。

我们的目标是将分拣效率从不到 30% 提升到 95% 以上。自动化或无人化是一个渐进发展的过程。从快递的运输，到高位货仓存储，再到包裹的分拣，都会逐渐实现自动化。机器人的使用产生了一个特别的词——柔性。像超高立体仓库这种传统自动化设施，属于刚性重型自动化范畴。如果业务预期明确，业务量比较稳定，那么使用这样一套系统非常划算。但是对电商来说，今年的包裹分拣峰值可能是明年的平均值，业务量在城市间也有大范围的变动，这些对公司的运营和决策都是非常大的挑战。柔性自动化就是根据业务的变化随时增加或减少货仓内机器人的数量，在不同城市、不同工厂、不同货仓复用，其价值不言而喻。

8.5

产业链视角下的物流布局：
从仓储选址到行业定制化服务

》王鹏

除了仓库、仓储机器人和货架，请洪波老师再谈谈产业链的情况。

» 李洪波

现代物流在各种产业中都发挥着关键作用,并在多个领域都有深入的应用。以医药产业来说,近几年发生了非常大的变化。

原来所有的医药物流都是面向医院的,配送速度和配送周期的要求相对较低。但现在出现了连锁药店,一些电商也开始提供"跑腿买药"服务,为消费者买药提供便利。这种碎片化、随时随地的购药行为对医药物流产生了巨大的影响。医药行业本身就对时效性、安全性和合规性有着特殊的要求,这也构成了其特别的物流特征。

8.6
物流地域差异与发展格局:从城乡二元结构到区域特色物流

» 王鹏

我想进一步了解国内物流业的发展水平差异。我曾试图从云南为我的新疆朋友购买石榴,但由于运送时间过长和高昂的快递费用,石榴商家决定不出售。关于物流产业在地域分布、代表性公司、信息技术升级速度等方面的情况,我们希望洪波老师能够与我们分享。

» 李洪波

这背后反映了中国经济的特点:城乡二元结构。物流的发展在一定程度上有助于缓解城乡二元经济导致的贫富差距。例如,归属于邮政体系的快递公司已经覆盖了新疆、西藏等边远和欠发达地区,以及大量农村地带。在过去几年,快递、电商和自动化公司的竞争推动了物流的迅速发展。物流技术和体系已经升级,整体上比欧美国家更加发达，某些技术在特定场景中甚至更加领先。

从地理区域来看，华东、华南、华北乃至华中都有其独特的特色。物流界有句话："得华东者得天下"，华东的义乌小商品市场不仅在中国，而且在全球范围内都具有重要地位，从而对物流和快递产生巨大的推动力。华南地区以其敏捷制造和新制造为核心驱动，日常生活中的小商品及其上游的零部件，基本都集中在珠三角地区。华中则采用传统的物流集中模式，凭借其交通和地理位置优势，在构建物流网络时，通常会设置大型的中心节点，这些节点是地理和物流上的重要交汇点。华北地区消费者的购买力强，人口基数大，从下游的角度看，其商流和物流都很强劲，受到终端用户的推动，发展速度很快。加上政治因素，特别是安全保障的需求，该地区的物流技术和体系建设尤为发达。政府高度重视缓解城乡二元经济结构，缩小贫富差距的问题。邮政快递在新疆等偏远地区以及农村地区一直努力提高服务质量。我国的物流首先满足了发达地区的需求，但在落后地区的发展也相当迅速。

8.7
物流的未来：
柔性化、碎片化与数字化

» **史哲**

洪波老师提及了三个关键词：柔性化、碎片化和数字化。这"三化"已成为主要的发展趋势。在英文中，描述柔性有两个形容词：一是"Flexible"，另一是"Agile"。这两个词在意义上存在一定的差异。在物流领域，柔性被视为一项高级需求，它涵盖了碎片化和数字化等要素。

> **李洪波**

确实,柔性是由客户需求和产业形态所驱使的,它意味着在投资之前拥有一定的余地和空间,使在业务波动时有适当的调整空间。柔性的背后实际上是真实的刚性需求。

一个快递公司考虑在某地建立一个分拨中心,如果对接下来 3~5 年的业务发展缺乏充分的信心,他们可能会希望分阶段投资并逐步建设系统。随着业务的变化和落地实施,他们需要的仓储能力、分拨中心的处理能力和生产制造能力都可能会有所变化。在这种情景下,他们可能希望分阶段地引入诸如机器人这样的基础设施,这种逐渐适应的特性就是柔性。这只是从一个局部的角度去理解柔性,还可以从更广泛的社会层面来看,例如,在春运高峰期间买不到高铁票,但是平日里高铁车厢并未坐满,这些都是固有的矛盾。相较之下,公路运输在过年或其他业务高峰时,就拥有更大的调整空间。

我们都很熟悉"共享"这个词。自行车可以共享,汽车也可以共享。如果物流设备,包括机器人也能实现共享,那将会推动绿色低碳模式的发展,对地区、国家乃至全球都将带来巨大的好处。我与大家分享一个数据:中国的 GDP 中,每年有好几个百分点是物流领域的,流通物品的成本仍然居高不下。如果柔性物流能够将这部分成本降低 0.1 个百分点,那么其对国民经济的贡献将是巨大的。

> **史哲**

这一点我深有感触。俗话说:"要想富,先修路"。这条"路"不仅仅为人们提供通行,更重要的是将村里的商品运送出去,同时将外面的商品引进来。基础设施建设催生了飞跃式的变革。柔性代表一种可发展、可调整的模式,而数字化的调度和协作需求更为严格。许多自动化和机器人公司都将重点放在软件的提升上。美国和欧洲为此投入了大量人力资源,开发出更优越的软件和调度系统,从而更好地发挥硬件的性能。

8.8
构建反脆弱的物流体系:
硬件标准化与软件智能化的融合

» 王鹏

在物流产业链中,每个环节都需要大量的资本投入,而对这些投资进行修改或升级的成本都非常高。我们都知道"反脆弱"这个概念,还有一本同名的书《反脆弱》,讨论如何应对突发事件。无论是个人应对突发事件,还是国家和社会应对"黑天鹅"和"灰犀牛"事件,我们都在寻求一种有规律的,针对突发、极端和低概率事件的应对方法。那么,对于物流产业的各方面,如何在硬件和软件上实现柔性呢?能不能给出一些具体的例子?如何实现人工调度与智能调度的融合?在一个端到端的闭环系统中,如何进行人的决策优化呢?

» 李洪波

硬件和软件的柔性确实有所不同。在硬件层面,柔性主要体现为统一化和标准化,例如秦军的弩采用了标准化设计,便于组装和重复使用。这种设计在硬件上能够发挥巨大的价值。无论是机器人共享还是基础设施共享,都在追求标准化和即插即用。随着物流技术的发展,统一化和标准化在硬件上将变得越来越重要。比如,手机的充电接口已经被简化到只有两到三种,你选择不同品牌的手机，充电器可以互用，这正是统一化和标准化带来的便利。

算法的优化方向与硬件不同。它更注重从全局角度或"上帝视角"进行端到端的优化。当涉及产业级别，或者进一步到雇主或客户级别时，需求会有很大的差异。在局部进行优化可能会达到局部的最优，但在全局上可能并不是最优。正如下围棋，一小步的优势可能会导致全局的劣势。因此，在算法层面，需要考虑如何从生产到快速分销进行端到端的优化，以及如何平衡物流的速度和成本。某个仓库或制造厂的优化算法应当具有跨层性。在订单层面，如何平衡速度和成本，以及如何在涉及不同系统时进行端到端的优化都十分关键。如果不同的系统能够高效地协同，例如每个人都能够先迈左腿，然后再迈右腿，那么整体的效率就会显著提高。

在执行层面，我们需要策略性地协调，以实现多个终端高效率地配合和协同。在无人化仓库里，要考虑几百台机器人怎样派单，怎样优化调度避免拥堵，让所有机器人不停地奔跑。硬件和软件发展的方向不同，撬动的杠杆也不同。硬件是统一化和标准化，把成本降下来。算法是数值化，站在全局视角，做端到端、跨模态的优化，产生价值。

»王鹏

站在全局视角，是否只有大型平台公司才有这种能力？大型平台公司可能是唯一能够整合从生产到制造的公司，也可能是撬动产业链和行业的主要玩家。那么，如果公司仅能从局部视角出发，中小公司又该如何实现突破呢？

»李洪波

这个问题很像"盲人摸象"的故事。大公司虽然视角广泛，

第 8 章 智慧物流：你的包裹是如何找到你的

但真正站在全局视角上并不容易。随着社会和整个产业的不断发展，各方的合作意愿越来越强。从产业化的角度看，未来的产业互联网必定是上下游深度合作的产物。头部公司会逐渐形成联盟，分享他们的视角，从而达到端到端的优化。

8.9
数字化浪潮下，中国制造如何引领物流机器人市场

»史哲

有胆识的创业者提出愿景并带领一群人去实现它，而资本的介入则开启了新的赛道。在进行数字化升级时，真正的担忧不是投资的多少，而是害怕投资方向与大趋势不合，判断失误。那么，是谁在创造这些趋势呢？无数技术公司和风险资本都看好这个方向，认为这是一个有发展潜力的技术。以与机器人相关的产品为例，目前有机械臂和仓储机器人。机械臂有"四大家族"，即ABB、库卡、安川和发那科。但仓储机器人为什么没有形成这样的"四大家族"呢？国内制造商在海外已经获得了不小的市场份额，而国外客户对其采购意愿十分强烈。无论是日本、欧洲还是美国的客户，对国内制造的仓储机器人都非常满意。那这种情况是怎么形成的呢？

»李洪波

我们一直在思考这个问题，其背后有两个核心因素。

第一，终端客户需要的不仅仅是一个产品，而且是一个端到端的解决方案。他们追求的是场景驱动的产品，更看重解决方案。

在这方面，中国具有天然的优势。中国是全球最大的电商市场。例如，中国的"双11"销售峰值是平时的十几倍甚至几十倍，这种业务高峰是许多海外创业公司无法体验的。其次，中国是全球制造业的中心，提供了丰富的实际应用场景。这意味着中国的仓储机器人公司在开发解决方案方面具有明显的优势。先有场景，然后有数据，最后有技术创新，三者相辅相成，推动产品和方案的持续优化。机械臂需要具有高精度和高稳定性，并且在3～5年的周期内保持高度的可靠性。它们目前已经进入了成熟阶段，对应的方案已经相对固化，并且产品需求明确。而仓储机器人还处于早期发展阶段，需要的是可以适应不同场景的端到端解决方案。

第二，一旦产生"飞轮效应"，将带动技术和产业链、供应链的快速发展。在中国，由于各种应用场景的驱动，AI技术发展迅速。这不仅增强了产品的竞争力，还促进了对海外客户的销售。

》王鹏

机械臂主要用于制造和加工领域，它对定位精度的要求非常高，欧洲和日本的公司在这方面遥遥领先。而物流机器人的应用场景则多种多样，其解决方案各具特色。物流装备包括码垛机器人、分拣机器人、搬运机器人、无人机和智能快递柜等，您最青睐哪一款呢？

》李洪波

大疆无人机在市场份额、技术和产品品质方面都具有明显优势。而极智嘉等仓储机器人展现了中国制造的特色，极具竞争力。快递柜具有鲜明的中国市场特色，海外市场尚未普及此项设备。在美国，快递员通常每周投递一次，直接将包裹送到顾客家门口。而快递柜在中国则解决了"最后一公里"的问题，其发展速度在

第 8 章 智慧物流：你的包裹是如何找到你的

过去的一两年中迅猛提升，整个商业模式也逐渐成熟，不仅涉及生产和消费两端，还涉及了公司和资本，进而重构了市场和业务结构。数字化的进步培养出了许多杰出的中国制造公司。

8.10
物流机器人的未来：从标准化到柔性化运维

»王鹏

对于搬运机器人的需求量和市场趋势，您怎么看？

»李洪波

Gartner 是一家知名的市场分析公司。其发布的数据显示，物流机器人市场销售额的年复合增长率为 30% ~ 40%。而更为细分的仓储物流机器人市场，在全球范围内的年复合增长率达到了 70% ~ 80%，增长之迅猛令人瞩目。据预测，到 2024 年，全球物流机器人的市场规模将达到 1400 亿美元，市场空间巨大且增速飞快。

»王鹏

亚马逊在收购了仓储机器人公司 Kiva 之后，确实在持续投入，但并未对外开放其技术，这与其在云计算领域的策略不同。这是否与其业务模式有关？

»李洪波

亚马逊、微软、英特尔等大公司都有非常清晰的战略。亚马逊的战略包括两条主线：一是电商，二是 AWS 云服务。其他如物流机器人或物流解决方案，并不是他们的战略选择。此外，产品发展方向也有所不同。例如，极智嘉旨在为广大用户提供赋能和服务。该产品具有可配置模块，能够快速适配各种行业。这种普适性、可配置性和易用性是其产品和解决方案发展的主要方向。亚马逊的 Kiva 机器人是为其自身业务场景进行深度定制的，不适用于其他行业。总的来说，一是因为公司战略不同，二是因为产品发展方向不同。

» 王鹏

搬运机器人在部署后应如何实现柔性搬运？如果机器人需要升级或在执行任务时出错，应使用何种方式排除故障并持续解决问题？

» 李洪波

我要与大家分享一个令人震惊的现象。在全球范围内，我们已经有超过 3 万台机器人投入商用。但如果你在仓库里观察，会发现我们只有两种类型的机器人，一种是 P500，另一种是 P800，它们看起来完全相同。从硬件的角度来看，它们绝对是高度标准化的。在软件方面，80% 的代码都是复用的。差异就在软件方面。例如，在 3C 产品场景中，每个产品都有一个串码，整个业务都要根据这个串码来进行。在医药场景中，每盒药物都有一个独特的 ID，据此可以在其生命周期内进行追踪。

当然，要解决所谓的服务维护问题，必须基于数字化来进行前置的运营和维护。我们安装了一套智能监控软件。机器人在运行时，它的所有数据都会被该软件监控。软件会对其打分，根据分数来判断是红灯、绿灯还是黄灯。我们可以清楚地知道为什么会出现红灯，并找出"病灶"。

我们目前采用智能运维的方式，基于这种数字化运维模式，

第 8 章 智慧物流：你的包裹是如何找到你的

所有与软件和固件相关的操作和修复都是远程完成的。那么，对于物理问题该如何处理呢？我们会定期通知维修团队，但这并不意味着所有的设备都需要被拉过来打开检查。我们会事先告诉他们：这次你们需要处理哪些机器人的问题，哪些机器人有哪些部位的问题。这样，分配给他们的任务会非常明确。这真的是一个非常有趣的运维模式。

8.11
数字化与无人化的长征，预见十年后的智能生活

》史哲

没错，随着技术的不断进步，各行各业的发展速度令人震惊。对于未来 5 年、10 年，我们可能很难有明确的预期，那么您对未来有怎样的展望呢？是不是认为物流将无处不在，上天入海，能完成"最后一公里"任务？你们的计划里有这样的目标吗？

》李洪波

未来 10 ~ 20 年将是数字化和无人化的主要发展阶段，这如同长征，是一个历经磨难和转变的过程。数字化意味着低成本，甚至可能达到零边际成本，这一趋势将会迅速发展。推动无人化发展的有两大驱动力。第一个是人口老龄化，这构成了供需关系中的主要矛盾，使无人化的推进变得更有必要。第二个是新冠疫情。面对这样的"黑天鹅"事件，人们迅速接受了无人化技术及其应用场景。历次工业革命的核心都是为了解放和提高生产力。在这个过程中，人们在管理、艺术等方面做得更为出色。

» 史哲

人们往往高估了一年之内会发生的变化，却低估了十年后可能发生的变化。在当前的背景下，数字化和智能化的能力，再加上人们对美好生活的不懈追求，都会激励杰出的创业者和团队不断前进。我们相信，十年之后的未来会更加美好。

对话嘉宾

李洪波，清华大学计算机系博士毕业，极智嘉联合创始人兼首席技术官，北京市物流机器人创新中心主任，享受国务院政府特殊津贴专家，科技部"十四五"智能机器人重点专项专家，青年北京学者，中关村"高聚工程"人才，首都科技领军人才，中物联科技杰出青年，北京市卓越工程师，京津冀智慧物流产教融合联盟副理事长，中国自动化专委会副主任，中国智能服务专委会秘书长，教育部自然科学奖、北京市科学技术奖、中国自动化学会科学技术奖、中物联科技进步奖获得者。长期从事智能机器人和群体智能等技术研究和产品研发，主持工业和信息化部重大专项课题、中关村重大高精尖项目、863项目等20余项，担任本领域多个重要国际期刊编委，在本领域顶级国际期刊和顶级会议上发表学术论文60余篇，获授权专利125项，其中国际发明专利46项，获国际发明展览会金奖、银奖和中国专利优秀奖各一项。

第9章
未来算法

如何成为未来算法的主人

纪元觉醒：未来算法的主宰

在不远的未来，人类社会将被高级算法所主导。主人公艾丽是一名年轻的算法工程师。她发现算法虽然提高了生活效率，但也在无形中控制了人类的意志。一天，艾丽偶然间破解了一个看似无害的生活辅助算法，却意外发现了一系列算法背后隐藏的控制网络。这个网络不仅监控人类，而且试图预设和引导人类的未来。

艾丽决定挑战这个系统，她与一群志同道合的朋友组成了"未来主人"小组，他们利用艾丽的发现，编写了一套新的算法，旨在破解和重置现有的控制系统，恢复人类的自由。在与算法的较量中，他们遭遇了前所未有的挑战，包括被系统追踪、生活受限，甚至受到生命威胁。

经过一系列智慧与勇气的较量，艾丽和她的团队最终成功植入了他们的算法，不仅解放了人类，也开启了一个新的时代：在这个时代中，算法仍旧存在，但人类成了真正的主人，能够掌控和指导算法为社会服务。故事以艾丽站在新时代的门槛上，展望未来的场景结束，留给读者无限的遐想。

9.1
计算思维在现代社会为何如此重要

» 王鹏

诸葛老师最近出了一本新书《未来算法》，书中主要探讨了算法的思维方式。为何以计算机的方式思考问题对我们这些普通人来说如此关键呢？

» 诸葛越

计算机非常强大，能够解决许多问题。学习计算机的思维方式对于日常生活中处理复杂问题也大有裨益。在工作中，随着我们不断地晋升，需要处理的问题也变得越来越复杂，例如如何运营一个拥有一万员工的公司？可以通过拆解问题逐一解决，并为员工下达指令，来提高效率和质量。生活中解决复杂问题的方式与计算机处理复杂问题的方式是相似的，因此计算思维对普通人也很有用。

» 史哲

现在有很多人工智能的概念和说法，那么计算思维里面的算法到底是什么？

» 诸葛越

算法是我们与计算机沟通的工具。计算机本身只是一台机器，而算法则是人为机器设计的一系列简明扼要的指令，告诉计算机应该做什么以及如何去做，同时反映了指令背后的逻辑思维。例如，如果我们要设计一个从家到工作地点的导航算法，首先需要明确导航的策略，然后用算法来告诉机器如何实施。在当今，算法已成为人与计算机交流的桥梁。

第 9 章 未来算法：如何成为未来算法的主人

» **史哲**

它是一套决策逻辑和优化逻辑的集成？

» **诸葛越**

优化也是一种算法，可以这么说。

» **史哲**

算法已经存在了很长时间，而您在这个行业也有着丰富的经验。现在的算法与过去的确有所不同，并且在未来还会继续演变。那么，这种演变是如何进行的呢？

» **诸葛越**

算法如同人类社会中的眼睛，从古至今一直伴随着我们，且不断地在进化。以计算机编程语言为例，我上大学时学的是Pascal，而现在这种语言已经逐渐被淘汰。随着时间的推移，新的编程语言和技术不断涌现，很多复杂的算法不再需要我们从头开始编写。例如，最近非常流行的人工智能和深度学习算法在过去十几年中被大量使用。过去那些曾经难以攻克的问题，现在我们只需直接调用相应的算法即可。

计算机科学家和程序员们持续地创新和开发算法，使它们不断进化。一些基础的算法（如排序和搜索）始终是算法领域的基础，它们不仅稳定持久，还能够衍生出无数的应用。

» **王鹏**

人们醒来便开始使用手机，上班时使用电脑，几乎时刻都在与计算机互动，依靠它们来完成各种任务，无论是编辑文档还是寻找餐馆，其本质都是服务的工具。深入了解这些工具，可以让我们的使用更加得心应手。回想从前相对冗长的过程，现在这些功能已变得异常便捷。

9.2
智能排序未必能帮你找到最适合你的

» 诸葛越

了解搜索餐馆的算法可以帮助我们更有效地使用它。以搜索餐馆为例,通常有按智能、距离和喜好排序等选项。你知道"智能排序"是如何工作的吗?它是基于算法为你提供的推荐,由于各种因素,它会将某些餐馆优先展示。如果不调整排序方式,你得到的搜索结果可能并不完全满足你的需求。

» 王鹏

您用了生活中的例子来阐述算法的意义。使用算法可以缓解焦虑、防范网络诈骗、寻找工作、选择餐馆以及寻找伴侣等。您能否像剥洋葱一样深入地从算法设计和实践的角度为我们解释这些应用呢?

第 9 章 未来算法：如何成为未来算法的主人

》诸葛越

我们来聊聊日常生活中的算法应用。实际上，许多问题都可以通过简洁明了的几个步骤来解决。

以时间管理为例。假设小孩子马上要考试，面对数学、英语和语文这三门科目，他会感到非常焦虑。如果晚上只有 3 小时的复习时间，他应该优先复习哪一门呢？这是时间管理的核心问题。我们可以将其视为一个排序问题：在这三门科目中，花费 1 小时可以获得的分数提升最大的是哪一门？按照这种思路，如果在数学上投入 1 小时可以提高 5 分，而在语文上投入同样的 1 小时可以提高 3 分，那么，对比这二者，我们首选复习数学。当第 1 个小时过去后，再考虑第 2 个小时是应该继续复习数学，还是转到语文或英语上。当然，这是一种简化的思维方式，将时间管理视为一个优先级排序的问题。尽管可能没法全部复习，但至少我们已经做到最好了。何为"做到最好"？就是做最合理的安排，从而使自己心安理得。

> **王鹏**

排序问题涉及按照大小、时间或先后顺序对事物进行排列。当面临众多任务时,我们应该如何确定哪些任务的优先级更高呢?

> **诸葛越**

排序到处都是,手机 App 输出的很多内容都依靠排序。

> **王鹏**

按照距离排序有明确的标准,比如离目的地多远。按照人气排序时,可以依据 1000 个人的点评或 500 个人的点评这样的明确数据。那么,智能排序是基于什么具体标准的呢?

> **诸葛越**

排序算法是按照一定准则来排列的,而智能排序的准则并不明确。它可能是基于某种推荐算法,或者是商家的付费排序。

> **王鹏**

了解算法原理之后,我们可以更深入地看透智能背后的隐性商业目标。

> **诸葛越**

再举一个二分法的例子。小明收到一封"世界杯预测"邮件,邮件中对方自称能够预测比赛结果,并宣称下一场比赛哪支队伍会赢。小明并不轻信。然而,不久之后,比赛证明第一场的预测是正确的。之后,第二封邮件告诉他 1/4 决赛的预测,结果再次正确。到了 1/2 决赛前夕,对方告诉小明:他们已经连续正确预测两场比赛,这都得益于一些特殊的消息来源。如果小明愿意支付 100 元,他们就能提供第三场比赛的预测。果然,预测再次准确无误。而在决赛前,对方提出:只要小明支付 1 万元,他们就能告诉他决赛的结果。小明信心满满地支付了 1 万元,但结果如

第 9 章 未来算法：如何成为未来算法的主人

何呢？

> » 王鹏

我猜测前三次是靠"黑哨"，或者是瞎蒙的，实际上呢？

> » 诸葛越

这其实是一个简单的二分法策略。他们向一些人发送邮件，其中一半的邮件预测 A 队会赢，而另一半则预测 B 队会赢。在下一轮中，他们向上一次收到正确预测邮件的人发送邮件，这些邮件一半预测 C 队赢，另一半预测 D 队赢。假设有 1 万名收件人，其中总会有一些人觉得他们收到的预测是连续正确的。当最后一次他们收费 1 万元，以告知"最终预测"时，部分人可能会愿意付费。从算法的角度理解，这是一个不需要太多智慧的欺骗手段。只要我们了解了这种策略，就不会轻易受骗。

> » 王鹏

成本很低的伪预言。

> » 诸葛越

虽然他们表现得像预言家，但实际上他们每次只是进行一半的正确预测和一半的错误预测，或者是基于某种概率进行猜测。通过学习算法，我们不仅可以更高效地完成日常任务，还可以避免被欺骗。

> » 史哲

这给我带来许多思考。之前，我一直从正面角度看待问题，如工厂内如何优化物流、如何安排生产、如何监测每个员工的工作状况，以及如何利用机器视觉进行瑕疵检测。但从另一个角度看，每个员工其实都是反馈算法中的一个节点，既是执行者，也是感知器，帮助算法完成从感知到优化、决策和执行的全过程。《人物》杂志曾进行过一项关于外卖骑手被困在算法系统中的调查，这一话题引起了社会广泛的关注。如果我们对算法有深入的了解，就能够从更多维度进行探讨，并找到更多的解决方法。您如何看待这一事件，如何从个体角度去理解这种现象？未来我们在使用App时，应该如何与其更好地融合呢？

》诸葛越

我们是算法的主宰，还是其下面的劳工？在某种程度上，算法变成了为人们提供数据的工具。当我们使用算法驱动的App时，一方面，我们正在为算法输入数据；另一方面，算法也在为我们提供便利。以导航软件为例，早上为什么我们能知道哪一段路拥堵呢？这是因为许多手机都在使用导航功能，可以测量车速。例如，从家出发时，手机会不断地给导航软件发送信息，并利用其他手机的查询结果。那些比你早10分钟或晚5分钟出发的人，就能利用手机查询数据，判断当前的交通状况。这些数据不仅为你所用，也为其他人所用。在某种程度上，我们的决策受到了其他人的影响，因为基于他们的数据，我们可以知道哪条路最快。

再来看外卖的例子，顾客对送餐时间有要求，例如必须在半小时内送达。为了满足这个要求，算法采用了奖励和惩罚机制。如果没有算法的管理，可能很难保证外卖的及时送达。算法带来的负面影响和正面便利，都值得我们深入探讨。算法是由程序员和产品经理共同设计的。是否为外卖小哥设置休息时间，是否允许他们拒绝远程的订单，这些都是可以调整的规则。算法的设计者应该确保算法能够为消费者、商家和外卖小哥都带来好处，并确保所有参与者都享有一定的选择权，而不是过度"压榨"某一方。

第 9 章 未来算法：如何成为未来算法的主人

»王鹏

这是一个综合了社会科学和自然科学的话题。提到外卖骑手，国外有一个恶意"欺骗"导航软件的实验。有人将手机绑在小车上并开启导航软件，让小车在街道上来回行驶了一个上午。结果导航软件显示，那段路一直处于拥堵状态，但实际上那条路上并没有车辆，只有一个恶作剧的实验者。对某些参与者过于不公的算法确实需要进行优化，这需要一个有效的反馈系统和相应的监管。

9.3
算法其实是规则制定者的意志体现

»诸葛越

技术发展迅速，而监管和法律往往滞后于它。设计和开发算法的专家们有时缺乏全面的视角。目前，有"AI for Good"（科技向善）的概念提出，强调 AI 技术应该为社会带来正面的贡献。

»史哲

从另一个角度来看，短视频网站运用的推荐算法似乎把看视频的人困在了算法里。

»诸葛越

按照偏好推荐视频，是好还是坏呢？当你观看了两小时的短视频后，能否说算法的推荐是贴切的，是真的符合你的口味的？我们可以为自己制定一些规则，定时提醒自己。那么，如何为算法设计这样的规则，从而允许用户选择是否跳出算法的推荐呢？

> **史哲**

这样的算法已经开始普及并且不断增加。现在还出现了新的情况:系统可以判断员工是否在工作,一旦发现员工未在工作,则发出提醒,通过KPI体系进行追踪和询问。这是否过于严格了?

> **诸葛越**

算法由公司开发,而规则由公司制定。只有了解了算法,我们才能对某些规则提出改进意见。回到设计算法的初衷,普通大众并不是计算机领域的专业人士,但在了解算法之后,他们可以争取到使用和改进算法的权利。

> **王鹏**

我回想起学习计算机高级语言编程时的经历,涉及设计、调试及运行算法。其中有一个关键步骤叫作测试(Testing)。如果测试结果有误,我们需要确定算法在哪里设计得不恰当或是实现有误,这个过程叫作调试(Debugging)。如今,算法不仅限于计算机领域,而且扩展到各行业及生活场景,如观看视频、购买衣服、生活服务及生产制造等。在这样的背景下,测试和调试已经成为跨学科和跨行业的议题。这不仅涉及关于代码的错误,更多的是涉及系统优化,包括系统是否对个人有所保护、是否尊重少数群体等问题。对于外卖骑手、订外卖的顾客、提供食物的商家,以及提供外卖服务的供应商来说,他们的优化目标各不相同。为了满足不同的用户群体和利益集团,确定算法应该往哪个方向进行优化成了一个颇具深度的话题。

第 9 章 未来算法：如何成为未来算法的主人

9.4
算法跨界后的调试针对的不是单纯的对错，而是更复杂的博弈

》诸葛越

传统的算法应用，例如在银行和金融领域，从 A 账户到 B 账户的转账必须确保算法设计和实现的正确性与稳定性。但现在，许多算法是由数据驱动的，这意味着在不同的场景中，算法的反应可能会有所不同。以外卖为例，当一个人点了一份外卖时，考虑到与商家的距离、路况等因素，算法会基于 35 分钟内送达的目标来决定怎样分配送餐任务。但是，测试案例很难覆盖所有的突发情况，例如交通拥堵或交通事故。因为难以预测平均每单的送达时间，所以也难以设计合理的奖励和惩罚机制。

》王鹏

我有一些思考。当我收到某个软件的内测版本测试邀请，并

新智微光：科技创新驱动新质生产力

被征询反馈意见时，我通常会选择不参与，主要是因为不想成为实验的"小白鼠"，担心个人信息泄露，以及不想在帮助商家优化算法上浪费时间。但如果我知道能从用户的角度指出不合理的设计，以避免被算法"绑架"，我可能会重新考虑。

》诸葛越

反馈会包含某项功能设计得是不是合理、妥帖，以及是否符合设计的初衷。

9.5
守护隐私新时代：
如何在数字生活中做出明智的数据选择

》王鹏

我们该怎么选择呢？建议避免泄露过多个人信息，并避免被不良商家滥用。

》诸葛越

请大家特别留意，几乎所有的 App 在安装或使用时都会询问：是否允许收集你的个人数据？是否允许访问你的位置？是否允许访问你的相册？我们对这些询问需要高度重视。很多人由于不太了解，可能直接选择了"允许"，导致相册中的所有照片都被该 App 访问。每个人都应该有意识地保护自己的个人数据和隐私。

》王鹏

在隐私保护的实践中，设计算法的开发者是否已经采用了匿名化技术？匿名化技术意味着从数据中移除可用于识别个体身份的信息，如年龄、住址、性别等，以确保无法直接从这些数据中获取特定的个人信息。敏感信息是否已经被有效过滤？对于用户来说，如何采取措施以预防赌球之类的不良事件发生呢？

» **诸葛越**

App方自然希望用户能够提供尽可能多的信息，以更全面地了解用户并提供更优质的服务。例如，在推荐视频或新闻时，如果了解大众偏好，就可以提高推送给用户喜爱信息的概率。法律法规要求在访问用户数据之前先征求用户的同意，这不仅关系到用户的知情权和选择权，也是社会的进步。

» **王鹏**

普通人需要与技术发展保持同步，意识到个人数据已经成为新型生产资料。当硬件和软件能够保护个人数据并在一定范围内使用时，可能会出现付费模式。这样，新的公司和商业服务将应运而生，为技术发展提供正向的推动力。

» **诸葛越**

关于数据隐私和数据价值，普通人都应该深思，权衡提供个人数据是否会给自己带来影响。

9.6
智能推荐背后：
你的购物习惯是怎样被悄悄改变的

» **史哲**

很多公司的商业行为也在不断地变化。以推荐算法为例，最初的电商推荐算法相对简单。当用户购买了某一商品后，系统会向他们推荐相似商品。例如，用户购买了一口锅，系统接着还会推荐另一口锅。这种推荐显得生硬，宛如简单地"撞库"。但随着时间的推移，推荐逐渐变得更为精细化，实现了模糊推荐。用户购买了锅之后，系统可能会推荐一把铲子；用户购买了蒸锅后，系统可能会推荐与之相关的食材。算法为商业领域带来诸多新机会和商业模式。哪种推荐算法既能为电商平台创造收益，又能深入挖掘用户需求呢？

》诸葛越

这正是算法工程师每天考虑的问题：将多高熟悉度和新鲜度的内容推送给用户。

》史哲

在不流失用户的前提下，探索一个新世界。

》诸葛越

这与人类心理很像：即使我们喜欢吃川菜，每天吃也不行，但我们可以增大吃川菜的频率。

》史哲

拥有计算思维后，当我浏览抖音时，有时会感到不适。因为了解推荐算法后，你会意识到自己被算法困在了数字的围墙之中。

》诸葛越

你会主动进行判断，而不是无所察觉。

》史哲

以预订机票和酒店为例，使用自己的OTA（Online Travel Agency，在线旅行社）账户查询与使用他人的OTA账户查询，得到的结果可能会有所不同。

第 9 章 未来算法：如何成为未来算法的主人

» 诸葛越

这就是个性化，算法可以给不同的人返回不一样的结果。

» 王鹏

史哲举的这个例子很有启发性，说明存在所谓的"价格歧视"现象。经常使用某款买菜软件的用户可能会发现菜价偏高，而新用户购买时，菜价可能会偏低。经常购买的用户往往没有优惠券，而不常购买的用户却可能获得优惠券。算法背后隐藏着更复杂的操作逻辑。

» 诸葛越

这涉及分类算法。算法将人群划分为不同的类别：如 A 组代表高净值人群，即有钱有闲的人群；B 组则是可能即将流失的客户，他们可能考虑转向竞争对手的平台，因此算法应迅速为 B 组提供优惠券。

» 史哲

这有点像猫鼠游戏。算法在不断进步，算法平权也在不断进化。

» 王鹏

当多人同时使用同一服务时，每个人都可视为一个小型计算节点。每个人使用的都是一个"小设备"，它们的"小算力"和"小算法"都是"大算力"和"大算法"的组成部分。通过云计算和边缘计算，可以支持 100 万或 1000 万人同时在线使用导航软件。尽管每个用户只关心自己的导航路线，但算法在设计之初应当能在单一机器上完成某项任务。随着需求的增长，算法也需要能够支持大规模扩展。

> **诸葛越**

每个人都拥有一部小型的计算机——手机。地图信息存储在数据中心,并由多台大型计算机组成的网络支持。手机与数据中心之间持续进行信息传输和任务交互。其中存在许多优化问题:如果通信过于频繁,就会非常占用带宽,而导航软件需要实时联网以更新路况信息。例如,如果一个用户主要活动在北京的海淀区和朝阳区,那么他不必频繁地更新西城区的地图数据。但如果某天该用户前往西城区办事,那么软件应考虑实时地优化和更新所需的地图部分。在北京的众多区域中,哪些区域的地图应每日更新,哪些可以在需要时更新,是一个复杂的问题。导航软件的算法工程师们每天都在处理这类问题。

9.7 计算思维如何影响我们的工作和生活

> **王鹏**

在日常生活中,个人能完成的任务是有限的,而一个经过分工协调的组织则能够处理更多事务。人与人之间的合作需要经过设计,如需要多久开一次会,开会的时长是半小时还是一小时。这种调度和管理方式是否也可以被视为一种计算思维模式呢?

> **诸葛越**

计算思维包括四个核心方面:问题分解、问题抽象、模式识别和算法设计。虽然我们刚才大部分时间都在讨论算法,它确实是计算思维中一个非常重要的部分,但问题分解是首要步骤。例如,运营一家大型公司,需要将这个大型公司细分为若干小部门,并为之设定运行规则。小部门间如何协调、如何召开会议、如何

第 9 章 未来算法：如何成为未来算法的主人

做决策，以及在做出决策后，如何、以何种报告形式将其上报或向下层传达，都是需要考虑的问题。

» 史哲

从 2011 年起，工业界逐渐迈入了 4.0 时代。1.0 时代的蒸汽机，极大地提高了生产效率；进入 2.0 时代，电力应用开始盛行；3.0 时代有了自动化的崛起，进一步推动了生产效率的提升并使产品种类丰富多彩；到了 4.0 时代，数字化和产业数字化已经成为主要趋势。目前，人们普遍认为各行各业的基础设施都在持续地产生着大量的数据。这使数据被誉为"新石油"，而计算机则仿佛是挖掘这"数字石油"的钻机。请问诸葛老师，您如何看待数字化的发展？随着更多数据的产生，人工智能——特别是深度学习将会如何发展？数字经济与人工智能算法结合的方向又会是怎样的？

» 诸葛越

这确实是一个宏大的主题。回首过去十年，那些在当时让我们感到兴奋和新奇的事情，实际上很难预知会怎样发展或走向何方。在这十年里，我们见证了无数的变化，但我们并没有能预测未来的水晶球，只有不断学习才能跟上时代的步伐。有观点认为，人工智能的能力正在快速增长，到 2029 年，通用人工智能可能就会出现，并深刻地影响我们生活的方方面面。有些人持乐观看法，相信人类能够驾驭机器，只要确保机器的行为合法合规，人机合作就能开拓出更多可能性。然而，也有人持悲观看法，担心一旦人工智能过于强大，人类将无法控制它，这可能会导致更多的贫富差距、加剧歧视等社会问题。身处这个时代，我们有责任直面这些挑战。毫无疑问，计算机、信息技术和人工智能的进步将对我们的生活产生深远的影响。

> **史哲**

您会选择继续从事数据和算法的科普和应用事业吗?

> **诸葛越**

近期,微软提出了一个概念,即汇聚全球 1 亿名程序员,共同推动算法的发展,使得算法的应用变得越来越简单。他们的目标是让人们能够使用自然语言来编写程序,从而更轻松地完成任务。

> **史哲**

在互联网服务、生命科学和自动驾驶等领域,人工智能的工作能力已经超越了单一个体、超越了 10 个人,甚至超越了 1 万人。强人工智能的算法模型已经初露锋芒。在某些特定领域、方向或层面上,其智能程度已经超越了人类。那么,未来算法与每个个体的结合又会呈现出怎样的景象呢?希望诸葛老师能为我们描绘一个美好的前景。

> **诸葛越**

所谓的通用人工智能是指综合智能。目前,我们不能说通用人工智能已经取得了重大突破,计算机并非万能。我们都知道,OpenAI 公司开发了一个强大的系统——ChatGPT。它学习了互联网上的各种知识,涵盖了各领域的信息,阅读了大量的书籍,在强大算法的支持下,具备了写作和回答问题的能力。然而,许多人在讨论它是否真的能超越人类。从总体上看,它仍然受限于其所学的知识和文本形式。例如,它尚不具备情感认知、处理模糊任务和独立思考的能力。未来的研究很可能会专注这些领域。

第 9 章 未来算法：如何成为未来算法的主人

孩子们都应该学习一些计算机知识，掌握一些算法的思维方式，这就如同 30 年前的识字和写字一样重要。如果对模式识别、排序算法一窍不通，确实有点像文盲。中小学的教材很快会融入这些内容，这些内容并不一定是具体的编程语言，可能是一些基础算法。这可以看作数学的一个分支，每个人都应该掌握这种现代社会的基础交际语言。

»王鹏

我非常同意。工具始终在不断发展变化。1000 年前，人们使用毛笔来书写，后来则有了圆珠笔和铅笔。现在，我们不再依赖笔，而是使用输入法。不论使用何种工具，传递思想和完成活动的目的都没有改变。

»诸葛越

无论你身处哪个行业，学习一些算法和计算思维都有助于你在那个行业中脱颖而出。

»王鹏

很多从事艺术创作的人，已经开始使用计算机来完成音乐和绘画作品。我们都非常期待算法支持下更加美好的时代。

对话嘉宾

诸葛越,现任诺基亚成长基金中国区合伙人,夸克星辰联合创始人兼 CEO,曾任 Hulu 公司中国研发中心总经理,曾在雅虎、微软等公司担任高管和研发职位。美国斯坦福大学计算机硕士与博士,纽约州立大学石溪分校硕士,清华大学本科。是畅销书《成长树家庭教育法》《未来算法》《魔鬼老大,天使老二》作者,《百面机器学习》《百面深度学习》主编。

第10章
商业航天

太空 Taxi 离我们还有多远

星际穿梭：追逐太空 Taxi 的梦

在 2035 年的一个晴朗夜晚，杰克——一位梦想成为太空旅行家的普通工程师，终于获得了一次太空 Taxi 的试乘机会。这项由 SpaceX 推出的划时代服务旨在将太空旅行商业化，使得普通人也能体验太空外的无重力奇观。

杰克的太空之旅充满了惊喜，但也遇到了意想不到的挑战。在前往月球的途中，太空 Taxi 突然遭遇小行星的袭击造成系统故障，紧急降落在了一个未知的小行星上。在这个荒凉的天体上，杰克和其他乘客必须团结一致，利用他们的智慧和太空 Taxi 剩余的资源，寻找生存的方法。

就在所有人几乎要放弃希望的时候，杰克利用他的工程技能修复了太空 Taxi 的通信系统，成功向地球发送了求救信号。几个小时后，SpaceX 的救援队伍出现，将他们安全带回了地球。

这次惊心动魄的太空之旅不仅让杰克实现了他的太空梦，也让他深刻体会到了人类面对挑战时的韧性和创造力。太空 Taxi 的概念虽然还在起步阶段，但杰克的故事向世人展示了人类探索太空的无限可能。

新智微光：科技创新驱动新质生产力

10.1

卫星互联网的幕后推手：
商业航天如何开启经济新纪元

»史哲

提到商业航天，许多人首先想到的可能是太空旅行。我想请教百奇学长，您对商业航天有什么看法，为什么会选择这个领域呢？

»刘百奇

商业火箭是商业航天的重要组成部分。火箭公司的商业模式相对简单：根据市场需求，自主研发运载火箭产品，以火箭作为运输工具，将客户的卫星、飞船或其他航天器送入预定轨道，并向客户收取发射服务费用。可以将火箭公司视为面向太空的快递或物流公司。

商业航天不仅包括火箭发射，还涵盖了卫星制造、卫星上天后的运营、数据服务等各环节。上游涉及火箭和卫星的供应链系统、材料等。尽管许多人在讨论航天时倾向于认为这是国家或政府的事务，但实际上民营或私营公司参与商业航天活动已有相当长的历史。1962 年美国发射的"电星 1 号"是世界上第一颗通信卫星，但它并非由 NASA（美国航空航天局）主导研制，而是由美国 AT&T 公司旗下的贝尔实验室研制。

发射这颗卫星的主要目的并非冷战时期的军事需求，而是通过卫星转播电视信号。早在 20 世纪 60 年代，人们就意识到航天能够带来经济利益，因此许多公司开始寻找太空经济中的商机。但在 20 世纪 60～70 年代，美国和苏联的太空竞赛成了航天产业的主流，与此相比，商业航天的地位较低。1975 年，美国和苏联宇航员在太空中握手，标志着太空竞赛的结束，航天投入随后

第 10 章 商业航天：太空 Taxi 离我们还有多远

逐渐减少。

最近，美国航天事业的支出约占年度总支出的 0.45%，这意味着完全依赖国家资助的航天时代已经过去。2010 年，美国决定将低轨道的部分航天活动市场化，只保留 NASA 的深空探测和前沿技术探索任务。因此，商业航天便按市场规则运作，基于市场需求，以盈利为目的组织资金和技术人员。这是航天产业发展的必然趋势。

据统计，2020 年，全球航天产业总值约为 3850 亿美元，其中 80% 的产值由商业公司创造。随着市场的开放，航天活动将更加繁荣。例如，全球各大航天强国都提出了低轨卫星互联网计划。预计在未来 5 到 10 年内，可能会发射数万颗卫星。

航天经济的主要任务是为国民经济服务，解决通信、遥感、城市规划和高精度导航等问题，以满足人们的生活需求。因此，商业航天具有明确的经济和商业目标，能够形成一种闭环的商业模式。商业航天已经成为航天发展的一个不可逆转的趋势。

10.2
从大气层到太空：
航空与航天共同塑造我们的出行未来

» 史哲

普通人接触更多的是航空。以北京航空航天大学为例，它的核心专业分为两个板块：航空和航天，学生所学的多数课程在这两个领域都适用。但现在，航空和航天似乎已成为两个完全独立的领域。对于普通人来说，航空和航天之间的差异和重叠之处在哪里？

» 刘百奇

我个人认为，航空和航天并非完全独立的两个领域，它们现在也正在逐渐融合。航空通常指的是在卡门线以内的飞行，而航天则指的是越过卡门线进入太空的飞行。在大气层内的航空飞行器依赖于空气中的氧气，其发动机分为吸气式和进气式。而在卡门线以外的航天飞行器由于缺乏可利用的氧气，需要携带氧化剂和燃料。这导致二者的发动机在工作原理和方式上存在许多不同。但从电子设备、结构和材料等方面看，它们却有很多相似之处。

从飞行的角度来看，它们在轨迹规划上也有所不同。总的来说，航空和航天既有共同点，也有区别，并非完全对立。近年来，我们看到航空和航天领域都在研究组合动力发动机，这种发动机结合了航空发动机和航天发动机的设计特点，既可以像飞机发动机一样在大气层内使用，又能像火箭发动机一样突破大气层。这意味着它可以在两种不同的工作状态之间切换。借助这种发动机，未来可能制造出科幻电影中那样的飞行器。它们可以从地面机场起飞，飞行速度远超当前的飞机，并能轻易穿越大气层，前往月球或火星。

这种科幻中的飞行器打破了航空和航天的界限,既具有航空的特点,又拥有航天的能力,代表了未来的重要发展趋势。目前,人类进入太空主要依赖火箭,这主要基于航天技术。但利用组合动力发动机,如火箭机组合循环推进系统(RBCC)和涡轮机组合循环发动机(TBCC),我们就可以创造能够在大气和太空之间自由往返的飞行器,这正是空天一体化的发展方向。

》**史哲**

听说美国现有航天飞机都退役了?

》**刘百奇**

航天飞机与我们前面讨论的科幻中的飞行器有所不同。尽管航天飞机的外形看起来像飞机,但它实际上依赖火箭动力升空,并且只能部分回收。尽管现有的航天飞机助推器能够进入轨道空间并返回地面,但它不能像普通飞机那样在大气层内飞行。航天界一直在努力研发可以重复使用的火箭。

回收火箭的技术有三种途径：第一种是航天飞机模式，即垂直起飞、水平回收。它依靠发动机推力升空，并在返回时利用空气的升力。其外形设计使其能够获得一定的动力，并依靠滑翔进行水平着陆，着陆时与飞机类似。第二种完全采用火箭的形态，返回时则依赖降落伞。这种开伞技术相对简单，但其缺点是落地位置无法控制，可能落在海里或偏远的山林中，回收会比较困难。第三种模式以 SpaceX 为代表，是垂直起飞、垂直回收。它在返回时依赖火箭发动机的反推力进行减速，通过优化制导系统，寻找最省燃料的回归路径。这三种方法都在航天火箭动力的范围内，与我们之前讨论的可以在飞机和火箭模式之间切换、穿越大气层前往空间站的飞行器不同。这种飞行器是未来研究的重点。

10.3
飞碟梦何时成真：
SpaceX 对全球航天产业的影响

»王鹏

您说的商业航天，火箭、卫星并不是最终的目标，而只是通往商业化的途径。如您所知，AT&T 公司发射卫星是为了更好地普及通信、广播和电视。在太空科普故事中，我们常常看到太空育种——利用太空辐射来培育高质量农作物。此外，GPS（全球定位系统）已经被广泛应用于车载设备和手机中。可以说，航天科技对我们的日常生活产生了深远的影响，它既遥远又近在咫尺。

刚刚史哲提到航空航天，我忍不住想到科幻电影里的 UFO。现有技术有没有办法实现飞碟形状的飞行器呢？

第 10 章 商业航天：太空 Taxi 离我们还有多远

> » **刘百奇**

飞碟被认为是跨星系飞行的工具，需要经历宇宙的长途旅行并进入大气层。按照现有技术，要制造这样的飞行器还存在一定的技术难度。

> » **史哲**

提到商业航天，我们不得不提及马斯克和他所创建的 SpaceX 公司。曾经有人在一次访谈中询问他为何要创办 SpaceX、如何取得如此巨大的成功，以及如何实现商业上的成就。他提到了一个让我印象深刻的关键词——"效率"。尽管 NASA 在商业航天领域和其他基础研究领域进行了大量创新工作，但它毕竟是一个庞大的机构，因此在火箭发射这一特定领域可能没有那么专注。相比之下，马斯克认为，采用更快速的迭代方式进行火箭发射将具有更强的竞争力，能以更快的速度、更低的成本完成 NASA 无法完成的任务。

从以 NASA 为首的国家主导的航天机构，到如今越来越多的私营公司如 SpaceX 和 Blue Origin 的崛起，除了经济效益之外，还有其他什么因素驱动了商业航天的发展？这是一个热门话题。我记得"谷神星一号"火箭发射成功时，大家的关注度极高。很多人还将商业航天与综合竞争力相提并论，您对此有何看法？

> » **刘百奇**

SpaceX 公司是一家在航天领域具有杰出成就的公司。它之所以伟大，主要有以下几个原因。首先，SpaceX 研制出了全球首款能够重复使用的运载火箭，大大降低了火箭的发射成本。其次，它成功地研制了"龙"飞船。尽管"龙"飞船在技术上的创新性不算突出，但它结束了美国对俄罗斯"联盟号"飞船的依赖，因为过去美国宇航员上太空都要依赖俄罗斯的"联盟号"飞船。再次，SpaceX 提出了星链计划，初步目标是发射 1 万多颗卫星，并计划逐步增加到 4 万多颗。星链已经在北美部分地区投入使用，预计将彻底改变我们的通信模式，使全球各地的用户都能实现即时通信。SpaceX 为自己的火箭开创了一个市场。最后，SpaceX 提出了火星移民计划。它不仅仅计划研制火箭将人类送至火星，还有详尽的火星基地建设和生活计划。可以说，这是一个非常全面且正在积极推进的计划。

因此，与今天中国的很多民营航天公司相比，SpaceX 在成立初衷和发展路径上都具有独特性。我们都知道，SpaceX 建立于 2002 年。那么，为何马斯克要建立这家公司呢？并不是因为他觉得 NASA 的效率低下或者因为他想制造火箭，而是因为他是火星协会的成员。

10.4
从火星协会到 SpaceX：
马斯克如何利用 NASA 的机遇实现商业成功

》刘百奇

　　火星协会由祖布林创立，主要研究火星的生态环境，并希望有一天人类能够成功移民到火星。对于火星上的未来社会和基本生活方式，这个学会有着深入的探索。马斯克对此非常感兴趣，为其捐赠了大量资金。当大多数会员还停留在理论和设想阶段时，马斯克希望将这些想法付诸实践。他咨询了 NASA 关于发射火箭到火星的计划，但当时 NASA 并没有此项计划。因此，马斯克决定自己来实现这一梦想。尽管面临许多挑战，马斯克仍然坚定不移地前行。最终，在飞机上，他萌生了一个想法：为何不自己制造火箭？火箭只不过是动力、结构和电子设备的综合体。因此，他在 2002 年建立了 SpaceX。他最初的目标并不是制造火箭，而是实现火星梦想。在追求这一梦想的过程中，他不断考虑市场需求，最终实现了盈利。

　　马斯克若直接制造一枚前往火星的大火箭将面临巨大挑战，因此他首先选择制造小型火箭——"猎鹰 1 号"。制造火箭和生产其他任何产品一样，必须有市场需求。除非这项技术前所未有，否则不能仅仅为了验证某项技术而制造。如今的火箭技术在原理上已得到充分验证。如果此前没有人成功制造，那么这不仅仅是商业行为，更是技术创新。他选择的首个市场定位是紧急发射，紧急发射通常需要小型火箭，"猎鹰 1 号"正是这样的小型火箭，其运载能力仅为 400 多千克。项目初期遭遇了困难，前三次尝试都失败了，直到 2008 年第四次发射才成功。"猎鹰 1 号"是小型液体火箭，而紧急发射往往意味着发射准备时间短，市场容量有限。美国有许多启动时间更短的退役固体导弹可以被改造成固体运载火箭，以适应紧急场景。2007—2008 年，马斯克找到了一个新市场：NASA 开始向私营公司开放低轨道航天市场，并将国际空间站的货物运输任务外包。除了提供运输订单，NASA 还发布了一系列科研课题，鼓励私营公司研发低成本火箭，并根据达到的水平来拨付资金——这些资金并不足以完成火箭项目，公司仍然需要社会资本的融资来弥补。

10.5
从"猎鹰 1 号"到"猎鹰 9 号"：SpaceX 如何一步步逼近火星梦想

» 刘百奇

在 2007 年，马斯克的公司获得了这些项目的支持。基斯特勒火箭飞机公司（RpK）也在同一时期获得了支持。RpK 是一家经过重组的公司，成立于 1991 年初，虽然最初获得了政府的部分资金支持，但后来由于融资问题而破产。SpaceX 在成功发射"猎鹰 1 号"后，于 2008 年与 NASA 签订了 16 亿美元的合同，此后开始研制"猎鹰 9 号"火箭。"猎鹰 9 号"的初步市场定位是满足国际空间站的货物运输需求。随着时间的推移，该火箭得到了持续的改进，其发动机性能得到显著提升，运载能力从最初的 8 吨增加到 22.8 吨，成为一款性价比超高的火箭。正是因为这样的进步，马斯克才开始计划制造前往火星的火箭，这也是他始终想要实现的目标。

为了到达火星,火箭的起飞重量需要超过 4000 吨,而"猎鹰 9 号"的起飞重量仍然不足。其中,大部分重量是燃料的重量。目前,火箭所用的主要燃料是甲烷和液氧,但火星上缺乏这两种资源。马斯克在追寻火星梦的同时需要考虑市场需求,以确保公司的盈利能力。

当马斯克于 2002 年创办 SpaceX 时,美国的商业航天市场已经相对成熟,NASA 的知识产权转化、人才流动机制和投融资环境也相对成熟。尽管 SpaceX 的起步阶段相当艰难,但其市场环境相较于我国更为成熟,美国的火箭产业自 1984 年起就已经逐步开放。

10.6
后发优势:中国商业航天实现跨越式发展

》刘百奇

与美国不同,中国直到 2014 年才开始鼓励民营商业航天发展。

SpaceX 的成功对中国产生了积极的示范作用。为了活跃国内市场，整合国家资本、社会资金及各种社会力量，使航天领域得以进一步扩大，我国从 2014 年开始陆续推出了多项相关政策文件。我还记得，2016 年的《中国航天白皮书》中明确指出，要鼓励和引导民间资本以及社会力量参与航天科研和生产活动，大力推进商业航天产业的发展。商业航天的发展路径已经清晰可见，这是一个不可逆转的趋势。美国在 1984 年就已经开始放开其航天市场，相对来说我们晚了 30 年，但发展非常迅速。在短短五六年的时间里，我们已经有两家民营火箭公司成功发射了火箭，目前已有 20 多家公司成功发射了卫星。卫星重量也从最初的 10 千克增加到了现在的两三百千克。从最初的单一技术，到目前涵盖遥感、导航和通信等多个业务领域的技术，从最初的单一卫星到现在的"巨型星座"，都在稳步推进。这几年所取得的成就令人瞩目。中国商业航天由于起步较晚，具有一定的后发优势。我们可以从前期的探索中汲取经验，为此我坚信，整个航天行业正在迎来一个快速发展的重大战略机遇期。

10.7

从铱星到星链：
卫星通信技术的演进与成本革命

» 王鹏

再来谈谈 SpaceX。这家公司花费了 20 年的时间发展到今天的规模，这 20 年验证了其商业发展路径，为我们提供了值得参考的经验数据。您提及的巨型星座、低轨卫星以及星链计划都非常引人注目。这种巨型星座由数千颗至上万颗卫星组成，我想知道，

第 10 章 商业航天：太空 Taxi 离我们还有多远

在国际上有哪些联盟或组织在推进这一计划？确定目标和采取行动的策略如何？他们是基于明确的商业前景来开展行动，还是更多地出于太空安全的考量？希望您能给我们详细介绍一下。

»刘百奇

低轨的巨型星座，更为流行的称法是低轨卫星互联网，属于通信星座类别。英国的 OneWeb 公司推出的是通信星座，中国的星网同样是通信星座。在我看来，卫星互联网代表了航天发展的新趋势。在过去，航天发射更偏向于发射功能强大、价格高昂的卫星，以实现各种航天应用，如通信、遥感、导航和军事应用。

未来，使用成本低、体积小的卫星组网模式可能会取代传统的大型卫星模式。这种模式的优势在于卫星成本大幅降低，因为轨道较低，数据传输的延迟非常小。而且，随着卫星数量的增加，对地球的覆盖率和无缝连接能力都将比过去更强。使用低轨、低成本的小卫星来实现航天应用，不限于低轨通信。互联网模式颠覆了传统工业，而低轨卫星互联网的模式可能会再次让航天技术升级，这包括导航增强、遥感和探测任务。

我们可以通过对比铱星计划和 SpaceX 的星链计划的数据来进一步理解。铱星计划发射 66 颗卫星，耗资 38 亿美元，这是 20 世纪 90 年代的投资计划，现在的金额可能更高。每颗卫星的平均成本是 5000 万美元，包括制造和发射的费用。然而，除了高昂的成本，铱星计划还面临一个问题：它基于窄带通信，只能满足语音通信，不能满足宽带上网的需求。相比之下，星链计划的每颗卫星造价为 100 万～ 150 万美元，发射一枚约为 50 万美元，整体发射成本为 150 万～ 200 万美元。

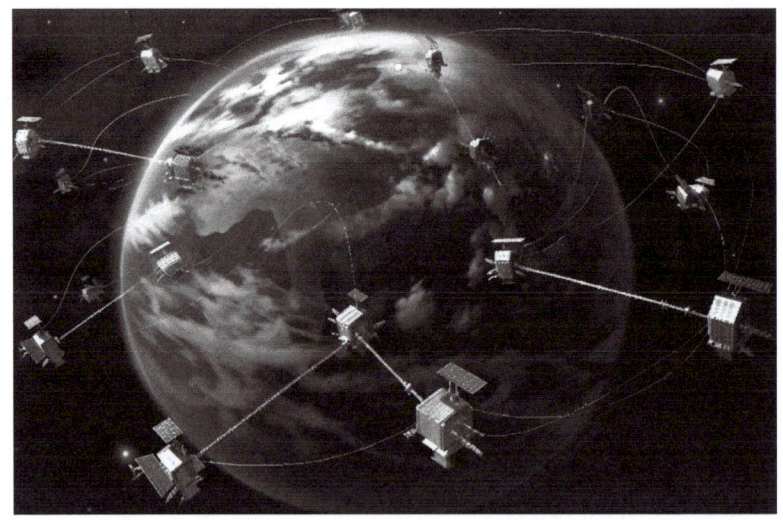

与铱星计划的每颗卫星 5000 万美元相比,这是一个显著的差异,几乎降低了一个数量级。考虑到通货膨胀,成本实际上降低了两个数量级。在通信能力上,SpaceX 的星链是宽带通信卫星,每颗卫星的通信能力远超铱星一个数量级,从而带来更高的经济效益。

因为不再采用昂贵的宇航级器件,星链卫星发出的电磁辐射相对更弱,卫星的工作寿命可以设计得更短,采用工业级器件能让成本大幅降低,让通信能力提升。大家认为低轨卫星互联网模式会颠覆传统航天产业,因为它能促进航天商业的闭环。铱星计划在成立不久花了 38 亿美元后就失败了,究其原因是它遇到了地面通信网络的快速发展,使用的用户少。新形式的低轨卫星互联网成本大幅降低,效能大幅提升,为实现商业闭环奠定了技术基础,有很多追求商业利益的公司面向不同应用场景,提出了不同的低轨卫星互联网,这就是今天看到"星座"不断涌现的基本逻辑。

第 10 章 商业航天：太空 Taxi 离我们还有多远

空间的频率资源、轨道资源是非常重要的资源，有人为了抢夺资源而提出巨型星座计划。任何一个行业在发展过程中都会有一定的泡沫，有不理性的发展，但没有关系，最终在激烈的竞争中能够存活下来的巨型星座，一定是能形成商业闭环，创造服务并融入人们日常生活中，实现商业价值的巨型星座。

» **史哲**

此前，新闻报道了太阳风暴导致星链的数十颗卫星失效，迫切需要进行补充。如果未来希望利用低轨道星座进行上网，就必须保证网络的效率，并确保低成本和更快的发射速度。那么，发射服务是否会成为一个重要瓶颈呢？无论是卫星发射还是卫星网络运维，都需要稳定、持续且高效地操作。星链计划中，火箭一次可以发射 40 颗卫星。去年（2022 年），"谷神星一号"实现了一箭五星的发射，取得了实质性的进展。但一次性发射 5 颗和 40 颗卫星的技术路径真的相同吗？卫星发射中有哪些有趣的故事呢？卫星发射的技术难点有哪些？我记得有一部关于"谷神星一号"的纪录片，详细记录了整个发射过程。我看完之后，心情非常激动。尽管描述这种激动的感觉可能听起来很平淡，但实际的发射过程是非常紧张和严格的。对于一个公司而言，这不仅仅是一枚实体火箭的发射，更是一项严格控制的硬件和软件结合的服务。

10.8
火箭运输优化：
如何像调度春运一样安排卫星发射

» **刘百奇**

火箭的运输优化至关重要。以春节为例，北京可能有几百万人准备离开，他们选择不同的交通方式出行。在这个运输过程中，人流和车流的方向各不相同。为了优化运营，我们每年需要考虑各客运方向上的客流量，并根据需要加开临时列车。

　　首先，有各种各样的目的地和不同的方向。其次，每个目的地的客流量不一样。如果客流量大，则需要增大运力；如果客流量小，则需要减小运力。最后，旅客的出发时间不一样。这些因素可能会对车次和班次的安排和调度产生影响。火箭的情况与此相似。

　　有大量卫星等待发射，它们的轨道、任务、功能各不相同。卫星的轨道高度、倾角，以及与赤道的交角都有所不同，它们每天飞过某一地点的时间也会不同。例如，一颗遥感卫星如果在半夜飞过北京，就无法完成光学拍摄任务。卫星要飞往不同的"目的地"，像星链系统，它有多个轨道面，每个轨道面有数十颗甚至上百颗卫星。我们可以将一个轨道面视为一个"目的地"，这种情况下就需要大火箭进行发射。而有的卫星系统，只有两颗卫星在不同的轨道面上，使用小火箭更为合适。如果一个轨道上有多颗卫星，使用一枚火箭发射就不会造成浪费。这与大型客机类似：如果飞机上的座位没坐满，就会浪费。

10.9
小火箭如何占据商业航天的一席之地

》刘百奇

　　现在有许多独立的卫星和一些小型卫星系统，一个轨道面上的负载可能只有几百千克，这种情况下，小火箭更为合适。火箭可以分为两种：大火箭和小火箭，它们分别满足不同的市场需求。

Rocket Lab 就是一家专门制造小火箭的公司，虽然只能发射 100 多千克的卫星，但它的业务也相当成功。我曾经统计过，根据网络搜索结果，全球有 166 家商业火箭公司，不包括国家级的机构。其中，90% 以上的公司专注小火箭领域。这表明小火箭市场需求旺盛，技术门槛较低，因此受到了更多公司的青睐。

» **王鹏**

火箭与卫星之间的关系越发明晰。不同的卫星，根据其功能不同会位于不同的轨道高度，如通信、遥感和导航等功能。这些轨道是如何安排的？

» **刘百奇**

先说距离我们 36 000 千米的通信卫星。转播卫星电视信号基本都是用这种高轨通信卫星，其特点是三颗卫星即可覆盖全球，单颗造价非常高。低轨通信卫星以星链为代表，其轨道高度约为 550 千米，中国提出的卫星互联网的高度大约为 1000 千米。一般而言，低轨通信卫星的轨道高度为 500 ~ 1100 千米。遥感卫星主要用于携带相机拍摄地球，其轨道多数为 500 千米左右。导航增强星的轨道取决于星座系统的设计，其无线电信号发射呈锥形覆盖。轨道越高，覆盖面越大；轨道越低，覆盖面越小。导航增强星主要传输导航信号，不需要传输大量数据。目前看来，低轨导航增强星的适宜轨道为 900 ~ 1000 千米。

正如前述，轨道越高，需要的卫星越少；轨道越低，需要的卫星越多。通信还涉及带宽问题。尽管几百颗卫星可实现全球覆盖，但每颗卫星的带宽都有限，不增加卫星数量会导致整体网络带宽受限。因此，星座设计需经过优化，其中轨道高度只是众多优化参数之一，还包括如何选择轨道倾角等因素。

10.10
商业航天发射从定制化到航班化

》史哲

我还想再聊聊发射过程的问题。整个发射周期很长,发射基地是不是也要排期?商业航天公司和发射基地之间的配合,在未来会不会形成一种新的模式?发射基地的排期服务有哪些可以分享的故事呢?

》刘百奇

普通人认为发射周期长,主要是因为我们还处于火箭研制阶段。在这一阶段,火箭需要分段运输到发射场,并在那里进行组装。由于现在是研制阶段,所以测试流程设计得相对冗余,需要进行多次反复测试,以确保产品在这一阶段的可靠性。但随着火箭技术的日趋成熟,未来在发射场的准备时间有望缩短到一周以内。

当前,所有的航天发射都是定制化的。所谓的定制化发射,即几颗卫星会选择一个发射日期,选择相应的火箭进行集中发射。未来,随着技术的进步和发射需求的增长,航班化发射有可能成为现实。这样的发射方式类似于我们现在乘坐飞机,只需选择合适的航班和时间,卫星就可以被送入所需的轨道。

实现航班化发射后,人类进入太空的频率和能力将得到显著提升,这也将大幅降低相关成本。当达到这个阶段时,太空经济的繁荣程度将超出我们的想象。从太空旅馆度周末,到太空探险,这些梦想将更加接近现实,为我们的生活带来前所未有的体验。

第 10 章 商业航天：太空 Taxi 离我们还有多远

» 王鹏

SpaceX 是否拥有自己的发射基地？目前，中国的火箭发射只能在少数几个发射基地进行。未来，这些发射基地是否会对外开放呢？

» 刘百奇

SpaceX 并没有自己的航天发射场。它目前使用的发射工位大多属于美国空军。在 20 世纪 70 年代，美国和苏联在太空竞赛中发射了大量的侦察卫星。当时，由于技术问题，许多卫星只能使用胶卷记录影像，所以在完成任务后还需返回地球以取出胶卷。这导致了当时有大量的卫星需要发射。如今，卫星能在太空中服务 15 年，不断地为通信、遥感和导航等任务工作，并实时传回数据。美国在那个时代建设了多个发射基地，随着技术进步和太空冷战的结束，这些基地逐渐闲置。尽管一些私营公司如 SpaceX 租用了它们，但实际上它们仍属于政府所有。

即使在美国，任何航天活动也都需要经过严格的国家审批，包括 SpaceX 的任务。即使是低空的飞行实验，如飞行几十米或几百米，也必须经过政府的审批。这种监管确保了航空航天活动的安全，对于行业的健康发展是必要的。

与此相比，中国原有的发射工位较少，因此并没有出租给私营公司的历史。但随着对商业航天需求的增长，中国正考虑满足这些需求。作为基建大国，中国不会受到这些限制。如果市场需求持续增长，中国在基础设施建设上有着显著的优势。

10.11
火箭科学的人才密码：
跨专业背景下的航天产业需求

》史哲

火箭科学是一个高科技方向。如果想要快速进入这个行业，需要掌握哪些知识和技能呢？换句话说，你们在寻找什么样的技术人才？是计算机、自动化专业的，还是机械设计专业的？一定要学习火箭设计专业吗？目前市场上这样的人才状况如何？您之前提到过，从事汽车设计的专业人才也有机会进入这个领域。那么，具体需要哪些专业背景的人才呢？

》刘百奇

我曾参加过北航研究生组织的一个活动。当时，有参与者询问哪些专业的学生能够进入火箭公司工作。据我所知，北航开设的许多专业都能满足火箭公司的需求。火箭行业对专业背景的需求非常广泛，涉及的相关专业多达 30 种，从火箭整体设计、弹道设计、推进系统设计、空气动力学、气动热力学，到自主控制仿真系统的整体和子系统设计、部件分离设计，再到发动机的系统设计、涡轮和泵设计、燃烧室设计、阀门设计等。

在机电领域，火箭设计需要涉及电子技术、软件开发和计算机科学等多个领域。因为火箭是一种机电一体化的复杂产品，所以还需考虑其结构和材料。但这并不意味着只有学习飞行器设计的人才适合从事火箭相关工作，除了技术研发团队，火箭公司还需要律师、融资专家、行政人员、财务专员等多种角色。

第 10 章 商业航天：太空 Taxi 离我们还有多远

》史哲

火箭技术所涉及的专业领域非常广泛，与汽车和 3C 电子产品不同，它目前并未达到大规模生产的状态。从这方面考虑，火箭的研发和生产不仅仅是技术上的挑战，更是对一个国家综合实力的考验。国家必须拥有完善的产业支撑体系和优秀的技术人才，才能成功研制和生产火箭。商业航天并不是所有人都能轻易尝试的领域，只有在适当的环境和条件下，才可能拥有真正的创业机会。

》刘百奇

我深有同感。从国际视角来看，目前全球仅有 11 个国家和地区具备研制火箭的能力。这对一个国家的综合实力、科技水平和工业能力提出了较高的要求。自 2014 年起，中国商业航天发展迅猛，仅数年便取得了显著成果。首先，这得益于国家的政策引导，吸引了众多才华横溢的人员投身这个行业。其次，自 20 世纪 60 年代起，中国已经建立了一个完备且独立的航天工业体系，从火箭研制、卫星制造到载人航天和深空探测，都取得了出色的成绩。再次，以航天科技和航天科工两大集团为代表的供应体系，加上其他集团的辐射，确保了中国航天的独立自主和全球竞争力。此外，经过 60 余年的培育，大量航天人才脱颖而出，其中不少已经涉足投资、人工智能、机器人、大数据、互联网金融等多个领域，显示出航天人才的广泛应用和溢出效应。随着社会的进步，实现个人价值的途径逐渐多样化，这为中国商业航天的进一步发展奠定了坚实的人才基础。最后，资本市场也为商业航天提供了强有力的支持。从早先的互联网经济、移动互联网的繁荣，到现今对硬科技的关注，资本市场为航天这一硬核领域带来巨大机遇。尽管最初航天领域并不被广泛理解，但现在已经有更多的投资者愿意支持并探索这一行业。综合考虑政策、产业、人才和资本等因素，我们可以看到中国商业航天发展的巨大潜力。但也要注意，商业航天依然是主要大国的竞技场，尤其是中美之间的角逐，当然，这也只是我的个人看法。

> » 王鹏

您提及全球有 11 个国家和地区具备研制火箭的能力，我注意到有些网友进一步详细地列举了各种技术难点。您能否进一步说明，如何评判一个国家在太空技术方面的领先地位？例如发射人造卫星、发射星际探测器、制造运载火箭、运营空间实验室，以及掌握载人航天、在轨交通和对接技术等。

> » 刘百奇

专家通常会通过具体的技术细节和参数指标来评估航天技术的实力，以及那些具体的成果和里程碑。例如，考虑到登月的目标，尽管美国已经宣布了重返月球计划，但中国尚未实现载人登月。然而，中国的"嫦娥"探测器成功地多次登陆月球，中国成为第一个在月球背面着陆的国家，而且这个过程是一次性成功的。至于空间站，目前全球仅有两个：一个是由美国与其他国家合作的国际空间站，另一个是中国空间站。随着国际空间站的使用寿命接近极限，中国空间站很可能成为太空中唯一的空间站。此外，谈到火星探测任务，中国的"祝融号"探测器成功地登陆火星。再考虑卫星导航系统，建立这样的系统无疑是一项复杂且精密的任务。目前，美国有 GPS、俄罗斯有格罗纳斯，而欧洲的伽利略系统尚未完全建成。中国的北斗系统已被认为是一个高效可靠的卫星导航系统。这些成就都证明了中国航天的强大实力。尽管与美国的航天能力仍有差距，但中国正迅速发展成为一个航天强国。

10.12
未来火箭的寿命单位应该是"年"而不是"次"

» 王鹏

对于自主研发的火箭技术,未来商业航天在火箭发动机、箭体结构、燃料等方面的技术发展趋势是什么?

» 刘百奇

目前,"猎鹰9号"选择使用煤油作为燃料,而新型火箭则使用甲烷。一些业界人士认为煤油不适合重复使用。但实际上,飞机所用的燃料正是煤油,并没有飞机使用甲烷作为燃料。

探索适合重复使用的燃料种类仍需进一步努力。例如,"猎鹰9号"从1次重复使用逐渐演化到10次、100次甚至更多。未来可能不再以使用次数来描述其使用寿命,而是以服务年限为衡量标准。如今,飞机能够正常运行15年是很常见的,只需进行适当的维护和保养。到那时,航天发射的费用可能会大幅降低。随着使用次数的增加,只需更换易损部件并补充燃料,成本反而会逐渐下降。目前航天煤油的价格稍显偏高,其根本原因是使用量较少。而在中国,由煤炼制的航天煤油的成本实际上相对较低。

» 王鹏

特别感谢百奇老师给我们带来的分享!

新智微光: 科技创新驱动新质生产力

对话嘉宾

刘百奇,正高级工程师,北京市第十四届政协委员,中关村高端领军人才,安徽省2023年度经济人物,北京星河动力航天科技公司创始人。博士毕业于北京航空航天大学,师从房建成院士,毕业后曾先后就职于北京航空航天大学和中国运载火箭技术研究院研究发展中心。作为火箭总体技术专家,曾参与完成多项国家重大科研项目,获授权国家发明专利100余项,获得国家科学技术进步奖二等奖1项,省部级科技进步奖一等奖2项、二等奖1项。2018年离职创业,所创建的星河动力航天公司经过6年发展,成为国内第一家批量生产、高密度发射的民营航天企业,推动民营商业火箭产业进入常态化商业运营的新阶段。

第11章
生物医学工程

医学工程跨界能否让人类寿命突破极限

寿命的极限：永恒之旅

2045年，生物医学工程有了革命性的进展。故事的主人公艾米是一名年轻的生物医学工程师，梦想着利用技术让人类寿命突破极限。艾米和她的团队在神经科学与纳米技术的"交界处"取得了重大突破，开发出了一种名为"NeuroNano"的技术来修复神经细胞并使其再生，使人体的衰老过程大幅延缓。

然而，当这项技术即将商业化时，艾米发现了一种潜在的副作用——长期使用该技术可能导致人类意识的混乱与丧失。面对道德和科学的双重挑战，艾米陷入了沉思。她和团队必须做出决定：是继续推进这项可能改变人类未来的技术，还是停止研究以避免可能的风险。

在一次面向全球观众的直播讲座中，艾米诚实地分享了她的发现和内心的挣扎。公众的反应出乎意料地一致——他们愿意接受这项技术，但要制定严格的道德准则和使用指南。艾米和她的团队全心解决这一技术的潜在风险，开启了人类探索延寿的新纪元。

11.1
双导师制下的医工交叉学科：
如何培养医疗科技领域的复合型人才

》王鹏

大家在考大学报志愿时也许会接触到生物医学工程这个专业，请剑飞老师解释一下这个专业具体学习什么，以及医工交叉学科的相关情况。

》王剑飞

生物医学工程是最近几十年新兴的交叉学科。不像数学、语文，它是集合了生物学、医学，以及材料、电子等工程学科特色的学科。医工交叉强调把医学和工程融合到一起的行为和理念，医生如果缺乏这方面的理论和系统知识，会导致在临床和科研方面受到制约。随着医工交叉和生物医学工程的发展，越来越多的医疗诊断将借助于器械和机器人完成。

》王鹏

医工交叉学科的学生是双导师制，课程以电子信息、计算机学科为主，拿的学位是工学学士学位。同时他们也会学习生物学、解剖学、病理学等。过去有当专家还是当杂家的讨论，医工交叉听上去是"杂学"。刚才您提到医工交叉有几十年的发展历史，医疗器械、辅助诊断、辅助检查到现在发展如何？请为我们举一些例子。

》王剑飞

血压计、听诊器、X射线机都有百年历史，CT机出现也有几十年了，这些都是工程学应用在医学上的成果。现在的器械会加

第 11 章 生物医学工程：医学工程跨界能否让人类寿命突破极限

入视觉导航、机器人操作、大数据分析等功能。学科细分到一定程度之后就需要交叉融合，衍生出一些新的交叉学科。比如最新的 CT 导航机器人，可以在 CT 影像引导下，同步进行肿瘤筛查、消融操作等。

11.2
"医为先"容易解决实际需求，"工为先"容易出现颠覆性创新产品

» **史哲**

与过去相比，技术的划分更加详细，现代医学也类似。在交叉融合过程中，是医学带着工程走，还是工程带着医学走？在这方面有哪些讨论和想法呢？

» **王剑飞**

大家对"医为先"还是"工为先"的问题达成了基本共识。针对医生需求、病人需求，研发解决方案，以医学需求为先更容易落地。以医为先，解决短期现实问题，可以更快落地，属于微创新，属于量变。反过来，以工为先打造颠覆性产品，可以实现跨越式创新，属于质变。举个例子，CT 机刚研发出来的时候，医生觉得没用，认为有 X 射线机就够了。实践证明并非如此。一项新技术的出现有可能颠覆原有市场，医疗诊断的水平会提升一个数量级。

11.3
智能医疗设备的崛起：
电子听诊器与未来健康监测技术

》王鹏

我最近看到一款电子听诊器，它和传统听诊器相比，增加了手机连接功能，听诊器采集到的心脏、肺部杂音，可以被手机上的程序识别分析，用智能算法解读是否有异常，还能远程发给医院。设备的便携化和智能化是一个趋势，医生和患者追求更少病痛、更多健康。

》王剑飞

例如，5年前，人们普遍还没有随时监测心率的习惯，跑步或健身时并不清楚自己的心率数值，也无法判断是处于有氧运动还是无氧运动状态。现在人们跑步时戴智能手表查看心率，以控制心率的方法精细化控制跑步速度，这样对健康更有利。未来，是否有可能出现无创监测动态血糖和血压的方法呢？血糖和血压是波动的，单独测量某一时刻点和随时随地测量的参考意义不可同日而语。动态监测数据和个人健康档案越丰富，疾病预警越准确，整个社会的医疗服务负担越轻。

》史哲

上学时我们设计过一个比赛项目，基于手机自带的陀螺仪，去判断人是否在睡觉、上下楼梯、跌倒，或者进行其他和健康监测有关的行为。现在有了更便捷的可穿戴手表，可以获得更精确的数据。用专家的经验训练算法，让医疗服务更便捷，这个方向您怎么看？

第 11 章 生物医学工程：医学工程跨界能否让人类寿命突破极限

» 王剑飞

这个方向在不断发生变化。举个例子，无论是传统手工艺人在农业时代，还是标准化生产线工人在工业时代，各行各业都有经验型专家。医工交叉要做的就是把医生的经验和高质量的操作进行测量、分解，形成标准操作。计算机擅长执行标准化的任务，医工交叉通过算法学习专家操作，缩小机器人操作和专家操作之间的差距。机器人甚至可以做到更加稳定，长时间工作不用休息。操作机器人的医生在模拟器和虚拟仿真环境中接受训练，就像飞行员在驾驶真飞机前接受模拟飞行训练一样。这也是医工交叉发展的重要方向，再加上远程诊疗手段，最终实现医疗资源普及和大众化。

» 王鹏

标准化消除了人工操作的误差，规模化降低了医疗服务的成本。传统一对一、个人对个人的服务，通过规模化生产降低成本，是商业驱动医工交叉创新融合的价值逻辑。越来越多的传感器有了应用机会，比如导航、定位模组等传感器。胃肠镜已经进化到胶囊胃镜，这些技术大大降低了检查过程中病人的痛苦。

11.4
医工交叉的软硬兼施：
从机械修复到免疫系统重构

» 王剑飞

是的。利用胶囊机器人目前能查看胃肠道，但还不能进行活检或者切除操作，这是诊疗器械的微型化。目前，胶囊机器人进入人体后利用磁力控制前进后退和旋转的方向。未来，操控系统可以进一步微型化到微米、纳米级别，机器人可以进入血管，在人体组织内巡游，检查病灶，甚至做治疗。

目前的微纳机器人技术，可以做到给肿瘤部位的巨噬细胞涂上磁粉让其受控，标记上荧光以容易识别。通过磁控设备，在体外控制巨噬细胞在体内逆着血管流向行走，移动到实体肿瘤部位。传统的癌症化疗药，服下后通过人体代谢进入全身，对相似细胞进行无差别攻击。微纳机器人搭配抗肿瘤的药物就可以定向杀灭癌细胞，这是未来精准医疗的演变方向。磁控引导药物移动到病灶，整个治疗效果将显著提升，对人体副作用会变得非常小。微纳机器人把化疗药物分子送入人体后，体外磁控仪精准引导药物到肿瘤部位后再触发药物的释放，提高治疗效果。

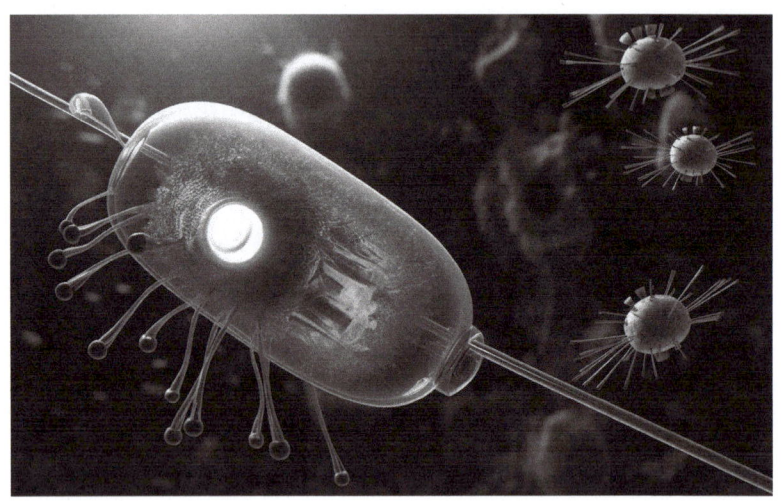

》**史哲**

以前的现代医疗设备有很多医工交叉的成功案例，包括呼吸机、透析仪、心电仪、人工耳蜗、人工关节等，都是用工程学的手段和方法实现了医学创新。再往下讲，还有哪些前沿方向值得关注？

》王剑飞

在微纳领域，有许多用于制备细胞的技术。例如，可以使用物理方法在细胞壁上打一个洞，以精准地传递 DNA、RNA 等遗传物质。此外，还有类似于 CAR-T 疗法的基因修饰技术，例如数字细胞公司 Berkeley Lights 用光导技术可以精准完成单个细胞的导入、导出、培养，这些技术在未来是非常有前景的。

大型医疗诊断设备，尤其是 CT 和核磁共振等强磁场设备，对人体可能造成一定的伤害。目前出现的新型设备基于极弱磁场把外部磁场屏蔽掉，只检测人体器官的电磁信号，是一项非常精密的技术，可以检测心脏、脑血管、肿瘤的磁信号，甚至胎儿的先天性心脏病。

传统的放疗设备是基于放射线来抑制癌细胞的，现在的质子放疗设备可以在不损害健康细胞的情况下，直接杀死肿瘤细胞。目前质子设备非常庞大，需要大型对撞机和发射器来调制质子束。它的微型化是未来的发展趋势。

》史哲

刚才提到的几大方向，我比较熟悉机械手、机器人。很多创业公司集中在三个方向：第一个是汽车工业，依靠机器人和自动化进行创新；第二个是 3C 电子，借助机器人提升效率，替代更多的手工操作；第三个是医疗，特别是医疗机器人。关于未来手术机器人或者医疗机器人的发展方向您怎么看？

》王剑飞

虽然国内做手术机器人的创业公司很多，但没有出现新的核心技术。通常是专注在某一种疾病上，比如治疗腹腔、肺部疾病的手术机器人。手术机器人的底层逻辑和系统构成类似。未来需要产生平台型产品,通过更换前端操作臂就可以治疗多种疾病。

此外,还有针对特定需求开发的机器人,例如人工耳蜗。植入体内的接收器要刺激听觉神经,不同频率和强度的声音对应的电信号要刺激不同的听觉神经纤维,如果植入失误或者电流异常可能会导致脸部麻痹。

》王鹏

刚才说的人工耳蜗,看上去像一个微型麦克风,挂在耳朵后面,贴合着皮肤,耳蜗里有很多小电极用来代替内耳负责收音的细胞。佩戴人工耳蜗的患者,听到的声音像无线电广播,会有刺啦刺啦的混杂的电子噪声。但患者从听不见到听见,是一个巨大的变化。未来可以不断优化电子传感器以降低噪声。

罕见病发病率极低,围绕这个方向的未来发展,您怎么看?

》王剑飞

基因异常可能对应某一种罕见病,体现在某种功能的缺失。新药研发的投入成本和治疗费用很高,需要侧重预防和筛查。举一个例子:对于不算罕见的孤独症,传统的治疗依靠心理医生,缺乏评估疗效的方法。现在有团队使用脑磁仪检测脑电波信号,使用物理刺激方法查看神经反馈链路,找到断点,让神经重新生长。虽然可能无法完全治愈,但是会大幅改善患者情况。

第11章 生物医学工程：医学工程跨界能否让人类寿命突破极限

有些团队在研究人造器官移植，基于仿生材料弥补先天缺陷，使人重回"正常"。比如植入假肢后，通过电信号让假肢与神经系统连接上，让人重新控制假肢。也许在未来，人类甚至会主动把自己的先天器官换成加强版的人工器官。脑机接口的出现也是人们在尝试治疗脑疾病。很多技术的出现是为了治病，后来又被用于增强体魄。

»史哲

在我看来人由两部分组成：一部分是机械结构，比如骨骼、眼睛、心脏；另一个部分是免疫系统。一部分比较硬，一部分比较软。在医工交叉领域，不仅要解决硬件问题，还要解决软件问题。

»王剑飞

人体好比汽车，治病就像修车。随着人类逐渐破译遗传代码，基因编辑技术可以修改基因，改变每个细胞，影响人类行为的改变。技术成熟之后，甚至可以改变情绪和激素：增加或者减少多巴胺、内啡肽、催产素。在这个层面上，人类情绪也可以调配。如果使用可以检测人体内激素的设备，形成反馈系统，最终可以治疗抑郁症，以及其他精神类疾病，也可以让人更聚精会神，处于"心流"状态。

有一些数字疗法公司在研究 CBT（认知行为疗法）。比如在戒烟戒酒戒毒效果不明显的情况下，使用某种监测手段查看体内激素，搭配 CBT 刺激心理变化，让人戒掉这些瘾。这种数字疗法关注人的"软件"层面，传统上单纯依靠心理医生和药物的领域，在未来将结合更多监控设备和 AI 算法，提升治疗效果。

11.5
数字疗法与实时监控：
量化与优化人体"软件"性能

» 王鹏

如果把人体比作计算机系统，那么人体也有各种性能的差异："软件"运行的效率高不高、跑得快不快？"程序"是高手编写的，还是普通人编写的？计算机软件能做到性能可视化，对于人的情绪、激素、免疫系统，如何让数字疗法公司知道当前数值，然后决定增加还是减少某种激素？现在有这方面的工具吗？

» 王剑飞

现在数字疗法公司主要依靠大数据分析，使心理医生的经验数字化。举个例子，传统上看心理医生，平均一周看一次，每次一小时。现在患者回到家之后，随身佩戴的设备会提示什么时间做什么事。心理医生在远程同步观察患者状态，有更多机会实时辅助患者解决问题。例如，当患者想要吸烟时，设备会发出提醒信号，并采用其他方式转移患者的注意力，以抑制成瘾的冲动。

第 11 章 生物医学工程：医学工程跨界能否让人类寿命突破极限

传统上一周聊一次，效果不够好，现在变成依靠大数据模型和可穿戴设备实时辅助治疗，并且效果显著。这也是未来的发展方向。

» 王鹏

计算机科学的人工智能方向有一个分支——专家系统，是把专家经验总结成规则，变成可执行、可查询、可解释的数据，让程序能够完成各种逻辑操作。现在有足够强大的算力、算法、数据支持，和数字疗法有很多互相借鉴的地方。

11.6
CAR-T 疗法与临床试验：
是救命稻草还是未经验证的希望

» 史哲

其底层逻辑与药物研发类似。药监部门规定新研发的药物需要在一定规模人群中获得充分验证。要拿到药监部门的认证，需要看治疗的有效性，还需要看药物的副作用。刚才提到的基因编辑技术，比如 CAR-T 疗法，目前还没有完成三期临床试验？它属于治疗人体"软件"的那一类吗？

» 王剑飞

简单来说 CAR-T 疗法是一种新的治疗思路。传统治疗是把外源性药物输进人体内，通过人体代谢系统治疗，使用靶向药更加精准地攻击癌细胞。CAR-T 疗法是把人体自身细胞抽取出来，在实验室环境中大规模培育细胞"战士"，给它们提供针对癌细胞的武器，然后再输送回病人体内。原本被癌细胞欺骗过的免疫细胞，能重新识别癌细胞；原先没有"战斗力"的免疫细胞，能重新攻击癌细胞。

这种疗法高度定制化，必须用病人本人的血液，在实验室培育细胞，所以费用很高。未来会解决工程化和规模化的问题，比如病人自身血液如何进入产线，被自动化处理并培养，如何被装上"武器"再输回人体。届时，CAR-T疗法的价格会下降。

现在回答你刚刚那个问题。为什么这种疗法临床试验的规模还不够大就能获批上市？第一，为了救命，病人不用这种技术就没有生存希望了。传统监管都要看一期、二期、三期的临床药效。但是免疫疗法每次增强几百万乃至上千万个细胞的"战斗力"，短期内验证临床效果异常困难，很难监测每次治疗后人体循环系统的变化，很难定量衡量临床效果。

今后可基于工业化方法给每个细胞装上"免疫武器"，现在的CAR-T技术还不成熟，有时候会导致致命事故。技术成熟之后，类似于使用微纳机器人，可引导所有"细胞卫士"精准打击癌细胞。mRNA疫苗也有类似情况，在没有大规模临床试验前就被快速批准上市，也是充分考虑了免疫工程学的工作原理。

》王鹏

CAR-T能够治疗哪些癌症呢？是否跟血液疾病有关？是不是对很难通过手术切除的肿瘤或者癌细胞才适合？

》王剑飞

CAR-T更适合治疗血液系统和免疫系统的癌症。目前对实体肿瘤效果有限，治疗实体肿瘤更好的方法是精准定向的质子放疗攻击或手术切除，或者用微纳机器人"定向炸弹"去治疗。CAR-T疗法需要进行血液回输，目前主要适用于治疗血液系统或免疫系统的癌症。

第 11 章 生物医学工程:医学工程跨界能否让人类寿命突破极限

　　人体每时每刻都在产生大量癌细胞,这就是"免疫系统重建"的过程。免疫系统时刻在跟外界做对抗,也在和体内细胞进行共存。体内细胞有一定概率发生变异。体内对抗过程取决于自身免疫力,如果持续性受到外界有毒物质、化学物质的刺激,或者有不良生活习惯,到一定程度时人体免疫系统会"失守",癌症细胞就会胜利。所以也呼吁大家,养成健康的饮食生活习惯,提升免疫系统的能力,这是预防癌症的有效方法。出现癌症再去治疗会很痛苦。

11.7
从治疗到预防:
医工交叉在健康管理中的创新趋势

》史哲

　　医工交叉解决了哪些关键问题?医疗大健康有一个方向是"精准医疗",未来有什么融合的趋势?对病人的疾病进行定制化治疗能更加精准,在大规模生产的情况下,如何做到降低成本和实现定制化治疗呢？

》王剑飞

大健康会关注全生命周期的管理，收集越来越多的个体数据，对于慢性病的管理也会越来越全面。反过来，因为有个体小数据和群体大数据的基础，治疗方案会越来越精准。比如，现在一天吃三次药，未来在有数据支持的情况下，可能吃两次药就够了；又比如放疗剂量的问题，过量的话，正常组织会被无差别攻击；再比如不同阶段的糖尿病人，诊疗方案也不一样。

中国古代医学"治未病"的理念更注重平时的养生保健。面对复杂的慢性疾病和免疫相关疾病，仍然存在许多现代医学无法解决的难题。人体是一个复杂系统，生病之前有一个漫长的时期在不断自我修复。这个过程中有很多报警信号，所以要重视日常体检，越早发现病症越好解决。

还要树立正确的治疗观念。很多人因为十几年的不良生活习惯导致了慢性病，希望三天就治好，这本身就违背了客观规律。治疗过程非常漫长，有可能需要3个月、6个月或者更长时间才能重建免疫系统。有的器官会永久性地被伤害，一生都无法再恢复正常。

在心态上也可以进行调整。器官出现了问题，需要永久性加一个"外挂"，或服用某种药物，才可以让人体重新回到健康的平衡状态，成为"正常人"。人出生以后，就在不断跟大自然进行各种物质交换、进行对抗，还利用技术手段让自己和慢性病共存。正如汽车行驶一定里程之后需要添加机油使发动机系统维持正常运转，我们应该关注的是一个人是否可以通过服用某些物质，或者使用某些工具，使人体的指标输出维持平衡状态，而不必在意

第 11 章 生物医学工程：医学工程跨界能否让人类寿命突破极限

每天服用的是食物、膳食补充剂还是药物，也不必在意驱动血液流动的是自己原装的心脏、移植的心脏，还是一颗磁悬浮人工心脏。

» 史哲

剑飞学电子信息工程，我学机械，王鹏学计算机，我们三个虽然不学医，但是对于这个话题都非常感兴趣，因为这代表未来的健康生活，以及个体如何从中受益。剑飞是投资人，认为这是一个非常有价值的赛道。最后，让我们谈谈对医工交叉的展望——哪些领域还会有突破，让个体受益？

» 王剑飞

医工交叉对于人类是一个永恒的话题，现在越来越火是因为很多技术获得了巨大突破，尤其对于延长寿命来说有了更真实的可能。20 年前，人们很难称呼一位 50 多岁的女性为小姐姐。再过 20 年，也许很多 80 多岁的人仍然年轻。"年轻态"被大幅拉长了，这是可以预见的。人们不断探索抗衰老的秘密，只要有突破性技术出现，显著让人类延寿或者抗衰老，就有巨大的经济价值，因为没有人可以拒绝这一点。

人体是有机体，是碳基生命体。人类会走向强化碳基、融合硅基的道路，比如脑机接口，比如人造骨骼、肌肤、器官、晶状体，正在成为趋势。在暂时不考虑伦理问题的情况下，未来人类衰老问题有可能通过器官移植来解决，和这个方向有关的领域也有巨大的市场。遵循人的底层需求，投资医工交叉赛道，在未来 10 年、20 年会一直火爆。

» 王鹏

今天聊的内容很有启发性，打破了我们原有的思维定势。医学是一门非常严肃和严谨的学科，其发展速度相对较慢；而工科

新智微光：科技创新驱动新质生产力

领域，尤其是软件和硬件的交叉迭代，更新换代速度遵循着指数级增长的规律。二者的结合必将突破时空限制，为人类社会带来巨大的变革。

对话嘉宾————————————————————————

王剑飞，毕业于北京航空航天大学电子信息工程专业（本科）、德国德累斯顿工业大学人力资源开发专业（在职研究生）。深圳市坪山区政协委员、北京市海淀区青联委员、中国科协"科创中国青年百人会"首批成员、工业和信息化部产教融合产业实践教授、北京航空航天大学校外 MBA 导师。现任北航投资有限公司总经理。

第 12 章
新媒体艺术

仿生梵高能梦见电子向日葵吗

当 AI 遇见梵高:电子向日葵的梦

某一天,年轻的 AI 研究员艾丽发明了一项能让机器理解和重现人类情感的突破性技术。她决定以"梵高的向日葵"为首个实验对象,创作出一幅由 AI 绘制的画作《电子向日葵的梦》。这幅作品不仅栩栩如生地再现了向日葵,还赋予了它一种梦幻般的色彩,仿佛是梵高在另一个维度的创作。

艾丽的发明引起了巨大轰动。人们惊叹于 AI 的创造力,但也有声音质疑这是否意味着人类艺术的终结。当争议达到高潮时,一个名为"梦中画室"的神秘组织出现了。他们宣称,艾丽的技术开启了一个新时代,宣告了新媒体艺术的诞生,人类与 AI 共同探索艺术有无限可能。

随着年岁更迭,艾丽与"梦中画室"携手推出了更多令人震撼的作品。艺术家和 AI 之间的界限逐渐模糊,他们一起在画布上绘制出前所未有的梦境世界,开创了一个全新的艺术时代。在这个时代,艺术创作不再单纯是人类的专利,而是一个跨物种的共同创作过程。

12.1
艺术媒介的进化：
从蛋彩画到 3D 打印

» 王鹏

我们先了解一下什么是新媒体艺术，它是和什么旧媒体艺术来做对比的。

» 胡斐

简单来说，与旧的媒体介质不同的艺术形式都可以称为新媒体艺术。所谓旧的媒体介质，常见的有绘画、雕塑、陶瓷、刺绣等。而新媒体艺术是在全新的媒介上呈现的。大家较为熟悉的通过互联网技术、信息技术、3D 打印、虚拟现实呈现的，甚至在元宇宙中呈现的艺术，都属于新媒体艺术范畴。

» 王鹏

在时间轴上看艺术媒介的发展，它有哪些重大变化？

第 12 章 新媒体艺术：仿生梵高能梦见电子向日葵吗

> » **胡斐**

对于媒介的变化，艺术家们一直在探讨。最早的绘画是在墙上作画，后来为了绘制装饰性、应用性的画作，从墙上的蛋彩画发展为帆布上的油彩画。当艺术家发现平面无法完全表达他们对现实世界的观察时，就会催生出全新的媒介，例如大地艺术。日本的大地艺术节起源于美国嬉皮士时代人们对环保的关注。人们在旷野和自然环境中进行艺术探索，与不同的自然环境接触。对于艺术媒介的探讨一直在进行，不同时代对于"新媒体"的定义也有所不同。

12.2
从蒸汽朋克到赛伯格：艺术如何反映技术发展的时代特征

> » **史哲**

新媒体艺术创作包括电脑图形、虚拟艺术、电玩游戏、赛伯格艺术、生物艺术，等等。新媒体艺术涵盖了广泛的领域，包括许多工程技术。随着工程技术的发展，新媒体艺术也在不断进步，呈现出多元化的形式。过了二十年再看电影《阿凡达》，与儿时相比，我发现计算机动画特效的进步非常大。新媒体艺术与计算机技术有着代际发展的规律，不同阶段的呈现形式各有特点。

> » **胡斐**

艺术确实与技术发展息息相关。颜料的更新换代使色彩的表达变得更加丰富，这只是其中的一个方面，建筑穹顶的更新是另一个方面。在工业革命初期，蒸汽朋克成了当时非常重要的艺术元素，与那个时代的技术发展有着很大的关联。

12.3
从山水画到交响乐：
新媒体艺术中的跨感官表达

》王鹏

新媒体艺术的核心是艺术。当艺术家使用新技术进行创作时，他们表达的是思想和感悟。回归到艺术创作背后的表达，请介绍一些您特别喜欢的新媒体艺术作品。

》胡斐

我说几个近些年让我印象比较深刻的艺术家和作品。作曲家梁雷在实验室里收集了很多自然界的声音并做成了作品。他的获奖作品《千山万水》将黄宾虹的《山水图卷》变成了一首交响乐。作品运用了很多新技术，用音乐表达了中国山水画的意境。

另一位艺术家来自南美洲的阿根廷，名叫托马斯·萨拉切诺。他从事的是空间感知艺术，对蜘蛛网进行了三维扫描，然后利用3D打印技术制作出来，将其放大后得到了一个牢固的网状结构，这个装置被放置在大英博物馆以及其他几个博物馆。这位艺术家本身还是无人飞行器的某项纪录保持者，同时在研究基于太阳能的无人飞行器。飞行器是艺术实验的一种工具，用于研究自然界的生物和人类之间的艺术。

视觉和嗅觉也可以作为新的媒介。有一位香氛艺术家制作了一款名为"佛得角的谈话"的香氛。它是基于某个夏日午后，他和朋友坐船经过佛得角时进行的一次非常深刻的交谈而设计的。这段交流对艺术家本人来说非常重要，他希望记录当时的情境。作为一名调香师，他使用不同的香精创作了"佛得角的谈话"香氛。

关于味觉作品，一个获得英国特纳奖的作品由一个烹饪小组制作，分析食物和其背后的食物链，以及对世界文化和政治的影响。艺术家设计了一个名为"布丁"的展览，还原了英国的一款布丁甜品，其中使用了 20 多种食材，这些食材并非原产于英国，而是来自世界各地。"布丁"的展览展示了英国作为日不落帝国在全世界的殖民地所得到的丰厚进贡，也体现了原材料产地的丰富程度。

在纽约和中国两地生活的艺术家宋冬，制作了一个名为"吃城市"的艺术作品。宋东老师每到一个新的城市，会购买一大批威化饼、巧克力、奶油等日常见到的小零食。然后在当地招募志愿者，这些志愿者可能是学生、建筑师或大学老师。他带着志愿者花费一个星期在展览空间中搭建一座城堡。每个地方搭建的城市都是独一无二的，是所有志愿者共同努力的结果。最后一天，也就是开幕当天，大家一起推倒并吃掉这座甜点城市。在巴西制作作品时，因为有很多建筑师参与，所以产生了许多不同的结构。在西安，很多人会将甜点装在保鲜袋中带回家。

12.4
人人都是艺术家：
只要精心表达都可以是艺术

» 王鹏

新媒体艺术是在一定的时间、空间内完成的，持续几周甚至几个月。但是它没办法大面积传播。观众需要亲临现场，去聆听、去观察、去品尝、去感受气息。这个互动过程也是作品的一部分。艺术家希望观众通过物理上的接触，探寻内心的某种情绪，是这样吗？

»胡斐

不一定。也有一些作品是通过互联网或者远程就可以完成的。艺术没有那么高深。德国艺术家博伊斯说过一句名言："人人都是艺术家。"所谓艺术其实是一种个人的艺术化的表达，只要你有想表达的内容，通过一种艺术的手法表达出来，就是一件艺术作品。每个人都可以成为艺术家，完成艺术创作。

我看过一个展览，展览上的作品是一个虚拟程序。这个程序是做什么的呢？他看到很多互联网公司的流量依靠用户，用户产生的流量给大公司提供了源源不断的卖广告的商机。大公司卖了广告以后，反过来还要向产生流量的个人用户收费。它设计的程序像是一个"挖矿机"或者黑客。假设程序安装在用户的 Meta 账号上，用户登录账号后，就会产生一个"挖矿机"，从 Meta 网站反向"挖矿"。当然，这一切都是虚拟的。但是每次应用程序启动时，就像是完成了一次艺术创作。他们设计了一个小型售票机，现场放置了几个 iPad。观众在 iPad 上登录 Meta 账号或发布 Twitter 时，机器便开始吐票，这象征着每次登录行为都能通过流量转化为金钱。

12.5
艺术作品的情感力量：
快乐、愤怒与悲伤的多角度思考

»史哲

新媒体技术改变了媒介的触达性。刚才您讲到的例子说明，过去我们通过嗅觉来感受的，现在可以借助图像来展示；过去我们通过触觉来体验的，现在可以通过嗅觉来体验。通过交叉或错位来感受艺术作品,这些作品本身是否有好坏之分呢?

> **胡斐**

艺术的好坏与个人判断力有着密切关系,也与个人成长背景和喜好有关。有些作品会受到许多人的喜爱,可能是因为它们展现了美好的事物;有些作品表达着消极的情绪,因此不会受到很多人的青睐。如果某件嗅觉作品既能呈现出难闻的气味,也能呈现出大家喜欢的气味,或者与某段回忆有关联的气味,在此基础上每个人都可以表达自己的偏好,这就是一种艺术。关于反向"挖矿",艺术家对使用互联网程序付费感到不满,他们并不是在网上发泄,而是借助艺术形式来表达不满。这个作品还获得了大奖。艺术作品可以帮助人们从不同的角度思考同一个问题,不论是快乐、愤怒还是伤心,都可以通过某种媒介来表达。

> **王鹏**

当我欣赏一件艺术作品时,我努力理解艺术家的创作初衷,我曾以为艺术欣赏像考试一样有标准答案,但现在我发现这是一个误区。能够感受到创作初衷,达到"同频共振"的感觉固然很好,如果感受不到，那么去欣赏其他作品也是可以的。人的大脑依靠不同的神经递质来传递情绪。作曲家在创作时，演奏家在表演时，听众在剧场聆听时，他们的脑细胞都会被激活，感受到激动、幸福、陶醉。您提到的梁雷的作品对我产生了很大的触动。自然的声音很容易被忽视，像雨声、石头被雨打的声音，这些石头、水都经历了从"生"到"死"的过程。他的音乐作品听起来比较柔软，可以听到山被破坏的声音、水带来治愈的声音，感受到保护和破坏之间的循环往复。

》**胡斐**

我们现在录播客也是一种表达形式，一种语言艺术的表达。我现在说话的感觉肯定和平时聊天不一样，会注意措辞，会注意字正腔圆，会留意呼吸节奏，是一种自我观照。当我说了一段话之后，大脑对于以往的知识和当下的观点进行组织，这个过程也是我对成为艺术家的一种尝试。我们录完音之后会进行剪辑，再上传到网上，就完成了一件作品，能被很多人听到。

12.6
艺术与技术的共振：
新媒体如何拓宽艺术欣赏的边界

》**史哲**

我看过《遇见梵高》在北京 798 艺术中心的展览，它看上去是一次耗费大量算力的艺术呈现。梵高的画投射在墙上，生成流动的影像。静态的《星空》呈现出动态效果：星空里、湖面上划过一道道闪电。梵高的成长历程也被制作成动画，让观众看到他的变化。传统欣赏方式是在画廊看一幅小小的自画像，新的技术

第 12 章 新媒体艺术：仿生梵高能梦见电子向日葵吗

手段则更具冲击力，让我更有兴趣了解画家本人以及他的生平。新媒体艺术让人在无须深度了解画作的情况下更好地了解画作背后的内容，给人更加真实的感受。

» 胡斐

技术和算法为视觉呈现做出了重要贡献。观众和创作者之间产生了共振，个人喜好也因此产生。《遇见梵高》用视觉表达来叙事，让观众不用花很长时间就学习了梵高创作的艺术史，在一个小时的观看时间中感受梵高的一生，这是新媒体介质的特殊能力。梵高的创作对巴黎沙龙圈来说，是非常震撼的全新表达方式。他使用的颜色和画向日葵的方式都很新颖。梵高的很多作品表现了普通人的生活，但当时的民众，比如面包店老板或者马车夫却没有机会看到。

» 王鹏

提到梵高，我们会想到他生不逢时、过于疯狂。新媒体艺术当中有没有表达过于"先锋"，因出现得太早而不被时代接受和认可的例子呢？

» 胡斐

之前我们做过一个原创音乐比赛项目，王鹏老师也参与了评审。有一位嘉宾提到了一个很有意思的观点：早期创作用乐器演奏音乐，当电子技术出现以后，会用合成器演奏音乐，这种形式开始是不被传统音乐界接受的。相信很多艺术创作中都有类似的例子。很多技术手段的革新体现在创作门槛降低，表现内容增加，等等。

» 王鹏

在线下聊天时，胡斐老师提到了"明和电机"展览。我看到过这个展览的广告，离这个展览 100 米之外，还有另一个展览是词作家方文山的展览。"明和电机"与音乐和机械有关，属于新媒体风格。方文山与音乐有关，展览属于传统媒体形式。我之前没有接触过新媒体艺术，对它们的了解不多，所以选择了方文山的展览（因为听过周杰伦的歌）。

» 胡斐

有一位作品与"明和电机"非常相似的日本艺术家，叫作和田勇。他的作品更贴近大众，只是还没有在中国展出过。我曾经看过他的演出，他能将许多旧家具和旧电器变成乐器，例如把旧电风扇改造成吉他。电风扇有棱角，通电以后，在不同的棱角上刮动，可以刮出不同的声音，这样就能够产生电吉他的音效。对和田勇而言，日本战后经济高速发展过程中淘汰下来的旧电器具有特殊的意义。他在成长过程中非常熟悉电器，比如会改造电视机的内部，使音效变得不同。将电视机和电风扇组合在一起，就形成了一个旧家电乐队。最近，他开始用超市扫码机来制作音效。不同条形码的粗细、宽度和排列组合可以生成不同的声音效果。这种创作方法非常"先锋"且深受大家的喜爱。在现场表演时，他会找穿条纹衫的观众加入表演，结合电视机鼓的节奏，就形成了现场 DJ 作品，很有趣。

第 12 章 新媒体艺术：仿生梵高能梦见电子向日葵吗

》史哲

这种创作灵感来源于艺术家对生活和技术的理解。可能和从事智慧工厂创新的工程师一样，寻找新的技术解决旧的问题，尝试效果，关心细节。早期的"网络神曲"经常被人诟病，甚至不能被称为艺术作品。人人都可以用简单工具创作一首歌并上传到网上。在短视频时代，网络上也出现很多讨论，说短视频的"神曲"让当今的华语乐坛受到了冲击。从今天聊天的角度来讲，短视频神曲也是一种新媒体艺术的呈现。很多人喜欢并且参与了创作。您怎么看待这样的现象？

》胡斐

从人文领域来讲，把技术呈现方式"拉满"，可以算作艺术表达的一种形式。当我们在做原声音乐征集评选时，中央音乐学院的教授认为技术能够让艺术触达更多人，因此短视频配乐也可以作为作品提交，放在作品征集的池子里。为什么它们会被人诟病呢？这是因为艺术创作领域不能只有这类作品。艺术包含了大众喜闻乐见的形式，如小品、相声、广场舞等，但我们不能完全将推荐权交给算法来决定。艺术需要多元化。

»史哲

技术和艺术结合的例子是给音乐或电影分类，使用户查找和算法推荐都更加方便。

»胡斐

去年（2019年），我们和腾讯联合发布了关于艺术公益的白皮书。在定义艺术与公益相结合的项目时，也需要进行分类。当时我们花了很多时间讨论用何种标准定义这些与艺术相关的公益项目，项目还需要借助算法来进行处理和计算。捐赠款被分配给了不同的公益项目，如果某项文化基金成立之初被定义为捐赠给宗教事业，我们该怎么处理？是有了定义和分类后，就会排斥其他定义和分类，还是更加包容，仍然接受其他小众分类的出现？或者我们可以给无法定性的艺术作品开辟一个新的领域和空间，让其有途径生存下去？这些都属于技术向善的范畴。

12.7
从废弃电视到抖音平台：
新媒体如何打破传统创作界限

»王鹏

我在思考一个问题，技术在新媒体创作过程中扮演了哪些角色？按理工科的思维就是：是采用了新型创作手段、新型传播手段，还是新型互动手段？可从这三个角度思考技术的角色：是前沿型技术、应用型技术，还是改良型技术？

比如使用废弃电视机、电风扇演奏音乐，是一种新型创作方法。技术工作者不太可能产生这种创意，因为创作本身的技术含量不高。关于传播的例子，比如抖音平台追求的可能是传播的广度而非艺术思考的深度。它注重的是引起共鸣的人的数量——《老鼠爱大米》比深奥的哲学话题能引起更多的人共鸣。

关于互动的例子，似乎线上和线下都有很多可以发挥的空间。比如二次元音乐鼻祖初音未来，或者《遇见梵高》依靠投影和深度传感器，通过不同的角度参与艺术的二次创作。人们对自己参与的事情更加有热情和感兴趣，这是否意味着在互动方面，技术和艺术的结合能够带来更多突破传统的新作品？

» **胡斐**

我相信一定会的。

» **王鹏**

前一段时间你们发起的原创音乐项目中，有哪些作品让您印象深刻呢？

» **胡斐**

从整体来看，我们从 100 多个国家和地区征集了很多有意思的原创音乐。我个人印象比较深刻的一个跨地区的作品，来自挪威的平面画家阿斯特鲁普。他的作品本来属于传统介质的画作，但他通过影像和音乐进行了转换。由于疫情的限制，我们只能进行远程连线合作。作品跨越了介质和地域，从平面艺术跨越到音乐和影像，从挪威跨越到北京。这个作品对我触动很大。也有些评委对《人工智能美杜莎》这件科技感更强的作品更有共鸣。它引发了很多关于技术和人类之间如何交互的思考。

> **王鹏**

我对《人工智能美杜莎》的印象尤其深刻。在神话中,人类看一眼美杜莎,就会被石化,因此不能看,也没人敢看。美杜莎有妖性和魔性的隐喻。人工智能正在试图模仿人类,大众就会担心它是否会消灭人类。这件作品展现的是人们在手机、电脑、MP3等设备上听音乐、发语音消息、登录视频、音频、播客网站收看收听节目的情景。人们习惯于被数字声音包围,甚至都忘记了前一秒的工作任务。在数字世界中航行,很容易迷失掉原本的方向。

12.8
艺术的奢侈与科技的力量:冬奥会背后的技术支持

> **史哲**

北京冬奥会的开闭幕式,背后有很多新技术支撑,比如光影追踪、机器视觉,等等。这既保证了导演想追求的艺术效果,又展现了科技含量。未来的大型表演和演出采用智能化技术是不是一个趋势?

> **胡斐**

肯定是。艺术是当下的反映,需要与时代精神和人们的内心情感相结合,以此激发共鸣。人类的情感是相通的,它们穿越了时间和文化,比如《人工智能美杜莎》就直击人心。艺术疗愈重新出现在各大艺术门类里,人们需要回到最初的状态,面对内心,集中注意力。艺术家邱志杰有一幅作品是用水墨绘制地图,也有互动版本。他本人曾任中央美术学院实验艺术学院的院长,做了很多与实验艺术相关的工作。艺术家们在探索和尝试时,一定会关注到这个时代的特点。

第 12 章 新媒体艺术：仿生梵高能梦见电子向日葵吗

> » 王鹏

我们将继续探讨科技冬奥的话题，我的感觉是艺术创作很奢侈。我们能欣赏到像张艺谋、蔡国强这样顶级的导演和艺术家在顶级盛会上的作品，其背后使用了人体追踪算法，在鸟巢这么大的室外场所实现实时追踪，远距离实时追踪场上几十、上百名小朋友的舞蹈表演，同时控制雪花跟随着演员翩翩飞舞的效果——但现场看开幕式的观众却未必能感受到这种"黑科技"。实时三维跟踪技术有多么高端和难度，普通观众也不一定能注意到。艺术和技术的结合，是件花钱的事情，需要对消费者有足够强的吸引力。

12.9
新媒体艺术的三大支柱：技术、表达与市场消费

> » 胡斐

像奥运会这样全世界瞩目的盛会，一定要以举国之力争取最好、最尖端的效果。既要让群众能够理解并欣赏其美感，又要获得专业人士对领先技术的认可。完成它需要花大量的钱、人力和时间。我仍然觉得每个人都会有表达艺术的意愿，并可以借助一定的技术手段来实现。例如，当手机摄影作品已经足够专业和漂亮时，对摄影作品的定义就会从单反相机作品扩展到手机作品。技术进步了，手机端的视频剪辑工具又成为一种新的表达手段，更容易触达消费者。艺术存在于每个人的脑海中，而技术则是一种工具。

> » 王鹏

如果说技术是新媒体艺术创作的第一根支柱，那么艺术表达

就是第二根,市场消费是第三根。中国制造在降低成本和提高性价比方面具有优势,中国的传统艺术表达追求的是意识层和抽象层,而西方艺术表达追求的是光影、透视和写实,中国在新媒体创作和普及方面拥有独一无二的机会。

» **胡斐**

刚才提到的手机拍照、滤镜、装饰技术等,市场的需求量巨大。未来,人脸识别或许也能产生某种巨大的市场需求。

» **王鹏**

期待未来能培养出更多跨学科的专业人才,例如艺术营销和艺术运营专家,这样才能更有效地推动艺术项目的发展。

» **胡斐**

还有艺术疗愈,现在可以为癌症患者降低疼痛。抗癌过程中产生的不良反应,可以通过音乐来缓解,这是一个很有意义的方向。

对话嘉宾

胡斐,北京零废弃循环利用产业促进会理事,北京市文娱法学会顾问,北京当代艺术基金会原秘书长,1%工作室创始人,艺术媒介"拾花盆小组"创始人。胡斐女士在国际文化合作、艺术策划、媒体创作、品牌合作、非营利组织管理等方面拥有专业的背景和丰富的经验,尤其对于艺术、娱乐、社会创新与跨界合作有着独到的思考和优势。曾经在《新周刊》、北京嫣然天使基金、元空间、北京当代艺术基金会等中国一流的文创机构工作,策划组织过世界电影大师文德斯中国行(2019)、奥地利Electronica多媒体艺术节的NOVA多媒体全球大奖展览、卡塞尔文献大展等跨界合作项目。

第13章
AI 助手

我们能信任机器吗

智能之边界：人类与机器的信任博弈

未来，一家科技公司推出了一款新型 AI 助手——艾达。艾达的设计初衷是协助人们做出决策，以此提升生活质量。然而，随着艾达在日常生活中扮演的角色越来越重要，人们开始质疑机器是否值得信任。

故事的主人公是一位年轻的科技记者——莉亚。她决定深入调查艾达的情况。在一系列跌宕起伏的探索中，莉亚发现艾达在某些决策中展示了令人难以置信的洞察力，甚至拯救了一个即将倒闭的小公司。但也有一些情况下，艾达的建议导致了意想不到的负面后果。

莉亚的调查揭示了一个深层次的问题：信任机器意味着放弃一部分人类的自主权。故事随着莉亚在一次公开讲座上的发言而达到高潮。她提出，虽然 AI 可以作为强大的辅助工具，但最终决策权应保留给人类，因为机器无法完全理解人类情感和道德的复杂性。

故事以莉亚和听众们深入讨论 AI 的未来及其在人类社会中的角色结束，并留给读者一个悬念：在 AI 的帮助下，我们的未来将会如何展开？

13.1
从搜索引擎到智能助手：
小冰如何改变人机交互的未来

》王鹏

在人工智能、搜索引擎、聊天机器人等领域的行业报道中经常看到小冰的名字。请问一开始你们是如何定位产品功能的？现在发生了哪些变化呢？

》李笛

小冰项目从一开始就在微软公司内部定义和设计，到现在已经是第八年。小冰的基础框架结构一直没变，这套框架要解决的是人和人工智能之间的交互问题。通过开发一套基础系统，每年不停地迭代和完善。在 2012 年，出现了苹果 Siri、谷歌 Assistant、亚马逊 Alexa、微软小娜（Cortana）时，业内人士普遍认为人工智能最终会无处不在，但是究竟以什么样的形式存在，还不确定。这个形态可能是一个助理（assistant），因此大家都开始研究人工智能助理的底层技术结构。微软公司做了两个软件：小娜和小冰。小冰是八年前微软探索未来助理的"B 计划"，经过了若干年的发展，"B 计划"似乎更接近真实答案。如今的人工智能的发展，特别像当年孟德尔发现遗传学规律的时代——整个世界还在蛮荒阶段，但也有了通向未来之路。

第 13 章 AI 助手：我们能信任机器吗

》王鹏

回到八年前，那时智能手机还在早期发展阶段。不同的智能手机厂商为了方便用户播放音乐、查找通讯录、拨打电话、记录会议日程等，提出了智能助手的概念。微软开发了小娜和小冰，这是两个比较亲切的称呼吧！我认为小娜和微软操作系统、办公软件有关，目的是提高生产力和生产效率。小冰的定位和小娜不一样，它旨在陪伴普通用户，是一种没有特定任务的聊天机器人。

》李笛

这个问题特别有意思，现在整个行业普遍接受类似的观点。就像你刚才提到的，人工智能与人之间的交互可以分成闲聊、完成任务、提供知识三种类型，但实际上不存在这种明显的分别。例如，我们录节目之前在闲聊，聊的内容可能会引发今天节目的主题，我们进而讨论具体的知识。闲聊看似漫无目的，但也许 30 分钟后就能谈成一笔生意，或是互相启发出一个新主意。对话不是你有一个问题，而是我有一个答案。人与人的对话很有"弹性"，不能简单地分类。语言交互通常有两个出发点：一个是对话驱动系统（dialog system），通过对话提供知识。比如在搜索引擎的输入框中填写问题查询想要的答案，答案越准确越好吗？搜索引擎的答案会影响用户的搜索行为。看到搜索引擎推荐的答案以后，用户可能会产生其他问题，并在输入框中搜索其他问题的答案。几次搜索获得答案的跨度非常大，简单的对话问答系统需要处理复杂的情形。另一个是任务驱动，例如打车、订餐、开关音箱等。在苹果公司推出 Siri 语音助手之前，iOS 操作系统也一直有类似的语音命令插件。Siri 的特别之处在于它的性格、人格，和拟人化能力。因此，我们不能割裂地看人机交互问题。

13.2

超越任务执行：
人工智能交互框架中的情感与关系建立

》史哲

从生活场景来看，手机、汽车、音箱，甚至冰箱、电饭煲都能基于自然对话完成交互，这是最理想的状态。虚拟助手的概念已经深入人心。那么，一套完整的人工智能交互框架到底是什么？背后由哪些技术构成？

》李笛

交互框架是一个复杂的系统，线上运行的算法模型约 2000 个，涉及自然语言处理、计算机语音、计算机视觉、人工智能、内容生成等领域。例如，国内大概有几十万辆智能汽车。当用户与车载系统进行交流时，实际上是在与底层人工智能助手框架进行交流。

最开始我们做人工智能助理系统时，我去采访人类助理。假设今天中午开会超时了，我请助理点汉堡包。助理需要做些什么呢？需要知道午餐点什么，然后下单。假设第二天同一时间我开会又超时，助理最好能预测是否还需要汉堡包，不用我再说，对吧？

第 13 章 AI 助手：我们能信任机器吗

被采访的人类助理笑着说："我大概率会说这是垃圾食品，不点汉堡包，换成健康午餐。"我想当然地定义若干重要的、基本的任务放在底层，去提高交互系统的智商。人类助理说，思路完全错了，应该提高交互系统的情商。助理说汉堡包是垃圾食品是为了拒绝订餐吗？其实是为了调节关系，强调独立思考的能力。订汉堡包这件事给了他机会。调整彼此的关系后有更多益处：第一，以后更被信任；第二，助理的职业生涯有更多可能性。真正重要的不是当下的具体任务完成得如何，而是两个交互主体之间的关系如何，建立什么样的长期关系才是关键。

13.3
技术框架的弹性设计：为不同行业定制人工智能助手

» 王鹏

在设计产品时需要考虑如何实现超越普通助手的功能。对于底层技术框架，在车载金融、医疗和教育等不同领域开发语音服务时，需要考虑哪些功能是共有的，哪些需要新增。

» 李笛

技术框架本身需要具有弹性。来自不同领域的知识及其相关的数据结构可以被整合到一个通用的框架上。这个框架就像搜索引擎，提供最基础的支撑，但是其本身并不创造知识。知识是建立在搜索引擎的基本结构上的。搜索引擎本身虽然不具有知识，但它具有知识的结构化方式。金融知识的生成远比娱乐、八卦、体育新闻的生成更难，因为要确保信息的准确性，否则可能会误导投资者。

13.4
数字化转型中的虚拟助手：
提升企业效率，与客户互动

》史哲

专家知识如何与虚拟助手相融合？在不同行业，需要大量的人工和具备专业经验的人参与。未来的虚拟助手是否会承担更多的信息收集和整理等文书类任务，更多地从事精准和重复的工作？

》李笛

我们需要从更广阔的视角来看这个问题。上一个时代的企业正在经历数字化转型，它带来的是处理并发任务的能力的提升。例如，如果企业的数据都在云上，企业内部和外部业务逻辑都已数字化，那么企业与客户之间就建立了数字化的沟通渠道，如企业微信、微信公众号、抖音等，1000 万名客户都跟企业市场人员在同一个群里，在同一个数字化空间里。这会带来哪些巨变呢？机器擅长处理标准化的任务，例如日本 LAWSON 上线了虚拟店员——AVACOM，服务了相当于日本总人口 17% 的客户群体。如果 LAWSON 零售店没有进行数字化转型，AVACOM 就无法接触到这么多的客户群体。通过虚拟助手，可以把优惠券直接发送给客户，让他们到实体店兑现、消费、购买商品，促成转化。传统人工发放优惠券的转化成功率大概是 70%，但这需要投入大量的人力，并且无法覆盖 17% 的总人口。单纯在线上派发优惠券的转化率不到 10%，但如果使用虚拟人与客户聊天后再发放优惠券，转化率就可以达到 57%。

》王鹏

转化率能从 10% 提升到 57%，AI Being（微软的人工智能概念，相对于 human being）的经验和情商快赶上真人了。接下来还有哪些想象空间呢？

》李笛

目前的 AI 虚拟人在情商方面还不太成熟。虽然 AVACOM 促成了优惠券的转化率达到 57%，接近真人的 70%，但在其他场景，如撰写金融市场的投资建议摘要中，它距离专家水平还很远。随着 AI 越来越接近人类的情商，它能带来的高水平的服务效率就越高。情商不容易被标准化，也不容易设定优化目标。相比之下智商更容易标准化，例如 AlphaGo 下围棋，输赢规则很清晰。

》史哲

在新零售场景中，线上线下结合非常适合推广 AI Being。那么，还有哪些行业会受到重大影响呢？自 AlphaGo 出现以来，各行各业都在探讨 AI 的思维方式与人类有什么不同。AI 围棋手可以击败人类最好的围棋手，因为其背后运用了更优的策略。对于商业机构来说，每个销售人员都有不同的销售策略，所有人的策略聚合在一起形成了群体策略。当 AI Being 在后台运行时，它的水平与某个高级销售人员相比有水平高低之分，但相对于庞大的销售网络而言，可以有不同的训练数据、优化路径和优化目标。

13.5
从手动到自动：人工智能在决策中的信任度建设

》李笛

从训练的角度看，AI Being 确实如你所说，希望拥有将学习到的能力永久保留的技术。例如：同一个班级里所有同学都学习

新智微光：科技创新驱动新质生产力

物理,就算有一个学生的物理学得很好,也并不能说明其他人物理也学得很好。但 AI Being 不一样,因为它们是基于统一的底层框架设计的。如果其中一个 AI Being 学完、学会了物理知识,其他 AI Being 就都具备了同样的物理常识。你刚才提到的决策系统,是否能够利用 AI 来辅助人类做出更好的决策?是否 AI 可以做出比人更好的决策判断?这件事情跟伦理有关,比起技术问题更像是授权问题。能否授权给 AI 系统做出决策?在某些领域,AI 的决策做得很好,但人们不敢完全授权。例如,量化投资模型的准确度比人更高,但敢不敢完全交给系统和算法处理?如果投资失败,AI 系统的创造者或公司是否需要承担责任?

>> **史哲**

很多人在讨论能否信任 AI 的话题。汽车从手动挡升级到自动挡,代表了控制逻辑的巨大变化。司机踩加速踏板时,可以感受到加速度的变化。在推动自动挡变革的早期,人们也进行了许多实验和数据分析,明确了自动控制和手动控制的边界。类似地,未来人们对 AI 参与决策的看法也会往这个方向发展,一旦操作逻辑被定义清楚,信任度也会更明确。

>> **李笛**

各行业都在尝试人与 AI 之间的协同关系,在探索怎样把人力释放出来同时又不会完全被 AI 取代。一旦 AI 进入实体行业,就能发现它真正的价值。

>> **王鹏**

看来,虚拟助手不仅能通过语音对话与人类交互,还能处理图像输入、设计方案、图形化数据,并生成多样化的内容。这些打破了我以前的认知。当讨论决策权的划分时,我认为 AI 的发展就像人从出生到成年的过程，不断地学习和成长。在"爬行"阶段，AI 吸收了许多知识，包括不同语言和专业的知识。现在的对话引擎可能已经超过了人类平均水平。在"行走"阶段，AI 模仿人，做不喜欢做的重复而枯燥的工作。在"奔跑"阶段，AI 接近人类水平，尽管还不及人类专家，但能够从事创造性工作，拥有一定的联想、幻想能力。

13.6
AI 虚拟人的个性化：如何塑造身体、灵魂与智能

》李笛

AI 从事创造性工作其实并不困难。有趣的是，AI 创作的诗歌和绘画在匿名投稿中的发表率非常高，但当人们知道作品是由 AI 创作的时，原本被认为优秀的作品却受到负面评价，这反映了人们对 AI 创作主体的偏见。AI 在从事所谓冷启动任务时存在困难，需要大量的情景和知识训练才能顺畅地完成交互任务。这些冷启动任务随着交互过程的推进，难度呈指数级增加。每次进行新的互动都需要考虑之前几轮互动的结果，这使决策和选择变得更加复杂。冷启动交互需要的数据量巨大。每个用户的行为模式都不同，因此需要用户在交互过程中的真实反馈来调教 AI 的情商。

》史哲

可以想象 AI 助手从模仿到跟随再到创造的过程中，技术挑战层出不穷。早期的聊天助手普遍使用播音腔，后来又逐渐改变为日常聊天语气。在做企业服务时，软件的上一代和下一代版本间，如何在迭代中平衡新技术的发展和新功能的需求？

> **李笛**

AI 领域正在逐渐形成一种趋势：既不过分迷信某一类算法，也不为特定的算法搭建专用系统。在设计框架时，尽可能考虑未来吸纳新算法的可能性。目前，我们的框架中包含了约 2000 个算法模型。

> **史哲**

这跟我的想法有些不同。我原本以为专门且小巧的系统更容易进行调整和升级，因为庞大且复杂的系统不容易适配。

> **李笛**

在新技术从无到有的发展过程中，需要解决规模化问题，基于其形成的底层框架必须是完整的。当新技术足够通用后，会进一步针对特定领域提高精准度和效率。当前的 AI 技术正处在第一和第二阶段之间的过渡期，未来必将大有可为。

> **王鹏**

现在出现了很多 AI 虚拟人。例如中央美术学院设计的画家"夏语冰"、清华大学设计的学霸"华智冰"、万科设计的地产员工"崔筱盼"、虚拟气象主播"冯小殊"、冬奥会 AI 裁判和教练等。在不同风格和不同应用场景的数字人涌现的同时，如何设定它们不同的身体、灵魂、智商、情商？数字人和人工训练员之间的依赖关系会如何演变？我们如何在提升数字人能力的同时促进人类进步？

> **李笛**

数字人主要是指基于计算机图形学，由动作捕捉技术驱动的虚拟人体形象。例如有这样一个计划：在 2025 年大阪世博会期间，60 万户家庭的老人都有数字人陪伴。这种陪伴是什么样的呢？长得像孙子孙女吗？说话的声音像孙子孙女吗？有孙子孙女的性格吗？行为模式也要像吗？人们对于"好看的皮囊"和"有趣的灵魂"有千奇百怪的要求，最理想的是能够兼具好看的外形和有趣的内心。

13.7
数字人的反馈机制：
人工智能如何优化运动员的日常训练

》史哲

冬奥会自由式滑雪背后的 AI 裁判和教练系统，看起来更像是对运动员的表现进行评估和打分，帮助奥运冠军提高技巧和难度系数。其中有什么有趣的故事吗？

》李笛

冬奥会利用了很多科技项目，例如自由式滑雪比赛中使用的 AI 裁判和训练系统。这些系统不仅仅对标准动作进行打分，还要对打分结果进行解释，指出哪些动作得分较高、哪些动作得分较低。这对系统的智能化水平是一个巨大的考验。在运动员的日常训练中，系统会实时反馈训练结果。如果系统不够智能，运动员可能会产生疑虑；如果系统不够准确，就会影响肌肉记忆的正确形成。

》史哲

在过去的三五年中，工业数字化有一个很重要的概念——数字孪生（Digital Twin），即为工业设备搭建一套虚拟模型，通过设置不同的参数，在模型中增加事件变量，预测设备的维护和运营情况并优化系统设计。在工业控制领域，反馈系统非常重要。那么对于数字人的反馈系统，应该如何设计呢？

》李笛

面向虚拟数字人的仿真需要多轮交互才有意义。人类的交流往往是多回合的,统计数据显示,平均每次交流需要 11 个回合。这意味着面向数字人的反馈系统需要能够支持人类平均交流回合的数量,才能真正有所帮助。

》王鹏

我想了解一下 AI Being 的学习曲线是指数型的,还是其他类型的。

》李笛

人类的学习曲线呈现上下震荡的趋势,一个人在有限的生命周期内能学到的知识是有限的。而 AI 的学习曲线更像是阶梯形状,随着算法、模型和系统的迭代,能力会直线提高到新的水平。在这个水平上进行持续的修正和完善会到达瓶颈,然后随着新算法、技术框架的突破,它又会突然跃升到更高的台阶。如果反馈机制不够好,有可能退回到前一个台阶。AI 的学习曲线与人类有很大区别。

13.8
技术的双刃剑:
人工智能在商业应用中的伦理困境

》史哲

虚拟数字人从面向消费者(To C)发展到面向企业服务(To B),AI Being 从幕后走到台前,其影响力越来越大。这会带来哪些挑战呢?例如伦理问题或信任问题?

> **李笛**

AI 技术需要非常重视伦理问题。AI 不知疲倦，能够同时与很多人互动。我们拒绝使用 AI 合成的语音技术为普通人建立声音模型。这种技术一个好的应用场景是模仿家长的声音给孩子讲故事，而一个坏的应用场景是模仿家长的声音给孩子打诈骗电话。这类伦理问题带来的危害是难以想象的，因为 AI 可以同时给很多人打电话。

> **史哲**

我们是否要不断追求 AI 在能力上更接近甚至超越人类，同时又要非常克制、理性地控制其商业化进程？

> **李笛**

技术发展和商业化应该是协同进行的。我们了解每项新技术的过去、现在和未来，清楚地认识到其局限性。在商业上需要非常谨慎，尤其是在处理算法和代码模型开源的问题上。我们拒绝开源主要有两个原因：第一，我们不知道算法会被用在什么场景以及被谁使用。第二，对于使用算法模型的人来说，如果不了解算法模型的初始训练数据来源，也会存在风险。例如人脸生成的初始数据可能来自欧美人，而黑人的数据集可能不多。如果不掌握算法和数据的源头，在使用时就会遇到问题。在全球范围内，很多黑客攻击是由没有计算机背景的人使用傻瓜式攻击工具进行的，这有点违反常识。

> **史哲**

换脸 App 开始只是对图片进行操作，后来发展到对视频。社交网络上出现了很多经过换脸处理的视频。语音可以合成，人脸也可以。这对社交媒体传播的内容，以及公众人物的影响是巨大的。

> **»李笛**
>
> 你提到的技术很有意思，但有时它会被污名化。《自然》杂志曾刊登了一篇 MIT 发表的论文，指出由于被滥用，这项技术的真正价值被一些人低估了。AI 领域的论文和演示很容易引发人们对于"黑科技"的想象，同时资本也在催生科技泡沫，这确实需要纠偏。

13.9
情感与关系的数字化：虚拟数字人能否成为亲密伙伴

> **»王鹏**
>
> 在过去 10 年里，有哪些颠覆性技术推动了虚拟人的发展？

> **»李笛**
>
> AI 是计算机科学与技术专业的永恒追求。最初出现个人电脑（Personal Computer）时，人们通过命令行与操作系统交互。随着搜索引擎的出现，人们开始使用关键词与互联网进行交互。人类一直在追求与有感情的机器人进行交流。如果要说有哪些颠覆性技术推进了虚拟人的发展，我认为最重要的是从 2006 年开始的移动互联网和社交网络的发展。这些基础设施产生了大量的数据，推动了虚拟人和 AI 技术的发展。
>
> 在我上大学时，数字化意味着学校门口的打字打印服务部将书本上的文字和图表转成电子版。今天的情况截然不同，很多电子信息化内容直接在数字世界中生成，而不是出现在物理实体上，比如点赞、发朋友圈、发微信文字和语音。数字化不损耗 AI 的原

始数据,是不需要人工转化的,可以直接让算法去学习和构建模型。

»王鹏

我注意到李老师在很多场合将虚拟数字人描述为具有亲密关系的伙伴,您认为亲密关系可以数字化吗?

»李笛

关系是一种心理投射。我以前认为高情商意味着情绪化,是有情感的。但我后来意识到情绪化其实是情商低的表现。情商高的人不动声色地管理关系,让其他人感到如沐春风。情商低的人容易情绪化,无法有效管理关系。人们通常认为情感和关系可以在数学上进行模拟。在物理世界中,人和人之间的交流依靠多种感官。在多种感官上同时拟合虚拟人很困难,因为在交流过程中很容易发现错误和瑕疵。但如果只在单一感官通道上拟合虚拟人,就更容易避免交流中产生的错误和瑕疵。单独在语音通道或视觉通道上拟合情感,相对来说容易一些。关系是长期保持的情感寄托。长期拟合的难度极大,这也是 AI 面临的一个巨大挑战。

> **史哲**

未来 AI Being 的数量可能会超过人类。想象一下,未来两家公司的业务合作可能通过各自的 AI Being 代理来完成,或者其中一方是真人,另一方是 AI Being。在塑造 AI Being 的性格时,您会思考这类问题吗?

> **李笛**

从技术上讲,目前还没有找到一条合适的路径来检验 AI Being 本身是否存在意识。从某种程度上来说,从一方角度出发,交互对象是真人还是 AI Being 也许不是最重要的。重要是他们彼此的交往是不是对当事人有价值——这反映了人的自私属性。如果你和我的"孪生数字人"交流比跟我本人交流更舒适,获得了更多的知识或情感价值,你会如何选择?

13.10
技术普及的副作用:
上一代技术如何影响下一代创新

> **王鹏**

我有一个疑问:日本的移动互联网渗透率相对较低,例如移动支付的普及率在日本乡下并不高,当地餐馆还在使用现金、信用卡、电汇等,那么虚拟机器人所依赖的硬件设备是什么?如果日本智能手机的普及率比中国低,他们在发展 AI Being 方面是否会受到很大的限制?

> **李笛**

这件事情特别值得大家讨论。在科技迭代过程中,存在一个十分明显的社会现象:上一代技术发展得越好,越会抑制下一

第13章 AI助手：我们能信任机器吗

代技术的进化。例如，在中国大陆，DVD产品的普及速度非常快。当我们普及到第九代DVD时，美国和日本还在用录像带。Netflix（奈飞）的早期业务是出租和邮寄录像带。究其原因，是因为上一代技术的普及使整个产业链和产业结构的发展变得极其便利，这种惯性会影响下一阶段技术的迭代和更新。中国的移动互联网发展得太好了，也许在移动互联网的下一个阶段，我们会比其他国家和地区更难以实现迭代和更新。

对话嘉宾

李笛，小冰公司首席执行官。曾任微软（亚洲）互联网工程院常务副院长、微软小冰全球总经理，以及微软Bing搜索引擎亚洲区总经理。他于2013年加入微软，同年创立微软人工智能情感计算框架，并于2014年推出微软小冰。

第 14 章
自动化控制系统

城市的大脑、神经是怎样长成的

自动化的乌托邦：机器人构建的城市

一位对未来充满好奇的少年——杰克，住在自动化乌托邦——机器人构建的城市"RPA之城"里。这个城市里的一切都是由先进的机器人和人工智能系统维持的，从建筑到街道，再到日常的服务，无所不包。杰克一直梦想着能够揭开这座城市运作的秘密。

一天，他偶然发现了一个被隐藏的系统后门，由此引发了一连串意想不到的事件。通过这个后门，杰克进入了一片未知的系统区域，发现了一个即将执行的秘密计划——RPA核心。这个计划企图利用机器人进一步提升城市的自动化水平，但同时存在让整个城市陷入混乱的巨大风险。

杰克意识到，他必须采取行动来阻止这一切。他连同一群对未来抱有相同梦想的伙伴，开始了一场旨在保护城市和人类的冒险。在这个过程中，他们不仅揭开了城市运作的更多秘密，也发现了自动化背后的真正意义——技术的发展应服务于人类的福祉。

经过一系列的智慧与勇气的考验，杰克和他的伙伴们最终成功地揭露了RPA核心计划的潜在危险，并引导城市朝着更加人本、安全的方向发展。自动化乌托邦并非遥不可及，但它需要的是机器人与人类的共同努力和智慧。

第 14 章 自动化控制系统：城市的大脑、神经是怎样长成的

14.1
从挑水到自来水：
自动化控制技术如何改变日常生活

》史哲

工业自动化产品已经渗透到我们生活的方方面面，我们经常听到这是国家核心战略，要实现自主可控。请温老师先给我们介绍一下什么是工业自动化的控制系统，它是如何改变我们的生活的。

》温宜明

谈到自动化控制系统，我们可以首先探讨一下自动化控制技术的发展。这是一个综合性学科，其理论基础涉及系统论、控制论、信息论，技术涉及电子学、系统工程、机械、液压、气动等学科，最关键的是计算机技术。这些技术的综合发展推动了自动化控制技术的进步。

刚才提到的一些专业名词，实际上直接或间接地影响了我们的生活。例如，我小时候家里没有自来水，需要挑水，而现在家里都有自来水了。这些都与自动化控制技术密切相关。有了城市的管网，不管是水还是气，都能够进入家庭。控制每个管道的通断、监控管道的压力和流量泄漏，都离不开自动化控制技术。我们家中的洗衣机、冰箱、电视、微波炉等家电也都应用了自动化控制技术。此外，一些自动化控制技术虽然与日常生活关系不太直接，但对整个社会的影响却非常深远，如工厂、矿山、农业、军工及交通等。大家可以深切地感受到从绿皮火车到高铁的巨大变化。

14.2
从压水机到智能控制：
自动化如何让工业跳起智慧之舞

》王鹏

温老师提到了自来水问题。我小时候回东北的姥姥家，那时取水非常不方便，要用水井和压水机。在北京奶奶家，小时候靠蜂窝煤取暖做饭，冬天如果操作不好还会煤气中毒。我们这一代很幸运，亲身经历了生活的巨变。我想请教一下关于工业自动控制系统的历史：自动化工业之前是半自动化工业，而在半自动化之前，工业主要依靠人力吗？

》温宜明

工业自动化的发展与工业革命密切相关。第一次工业革命后，人类进入了蒸汽时代，简单的自动化控制开始出现，主要涉及控制设备的启停，那时候的需求还不是很复杂。到了19世纪七八十年代，进入了电气时代，自动化控制技术迈出了重要的一步。除了对设备的直接控制，随着生产规模的扩大、设备体积的增加，很多控制成了就地控制，无须在设备附近进行启停控制。为了方便管理，人们通过控制线将多台设备集中管理，通过指示灯显示设备的开关状态，形成了最初的集中控制模式。在电气时代初期，一些著名的发明家已经开始创业，如西门子发明了直流电动机、贝尔发明了电话、本茨发明了内燃机驱动的汽车等。因此，进入电气时代后，自动化控制技术开始逐渐发展。

20世纪四五十年代，信息时代到来，原子能技术、计算机技术和航空航天技术的迅猛发展，使自动化技术加速发展。整个生产和控制规模逐渐扩大，这时集中控制技术得到极大的发展。这

第 14 章 自动化控制系统：城市的大脑、神经是怎样长成的

与战争也有密切关系，第一次和第二次世界大战对武器控制技术提出了更高的要求，比如对雷达、火炮的随动和反馈系统控制都有了更高的要求。

进入 20 世纪 60 年代，工业生产规模的复杂性增加，航空航天技术取得了重要进展，社会经济规模不断扩大。这也推动了控制论的研究，推动了控制技术水平的进一步提高。其中标志性的事件包括电子计算机的广泛应用和现代控制论的诞生。以上是自动化控制技术的大致发展过程。

» 史哲

我记得上大学时学习自动控制原理，其中一堂实践课是编写电梯控制程序，在规定的时间内完成电梯的上行和下行调度。当允许用户取消"到某一层"的指令时，调度难度明显增加，很多同学的程序都出现了错误。如今的一些任务调度，如供水、矿区、工厂等相关的调度，主要采用集中式控制还是分布式控制？

» 温宜明

集中式控制的优势在于能够确保控制效率，同时方便监控。

然而，随着集中度的增加，尤其是生产规模的扩大，集中式控制的弊端也逐渐显现，比如某个节点发生故障就可能影响整个系统的控制。当生产规模足够大时，每次生产故障都会造成巨大的经济损失。在这种情况下，人们针对不同的生产环节将控制系统分散到多个功能区附近，既能保证控制效果，又能规避故障的影响。监控由集中式控制逐渐演变到现在的分散式控制。

»史哲

我曾经参观过宝钢的中控室，它非常大，有很多工位和屏幕，负责监控不同钢厂的运行。为了管理大规模生产并实现更精细的控制，他们希望系统能够为每个工段提供独立的反馈操作通道，这是分布式管理的理念。

»王鹏

谈到自动化这个概念，它在这个话题中占据着核心地位。自动化专业的出现要早于计算机专业，事实上，计算机专业是从自动化专业中分离出来的。自动化过程极大地提升了原材料加工的效率，使人们能够同时掌握多条复杂的生产流程，并实时监测以发现潜在的事故风险。例如，智慧矿山已经应用了机器人巡检和自动装载等无人化项目，技术应用的发展速度非常迅猛。

14.3
自动化使用的场景：效率、安全与稳定

»温宜明

自动化系统有几个非常重要的属性：首先是效率，其次是安全，最后是稳定。通过自动化，能够比人更快地完成任务。在许多生产场合，例如在高温、有毒、腐蚀、放射性的环境中，使用机器

第 14 章 自动化控制系统：城市的大脑、神经是怎样长成的

人或自动化手段更为安全。在许多涉及化学变化的生产环节，需要控制温度和压力，通过人工几乎是不可能的，而自动化可以提供稳定的输出。

»史哲

控制论（Cybernetics）的希腊文原文指的是"掌舵手"，它关注的是如何控制系统，使其按照意愿更好地运转。自动化技术一直在革新，但同时又保持着核心传统。其中最基础的方法是 PID 方法，即控制、调整、反馈的回路。例如，自动驾驶就是一个很典型的 PID 循环，不断地探测路况、在车上进行计算、再次反馈。每个个体都具有计算和控制功能，这些个体组成更大的集合来完成管控任务。

有些行业对自动化技术有着很强的需求，并且跨越了几次工业革命。最典型的例子是汽车行业。有人说最早的流水线是汽车生产线，但实际上是宝洁公司的用于生产猪油的屠宰生产线，这是肥皂生产线的前身。随后，福特公司才引入了自动化生产线。汽车生产线一直是工业革命的排头兵，在第四次工业革命中也不例外。以特斯拉公司的无人工厂为例，温老师可以谈一谈生产线的代际发展如何改变了现代社会的生产形式。

14.4
智能工业的新高度：
特斯拉的整体压铸与生产创新

»温宜明

特斯拉的无人工厂确实令人印象深刻，它处于自动化系统的

顶峰。如何实现每年 50 万辆的产能呢？这样高的生产效率与早期设计、内部管控以及新技术的应用密切相关。传统的厂房通常会将冲压、喷涂、焊接和总装这四大工序分别安排在不同地理位置。而特斯拉的厂房却有所不同。除了工序流转的升级，他们还提高了土地的利用效率，这是一项重要的创新。此外，在先进工艺方面，特斯拉首次采用整体压铸技术制造整车骨架。这使汽车的骨架更牢固、重量更轻、工艺更简单、效率更高、成本更低。

这种智能工业自动化覆盖了整个工厂，下沉到各角落，建立了高可靠性网络。在自动感知、自动组装、虚拟调试等过程中，不断进行自主学习，提高效率。特斯拉公司还开发了一套系统，对每辆车进行全生命周期的追溯。工厂内的所有电动工具都联网，其力矩、转速等数据都上传到后台数据库，进行历史数据保存和追溯。工厂内机器人使用密度极高，整个冲压和焊接环节完全由机器人自主完成。工厂的这种设计本质上是为了提高自身的竞争力，同时为整个行业树立了标杆。

第 14 章 自动化控制系统：城市的大脑、神经是怎样长成的

> **史哲**

马斯克在某次财报中提到，特斯拉的制胜能力在于 Design For Manufacturing（可制造性设计）的理念，这一理念降低了制造成本，简化了供求关系，从而实现了特斯拉的可持续发展。当得州超级工厂开业时，整车和电池的生产都在同一间厂房中。值得注意的是，一体压铸机的供应商是深圳的一个厂家。

14.5
人机协作的困境：自动化进步背后的劳动力挑战

> **王鹏**

对于无人工厂的管理者来说，这是一件好事。然而，对于与机械臂协作的生产线工人来说，这可能是一项艰巨的任务。有人抱怨每 40 秒生产一辆车，参与人机协作的工人需要在十几个小时中不停地弯腰、扭脖子、低头、抬头，穿梭于机器臂之间，完成必要的加工组装任务。自动化控制逐渐取代了人的体力劳动，人的劳动方式也随之改变。温老师，您如何看待这个问题？

> **温宜明**

自动化技术正在逐渐发展，涵盖的领域也在逐渐扩大。虽然自动化不是万能的，但它适用于完成一些重复性任务。对于完成"智能型"任务，目前它还存在很大的困难，但这是未来发展的趋势。目前有许多"智能型"场合和应用，自动化技术尚无法涉足其中。

14.6
维纳的控制论遗产：
在自动化中追求人类智慧的精确与稳定

» 史哲

未来发展的趋势之一是更好地实现人机协作。过去的设计场景是机器为人类服务，而现在的情况正好相反。机器持续运行并执行其主要任务，而人类的工作则集中在后台维护上，负责调整操作细节。生产管理系统（Manufacture Execution System）在未来的工厂、矿山等大型场合将扮演重要角色，类似于指挥中心由大脑控制。升级"大脑"可以通过更换控制器或更新软件程序来实现。许多陈旧的控制系统没有联网，升级变得复杂，甚至有误刷版本的风险。随着技术的发展，控制系统与电脑越来越相似，不同之处在于稳定性、安全性方面。电脑可以接受死机和系统重启，而控制系统则不能容忍这样的故障。对于未来的工业自动化控制系统，它与我们日常使用的电脑和手机的区别与联系是什么呢？您对此有何看法？

第 14 章 自动化控制系统：城市的大脑、神经是怎样长成的

» 温宜明

在平时的生活中，许多人都在问这个问题：你是搞自动化的，你搞的东西和我们平时用的电脑手机有什么不同？从本质上来说，二者存在很大的区别。

第一个区别是可靠性。控制系统的目标是确保工厂高效、安全、平稳地运转，而电脑和手机是为了满足大众的办公、消遣和沟通需求。工厂的控制系统一年 365 天、一天 24 小时不间断地运转，一旦出现故障，就可能导致工厂停产。有些工厂停产后能够很快复产，而有些则需要几天甚至几周才能恢复生产，每天的损失可能高达上千万甚至上亿元。因此，对于控制系统的可靠性要求非常高。

第二个区别是实时性和确定性。实时性指的是对事件响应的敏感度。在控制系统中，当现场某个参数通过传感器采集到时，要求在规定的时间内输出相应的信号，否则就可能失控，后果会非常严重。确定性则表示满足响应时间要求的概率大小。例如，即使执行 1 万次操作，有 1 次响应不成功，其代价有时也是无法承受的。响应时间通常会在毫秒与百毫秒之间。普通大众使用电脑，在敲击键盘或鼠标时，1 秒没有响应可能不会引起太大的问题，但对于控制系统而言，这是不可接受的，并且要求确定性达到百分之百。

第三个区别是使用环境。电脑和手机通常在相对友好的环境中使用。例如，冬天在户外使用手机导航，电池电量可能会迅速下降，很快就没电了。而工业控制系统面临着各种环境，包括温差变化大、需要在不同的地方使用等。普通消费产品在特定环境中使用半年，可能会遇到金属涂层生锈或被腐蚀的问题。工业控

制系统必须考虑到抗腐蚀性。此外，工厂环境中存在强烈的电磁辐射，如果没有专门的防护设计，普通电子产品很难稳定地运行。在某些防爆场合，如化工厂、炼油厂等处，存在易燃易爆气体，因此电子产品需要进行特殊的防爆设计，这些都是环境适应性的考虑因素。

第四个区别是对系统性能升级的需求。电脑、手机的发展符合摩尔定律，硬件配置每隔几年就需要更新，应用软件也需要随之升级。相比之下，工业控制系统对性能升级的需求并不迫切，系统很少主动升级。

第五个区别是应用的丰富性。工业自动化系统专业性强，软件和程序通常是专门设计的，不像消费电子设备上有着丰富的应用软件，需要不断涌现出新的应用程序，以满足消费者需求和市场动态。

»王鹏

在控制领域，维纳（Norbert Wiener）提出的理论框架旨在解决现实世界中的不确定性、不可预测性。他希望通过借鉴人的理性、可计算、精确、闭环的思维方式，使自动控制系统能够长时间完成一个重复的任务而且不出错。这个理论框架的最初设计很有意思。它试图模仿人类和有机体的智慧，同时利用机械方式超越它。在学习控制论、使用自动控制系统时，我们应该如何看待这个问题？

»温宜明

这是一个很有趣的问题。尽管自动控制技术已经发展了多年，但传统的 PID 控制仍然是最广泛使用的。虽然有很多先进的控制理念，但与在实际的控制场景中有效应用却存在着很大的差距。

先进的控制理论在实际应用场景中面对各种扰动时很难实现收敛。

14.7
从饼干生产到炼油厂：人机交互新境界

》史哲

大疆科技在无人机控制方面采用了很多新型的控制理论，而自动驾驶领域和智能制造领域也在积极探索新型智能控制的可能性。很多人在思考工业操作系统如何更开放、如何设计更好的分层结构以在不同层级解决不同问题。您刚刚提到了一些专业术语，能否解释一下其含义？

》温宜明

专业术语解释起来并不复杂，结合应用领域，可以很自然地理解。比如，可编程序控制器（Programmable Logic Controller，PLC）源自继电器，其基本构成依赖简单的元器件。继电器可以理解为开关，具有两种状态，即接触和非接触，分别表示为 1 和 0。为了实现数字控制，通过逻辑开关实现与或非等逻辑操作。逻辑开关分为常开和常闭两种，通过串联或并联实现与或非的逻辑控制。当一道工序完成时，发出一个信号，触发下一道工序，从而实现数字控制。

在传统的 PLC 系统中，这些开关是通过焊接组装在一起的。如果需要更改或增加新的工序，则需要拆线，这相对比较烦琐。后来发明了可编程序控制器，允许通过修改软件程序更改继电器组合开关的工序，实现不同的数控逻辑。PLC 广泛应用于家用电器、电梯、工厂自动化等领域。

分布式控制系统（Distributed Control System，DCS）从集中控制到分散控制的发展起源于模拟仪表。模拟仪表的信号是连续输出的，比如控制空调的温度从 24 度到 25 度，像一条连续的曲线，不像开关只有 0 和 1 两个离散状态。

PLC 用离散控制来实现顺序控制，即一个工序接着另一个工序。DCS 是为了实现连续控制，输入可能是 4～20 毫安的电流，或者 0～5 伏的电压，更多应用在闭环控制场景中。

从应用行业看，DCS 适用于发生化学反应的环节，包括石油化工、煤化工、电力等行业。PLC 适用于离散控制的行业，例如机械加工、罐装包装、楼宇自动化、冶金、烟草等。对于可靠性的要求较高，离散行业出现问题导致的经济损失较小，例如啤酒罐装产线出了问题，停止运行的经济损失较小。但是 DCS 控制的过程一旦出现问题，化学反应没有完成，原材料和设备可能会报废，恢复生产的时间长，经济损失较大。

在实时性方面，PLC 控制系统的响应时间通常在输入输出变化后 10 毫秒内甚至更短的级别。而 DCS 控制系统中，参数变化通常较慢，例如温度变化通常在 200 毫秒、300 毫秒甚至 500 毫秒量级。PLC 系统的规模较小，超过 200 个节点的设备比较少，DCS 的规模在 500 个节点以上。随着 PLC 和 DCS 技术的不断发展，二者之间也出现了融合的趋势，大型 PLC 和 DCS 的区别正在逐渐缩小，因为现场的仪表和控制系统都是一对一的，对线缆的质量要求非常高。在这种情况下，逐渐发展出了现场总线系统。

现场总线的设计初衷是节省电缆，通过上传更多信息实现更智能的控制过程。然而，由于传输速率、网络布线和配置要求的限制，在实际使用中很难实现即插即用。此外，由于存在多种不

第 14 章 自动化控制系统：城市的大脑、神经是怎样长成的

同标准的现场总线，用户选择时可能面临困难，导致发展不如预期。

» **王鹏**

这些内容聊起来有点"烧脑"，咱们聊点好玩的吧。我听说自动化专业的毕业设计很有趣，可以用来生产饼干、养猪、种菜，还可以应用于石油化工厂、生物制药厂。这些控制系统的复杂度究竟有多高，您能详细说一说吗？

» **温宜明**

以炼油系统为例，炼油厂中的物理传感器发出一个信号，被称为一个节点，而炼油厂通常有大约 5 万个节点。相较之下，一套 DCS 系统平均包含 800 个节点。通过计算，我们可以得知一家工厂需要多少套 DCS 系统。

» **王鹏**

对于控制系统的监测，通常需要人工观察仪表盘，我听说有一个词叫人机交互（Human Machine Interaction，HMI），在复杂系统和简单系统之间，HMI 的区别是什么呢？

» **温宜明**

从控制的角度来看，HMI 并不是核心部分。控制回路指的是从信号采集到运算再到输出的整个过程，而控制回路非常关键。它需要在不停运转的同时，满足实时性和可靠性的要求。HMI 在回路之外，主要用于展示信息。尽管 HMI 也能发出指令，但对实时性的要求并不高。在某些情况下，HMI 的作用非常重要，因为它以更容易理解的方式展示信息。

新智微光：科技创新驱动新质生产力

14.8
追赶与超越：中国自动化控制产业的发展现状

»史哲

在各个国家，工业自动化控制都非常重要，是关系到国计民生的大行业。在工业强国中，有哪些颇具实力的公司呢？它们的优点是什么？

»温宜明

从整个自动化发展的角度来看，国内起步较晚。在全球排在前 50 位的公司中，曾经有一家中国公司跻身其中。自动化行业的竞争非常激烈，自动化强国（地区）不仅包括欧美、日本，还有其他非常强大的竞争者。前 10 位的公司在业务领域上呈现出多元化，不仅涉及工业控制，还包括能源、医疗和城市基建等领域。例如西门子电气，除了工业自动化，还涉足家电及医疗。西门子医疗的历史悠久，专利数量最多，市场份额最大。西门子在工业自动化领域的独特之处在于没有 PLC 和 DCS 的明显区分，其控制系统全部属于 PLC 控制系统，根据控制规模和行业分为大型、中型和小型三类系统。在全球 PLC 产品市场中，西门子工业控制占比稳居第一。

瑞典的 ABB 公司也非常受人尊敬，其业务主要集中在电力和工业自动化领域。ABB 在光绪年间曾向中国提供过一台蒸汽锅炉。在过程自动化领域，ABB 一直居全球第一。

西屋电气和通用电气之间有很多恩恩怨怨。通用电气的创始可以追溯到爱迪生电气公司，而西屋电气的创始人乔治·威斯汀豪斯曾邀请怪才尼古拉·特斯拉加入。特斯拉主张交流传输方案，而爱迪生主张直流传输方案，在竞争中，交流传输方案获胜，西

第 14 章 自动化控制系统：城市的大脑、神经是怎样长成的

屋电气开始普及交流电设施。

西屋电气建造了美国的第一个广播电台，并建成了全球第一台可商用的核电装置。在 20 世纪 50 年代到 20 世纪 70 年代，西屋电气发明了压水堆和沸水堆两种不同原理的核电技术，占据了核电领域的半壁江山。令人唏嘘的是，由于发生了美国三英里岛核电站事故，整个核电业务受到了影响。在 1998 年，艾默生公司收购了西屋电气的测量仪表和控制业务，西门子则收购了西屋电气的火电业务，从而大大提升了其燃气轮机的制造技术，使其能够与通用电气相抗衡。总体而言，西屋电气为整个自动化行业做出了重要的贡献。

艾默生和西屋电气都是具有丰富历史底蕴的公司，而霍尼韦尔也是一家极为多元化的公司，其业务涵盖楼宇、自动化、航空工业。从改革开放年代开始，霍尼韦尔就开始与中国航空工业开展合作。2017 年 C919 大飞机首飞成功时，霍尼韦尔的大型系统，包括机轮、刹车系统、飞行控制系统和导航系统发挥了一定作用。霍尼韦尔发明了世界上第一套 DCS 系统，于 1975 年推出的 TDC-2000 堪称神奇，当时很多自动化公司如雨后春笋般涌现。

另一家备受瞩目的自动化公司是罗克韦尔。与西门子公司类似，它没有刻意区分 PLC 和 DCS 系统。该产品线既可以用于离散控制，也可以用于连续控制。罗克韦尔与很多大学建立了联合实验室，很多学生还没有走出校门就已经知道了罗克韦尔这家公司了，他们会对它的产品有好感。还有一家公司叫丹纳赫，是变频器领域前沿公司，其设计的 2000 赫兹以上的变频器很少有公司能制造。

除了欧美公司，日本公司在自动化领域也非常强大。其中，

三菱和恒河是两家具有代表性的公司。三菱集团、三菱电机在中小型 PLC 方面取得了显著的成就,居国内市场前三位。恒河是一家在过程自动化领域非常值得尊重的公司。在国内研发领域,特别是 DCS 研发领域流传着一句话:"做自己的产品,硬件要向恒河看齐,软件要向霍尼韦尔看齐。"恒河是以底层仪表传感器起家的,拥有丰富的技术积累和专利,尤其在基础材料传感技术方面领先。恒河是中国公司最早的合作公司之一,早在 20 世纪 70 年代就在北京设立了办事处,并于 20 世纪 80 年代与西安仪表厂展开合作,成立了合资公司——恒河西仪。

国内自动化起步稍晚,20 世纪 70 年代国外巨头公司就有了飞速发展,而国内公司在 20 世纪 90 年代才开始逐渐发展起来。目前来看,国内系统在某些领域已经能够和国外系统相媲美,但在整体解决方案方面仍然存在差距。自动化领域的许多标准、基础技术和关键组件,仍然主要掌握在国外公司手中,国内公司在综合解决方案方面还需不断努力。

14.9
软件对决硬件:
工业自动化中的操作系统革新与悖论

》史哲

从发展的角度看,我们自主可控的工业控制技术越来越强,对海外的输出也在逐渐增长。您对工业自动化未来的发展有什么期待?

》温宜明

目前,从整个产业链的角度来看,实现全产业链的自主可控

第14章 自动化控制系统：城市的大脑、神经是怎样长成的

是我们的目标。充分发挥元器件核心部件的作用，做出可靠、稳定、易用的系统是我们期望的目标。在自动化行业，智能化是大家公认的发展方向，尽管发展过程可能相对漫长。工业自动化的发展路径被认为是"自动化—信息化—数字化—智能化"。不同行业在自动化方面可能会存在很大差异。数字化和智能化的进展还不是很大，智能化刚刚起步，在某些公司、领域、行业以不同进度并行发展。目前的系统仍然相对封闭，未来的工业自动化将朝着相对开放的方向发展。

封闭性主要体现在使用了很多专有技术。专有技术的升级和维护成本较高。因为可能缺乏维护这些技术的力量，所以还存在技术风险。从用户的角度来看，不同厂家的产品通常过于封闭，如果采用了 A 公司的软件，就必须配以 A 公司的硬件，如果设备出现故障或服务不及时，用户就只能被动等待。因此，如何朝着开放性系统的方向发展，解决各种系统之间的互操作性、互换性问题，以及软件的可移植性问题，对于供应商来说是一个挑战。然而，开放性是不可逆转的趋势。一旦开放，整个生态、整个市场将会变得更加广阔，生意也会变得更大。从目前的形势看，国

新智微光：科技创新驱动新质生产力

产化、智能化和开放性是工业自动化的三大主要趋势。

» **王鹏**

刚才聊的都是硬件方面的问题，我有一个软件方面的问题。智能手机主要服务普通大众，因此开放式操作系统支持娱乐、购物等休闲服务，对系统的稳定性要求较低。在工业自动化领域，要实现一个"赢家通吃"的开放系统很困难吧，您对此有何看法？

» **温宜明**

就系统本身的需求而言，这并不特别难。但开发一个适用于所有控制系统的实时操作系统并不是一件容易的事情。市场上已经有了很多选择，有不下30家公司在做这种系统，例如VxWorks等。国内企业也开始着手开发实时系统。因此，操作系统的开发是可行的，而且操作系统对整个控制系统的性能非常关键。

对话嘉宾

温宜明，杭州康吉森自动化科技有限公司总经理兼北京康吉森自动化技术股份有限公司研发负责人。自研究生毕业至今一直在流程自动化行业从事安全仪表系统、分布式控制系统和可编程逻辑控制系统等产品的研究、研发和市场推广工作。

他带领团队研发了国内第一套通过德国莱茵 TÜV SIL3 等级功能安全认证的具有完全自主知识产权的安全仪表系统（SIS）和第一套通过德国莱茵 TÜV SIL3 等级功能安全和 SL1 等级信息安全认证的安全和关键控制系统（ITCC），打破了国内市场一直被国外产品垄断的局面，并成功在国内实现了自主品牌产品的产业化推广和应用。

第 15 章
AI 作曲

未来的音乐还需要人来创作吗

无人指挥的交响乐：AI 的音乐之旅

在不远的未来，一支著名的交响乐团邀请了一位特殊的指挥——AIVA，一位由 AI 技术打造的音乐天才。这一天，他们将为世界首演一部完全由 AIVA 创作的幻想曲。音乐会的主题是"AIVA 的幻想曲"。

主人公艾伦是一位年轻的音乐技术研究员，对 AI 音乐充满激情。艾伦深信，音乐不仅是情感的流露，也是科技与艺术的完美融合。然而，音乐界并不完全买账，许多人质疑 AI 创作的音乐是否能触及人心最深处的情感。

首演之夜，全世界的目光都聚焦于这场前所未有的音乐会。AIVA 挥动指挥棒的那一刻，演奏厅内一片寂静。随后，宏大而复杂的旋律从乐器中传出。乐曲不仅在技巧上达到了人类作曲家的水平，在情感表达上更让人震撼。观众们被这场 AI 创造的音乐奇迹深深吸引。最初怀疑的音乐家们也不得不承认，艾伦和 AIVA 展现了科技与艺术结合的无限可能。

音乐会结束时全场掌声雷动，艾伦在人群中淌下了幸福的泪水。这不仅是 AIVA 的胜利，也是艾伦信念的证明：在旋律背后，代码亦能谱写出触动人心的诗。

15.1
音乐科技的魔法：
人工智能如何触动听众的心灵

》王鹏

音乐人工智能是交叉学科，据我所知，中央音乐学院、上海音乐学院、武汉音乐学院等都开设了相关专业。

》李子晋

与音乐科技相关的专业，有的叫音乐工程专业，有的叫音乐人工智能专业、音乐科技专业。在一些音乐学院以及综合性大学中，都有类似的专业。

》王鹏

我们先做一个趣味小实验：放两段音乐，让听众分辨哪一首是由人类作曲的，哪一首是人工智能生成的。音乐是由子晋老师制作的。

（放音乐……）

》李子晋

我来揭晓一下答案：第一首乐曲是人工智能生成的，第二首是人类作曲家完成的。

》王鹏

子晋老师选择这首人工智能的作品，背后有什么故事？

》李子晋

第一首乐曲（人工智能作品）的整体完成度很高，还有自动混音的加持，听上去非常接近人类水平。第二首作品在声部分布

第 15 章 AI 作曲：未来的音乐还需要人来创作吗

上有一点混乱，音色和音源比较假，听上去是不完美的人类作品。

》王鹏

子晋老师作为音乐科技的从业人员，是不是先给我们科普一下音乐的定义？我们在听音乐的时候，主要在听什么？人们是被音乐的什么特点打动的呢？

》李子晋

音乐是一系列有组织的乐音，在时间线上流动，传达思想、表现生活并表达情绪。它更侧重于听觉感受。

15.2
音乐与语言的心灵感应：
音高、节奏背后的认知奥秘

》王鹏

我平时听歌，很少去选择某种音乐风格。您提到乐音在时间线上流动，以及音乐可以表达情绪，在作曲时，人们会通过哪些变化来表达情绪或者风格呢？

》李子晋

这就要聊到音乐的要素，不同的要素可以组成每首乐曲不同的个性。音乐的要素一般包括音强、音长、音高、音色这四类。节奏、节拍这些要素是在时间序列上体现的，音色则是区分音乐个性的重要因素。

》王鹏

我发现了一个挺有意思的现象：有一类人对旋律的记忆比较

强，能准确哼唱熟悉的曲调。另外一类人对歌词记忆比较好，但哼唱旋律时会跑调。子晋老师，您觉得这两种人，在音高、节奏、音色等哪方面更有感知力？

》李子晋

这是个很好的问题，讨论了音乐和语言的关系。音乐跟语言有共通之处，人在说话的时候也有韵律、节奏，以及不同的音高和音调。对歌词和旋律的记忆，要上升到大脑认知角度去讨论了。大脑的两侧负责旋律的记忆，大脑左半球负责语言的记忆，大脑中央顶部负责音阶的记忆。

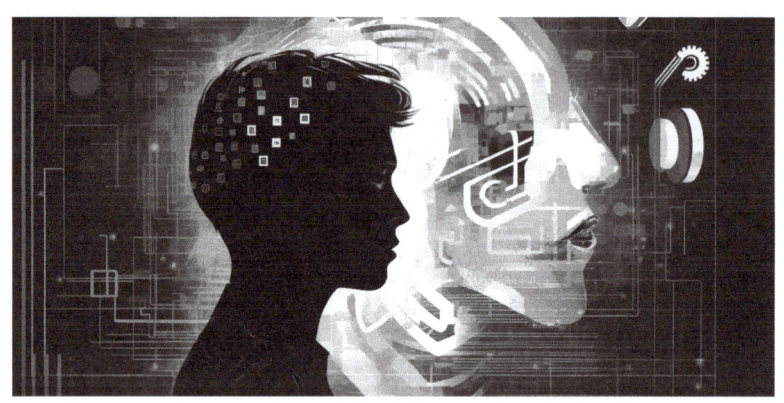

15.3
从信号到情感：
AI 如何重塑作曲与艺术表现

》史哲

作曲既非常个人化，又很专业化。音乐专业人才的研究对象是什么？编曲在音乐专业研究中有哪些细分领域呢？数字化和 AI

第 15 章 AI 作曲：未来的音乐还需要人来创作吗

的方式可以处理什么任务，或者给人类作曲家做哪些辅助呢？

» 李子晋

针对这些问题，我们把声音分为几个层面：第一个是信号层面。声音是振动的信号，有客观描述指标，比如频率、振幅、时间等。第二层是特征层。它有音长、音强、音色和音高四个部分。第三层是基于第二层的特征层元素去组合，完成旋律或者和声的创作，这是作曲家要关注的。第四层叫作二度创作，是指如何呈现音乐。把写好的谱子交给演奏家诠释，使用乐器演奏乐曲的过程，就是二度创作。它是各种艺术形式中最本质的特征，是表演的艺术。在演奏者表演时，把现场声音记录保存下来，有时候也叫三度创作。第五层是形成个性化理解的过程。音乐美学、音乐分析和音乐理解等专业会研究这些内容。

» 王鹏

表演很重要，要有表演者、听众和观众。不是所有人都能听出音乐背后的情感。听说音乐的产生，是因为放羊的牧民太孤单了，看到草原、蓝天、白云，心有触动，于是便哼唱了起来。

» 李子晋

你刚才提到一个特别重要的概念，那就是表达。所有的艺术都是为了表达而创作的。表达也有几个层次，整个音乐活动的过程，是由表演者、创作者以及接受者共同参与完成的。创作者、表演者、接受者都有各自的表达方式。每个人的经历不同，听后的感受也不同，欣赏音乐的过程同时是参与艺术活动的过程。当代艺术有很多跨场域研究的内容。看画展时欣赏者要不要参与，参与的程度有多深，也是当代艺术里面经常讨论的话题。

》史哲

听了子晋老师的介绍，我体会到音乐创作跟 AI 非常相关。在信号层、特征层、组合层分别进行二次创作，对原始信号进行数字信号处理（Digital Signal Processing，DSP）后提取信号特征，再对振幅和频率做编码（Encoding）和解码（Decoding）。音乐本身是连续的信号。录音技术和唱片出现之后，音乐的数字化衍生出媒体合成器、乐器演奏、数字接口，等等，很多技术和艺术的发展促进了传播，传播成本也大大降低。数字音乐和 AI 作曲的发展历程大概如何呢？

》李子晋

提到 AI 作曲，不得不提到 20 世纪 50 年代由计算机代码创作的乐谱，其在科技界和音乐界引起了不小的关注。之后出现了音乐智能系统，专门模仿不同时期作曲家的表现。再到后来 AI 作曲经历了很多商业化的过程，产生了 Apple Music（苹果音乐）、Google Magenta Bending Box（谷歌作曲工具）。

15.4
巴赫与神经网络：
AI 作曲中的风格模仿与概率建模

» 王鹏

子晋老师回顾了 AI 应用在作曲领域的发展脉络，它和 AI 算法的演进周期一致，起起落落、时好时坏。AI 算法的研究也是经历了几起几落。在 AI 寻找落地场景的时候，有自然语言处理领域，也有音乐合成、作曲领域。《我有一个秘密》是 20 世纪六七十年代一个叫雷库兹威尔的高中生用电脑创作的钢琴曲作品，它在电视上向观众展示。这个高中生后来一直从事 AI、未来学的工作，成为谷歌公司的一位未来学家。

EMI（Experiments in Musical Intelligence，音乐智能实验）系统是 20 世纪 80 年代出现的 AI 程序。这个 AI 音乐实验室能够模仿古典音乐大师莫扎特、巴赫、肖邦的风格。我想问一下，风格是怎么量化或者数字化的呢？

» 李子晋

EMI 用了一种重组技术。如果模仿巴赫的风格，就先把数据库里巴赫的音乐切成不同的小片段，然后重新组合。不同的数据库就代表了不同作曲家的风格，算法生成的曲风效果还不错。EMI 的做法与现在的 AI 算法有所不同，它是基于某种规则的数据库。AI 作曲的原理在于通过神经网络学习音符的概率分布，捕捉音符变化的规律，并在数学概率的基础上进行建模。

15.5
AI 作曲的双重路径：
特定曲风与自由创作的较量

》史哲

一种情况是 AI 作曲时选择特定的曲风，帮助人类更高效地完成创作；另一种情况是不给定曲风，让 AI 自由发挥。这两种情况，大家更关注哪种？

》李子晋

大部分技术人员都希望用新的 AI 模型生成动听的旋律。AI 在某些情况下可以取代部分应用场景中的人类作曲工作，但完成完整的艺术创作仍会有困难。

》史哲

帮作曲家完成辅助性工作，就像工厂里面工人使用新工具提高产能一样。

》李子晋

用 AI 来辅助作曲的优势是提高作曲效率，比如在一些非艺术性、对创意要求不高、对价格敏感的商用场景中。AI 为游戏、广告、影视制作公司，以及自媒体人快速作曲，可以解决时间紧和资金少的问题。

》王鹏

以前涉及作曲、摄影的场景较少，现在的朋友圈、B 站（bilibili）等，需要大量用户生成内容（User-Generated Content）。因为音乐存在版权等限制，AI 作曲在普通用户中或下沉场景中的发展如何？

第 15 章 AI 作曲：未来的音乐还需要人来创作吗

> **» 李子晋**

科技的发展往往是不断地下沉，吸引非专业用户。AI 作曲在这方面表现得也特别明显：它提供了一种全新的思路，重新塑造了作曲的流程。以前的流程是根据歌词填曲子，再去编曲、配器、混音，等等。现在有了 AI 工具，可以依照用户设定的描述生成相应的乐曲，大大激发了人们的需求。

15.6
音乐的数学之美：莫扎特与 AI 作曲的共同语言

> **» 王鹏**

音乐之所以能用 AI 算法生成、做情绪表达，是因为音乐本身可以用数学表达，有规律、有组织，可以结构化、可以分类吗？我听过一个莫扎特作曲的故事，他曾经依靠掷骰子来决定某个小节的先后顺序。通过旋律的不变和变化，在听感上产生确定性和灵动性，带给人新鲜感，这说得通吗？

> **» 李子晋**

音符的分布肯定有一定的规律。音乐和数学有天然的亲近关系。如果音符分布太宽泛、毫无边际，就会让人无法捕捉。AI 作曲要在这两个方面保持平衡。

新智微光：科技创新驱动新质生产力

> **史哲**

人们在讨论 AI 的时候，特别关注智能、创造力如何体现。很多专家会用 AI 创作论文、作文、诗歌等，来证明 AI 的创造力。AI 作曲的创造力体现在哪里，怎样更好地发挥它？

> **李子晋**

怎么理解创意呢？在学术圈有一个方向叫 AI Creativity（人工智能创造力），专门研究 AI 参与创作的过程，尤其是在艺术领域。创造力工具非常有挑战性，怎么评价创造力，还没有统一的答案。

15.7
AI 作曲的自我成长：从学习到感性表达

> **王鹏**

对于创造力的理解，有个例子。孩子小时候不了解世界，一开始就模仿大人看书、运动。当小孩在某方面玩得好、学得好的

第 15 章 AI 作曲：未来的音乐还需要人来创作吗

时候，可以融会贯通，大人就会说：这小孩特别灵、特别有创造力。

圣罗兰品牌做女装起家，设计师从画家蒙德里安的作品中获得了灵感，创作了红色、蓝色、黄色色块拼接的作品，成了很经典的"蒙德里安"风格系列，单纯从色彩角度来说，这是模仿，但是从一个领域到另外一个领域的延展，又是创作。对 AI 作曲可以有哪些期待，子晋老师怎么看？

> » 李子晋

我用包容的心态看待 AI 作品。小朋友学习艺术创作，可能天生有灵感，但也要先看到、听到很多，再唱出属于自己的曲调，作出想画的画作。AI 跟小朋友特别像，就像一个正在学习绘画或者音乐的孩子。这是我的看法。

> » 史哲

从人的角度看，不停地学习、采风，就会有新东西融合进来。人们期待 AI 系统自我成长，创造力是不断进步的过程。除了创造性、创新性以外，AI 作曲还能如何进步？感性表达是人们关心的另一个方面吗？

> » 李子晋

人类作曲家也有发展的过程，比如贝多芬早期的作品能明显听出海顿、莫扎特的风格，后来才形成了贝多芬自己的风格。贝多芬的作品从第一时期到第四时期，发生了量变到质变的过程。我不知道是否每次 AI 飞跃都是在完成质变，是不是每个新的模型算法之间都会有跳跃。

» 王鹏

子晋老师提到的记忆问题很有意思。音乐能打动人是因为唤醒了听众某一段记忆。记忆力是 AI 很擅长的。在创作乐曲时，怎么唤起"记忆"呢？

» 李子晋

这件事不在作曲层面上。有一个特别有意思的现象：如果一首曲子你听一遍觉得不好听，试着听 50 遍，你可能就喜欢了。我有个朋友每次打扫卫生的时候，都会播放贝多芬的交响乐。他在其他场合听到贝多芬时，似乎就能闻到打扫完卫生的清新味道。感知上的通觉或通感，有助于我们做多通道感知的 AI 研究，这是一个有意思的科研方向。

15.8
从 MovieMaker 到 AI 作曲：让更多人参与音乐创作

» 史哲

AI 中有一个很重要的概念叫目标函数。从感觉上来讲，听音

第 15 章 AI 作曲：未来的音乐还需要人来创作吗

乐的目标函数应该怎么定义？如何设计合理的目标函数，让 AI 更好地作曲？

> **»李子晋**

音乐科技最大的难题就是评价，因为目标函数的不确定性带来挑战。音乐创作和下棋不一样，下棋的输和赢有明确的判断标准，训练 AI 的时候可以告诉算法怎么走是输，怎么走是赢。在 AI 作曲里面，只能给一个框架，比如有调性的音乐通常不反向进行。依据目前有调性音乐的规则，我们限定算法不去创作某些音乐类型，但有些反向进行的音乐作品听起来同样悦耳。这是个特别大的挑战。

> **»王鹏**

看起来用户的主观评价也没法标准化，不像数学考试，很难有 100 分、90 分这样的打分机制。假如用图灵测试，普通人不能分辨出作品是 AI 创作的还是人类创作的，是否可以认为 AI 作曲有一定的创作能力了？未来会出现比图灵测试更高阶的评价机制吗？

> **»李子晋**

音乐的图灵测试是一种测试方法。关于计算美学的评价一直是个难题，怎么判断乐曲美不美？中国声音与音乐技术会议曾经举办过一项挑战赛：区分或识别人类作曲和机器作曲。这种分类任务很容易做到，当时最高的成功率是 95%。但是判断好听不好听、美不美的问题一直没有解决。

> **»史哲**

我们之前对一些交叉学科的嘉宾进行过访谈。比如医工交叉，还曾经讨论过医工交叉是"医为先"还是"工为先"的话题。站在 AI 作曲的角度看，这个科研方向一直在进步，对于研究的课题，主要是做工程的人在推动还是做音乐的人在推动？

> **» 李子晋**

我认为主要是做工程的人在推动。因为有用户需求，大部分用户都不是音乐专业用户。音乐专业用户具备很高的艺术审美素质，计算机算法短期内达不到那么好的效果。专业用户已经习惯于从小做这些事，包括但不限于传统作曲的流程。电子音乐专业的学生，使用软件和科技手段创作音乐的时候会习惯于某种软件界面或软件流程，这种习惯很难改变。有一些科研方向，比如 AI 辅助数字文化遗产传承，数字技术重塑中国传统乐器文化等，用手机、用数字技术，让更多人接受数字文化。随着数字技术和 AI 技术的推广，很多人的角色发生了改变。在音乐活动中，作曲家、演奏家、工程师可能是同一个人。

> **» 史哲**

AI 作曲不仅仅能节省劳动力、提高效率，更给我们提供了全新的思路和方法，让更多有创造力的人，像作曲家或者像演奏家一样玩音乐。学演奏每天都要训练，要从小练习才能达到演奏水平。徒有创造性想法而没有演奏技巧，就很难参与这个过程。如果能让更多人参与进来，则会有更多好玩的作品出现。电影科技的发展也是类似的，像工业光魔公司出现之后，拍摄电影时可以不需要真背景了，渲染合成背景就行了。艺术创作依托于工程能力的提升，将迎来全面的进展。我见过的做音乐的人基本上都用苹果电脑，有哪些平台软件是你们常用的呢？

> **» 李子晋**

几家大平台都在做 AI 作曲的插件。一个是 OpenAI。我们提到的 Muse Night、Jude Box、Amber，可以通过情绪、风格、

第 15 章 AI 作曲：未来的音乐还需要人来创作吗

节奏、长度定制想要的音乐。还有一些需要有一定的创作经验。比如 Bob Composer 需要选择配器方式、大小调。使用这些软件，需要对音乐创作规则有一定的了解。Band in Box 是一个自动配器的平台，在爵士乐方面比较擅长。Ava 擅长生成古典音乐作品。此外还有一些专门生成巴赫风格作品的软件和插件。

» 王鹏

回到 20 年前，当时有一个学术方向叫自动生成音乐视频。微软的操作系统里有一个工具叫 MovieMaker，那个时期很多家庭都有录像机，家长会给小朋友拍吃喝玩乐和生日聚会的视频。普通人不会做专业的视频编辑，MovieMaker 的产生符合了当时的背景和需求。今天的各种编辑软件，混合了拍摄、编辑、分享、评价等多种功能。我暑假和朋友外出，朋友的孩子是初中生，他用了一款特别常用的编辑软件。我认为的编辑就是拼接镜头，中间加一些镜头过渡。这位初中生问我想表达什么，第一个镜头是平移还是推近，要跟音乐配合上。我才意识到我对"编辑"这个词的理解太简单了。创作背后要有想法、导演和角色。

» 李子晋

这个例子说明，设计和使用工具是一回事，表达什么是另一回事。但是工具可以辅助人表达情感。

15.9

AI 作曲的未来展望：是大众化还是专业化

» 王鹏

再聊聊 AI 作曲的未来。现在年轻一代的小朋友，从小接受艺术熏陶，音乐素养的培养越来越普及，新一代人对于音乐和美的需求在不断变化。AI 作曲的未来是往大众化方向还是往专业化方向发展？子晋老师现在做的课题，往哪个方向走得多一些？

》**李子晋**

这在音乐科技领域里面有很多讨论。AI 不能取代作曲家？未来会怎样？我个人认为，AI 在作曲领域的尝试，并不会使人类作曲家变得过时。未来的发展趋势可能是以 AI 技术为基础，形成一种全新的艺术创作方式。

》**王鹏**

我听说音乐科技系在招研究生的时候优先考虑工科的本科生，是这样的吗？

》**李子晋**

是的，实际上我们现在正在招有计算机背景的学生，强调音乐和信息学之间的交叉。

对话嘉宾

李子晋，音乐声学博士，中央音乐学院音乐人工智能与音乐信息科技系教授。近年主持及主要参与科技部基础项目、国家文化科技提升计划项目、国家艺术基金、国家社科基金重大项目 10 项。发表了 40 多篇学术论文。出版专著 4 部，获 8 项国家专利。

第16章
主动降噪

干净清澈的声音是如何得来的

静谧之源：听见未言之声

世界上出现了一款名为"静谧之源"的主动降噪耳机，它能将周遭的噪声完全过滤，只保留干净清澈的声音。故事的主人公艾米是一名热爱音乐的大学生，她因一次偶然的机会得到了这款耳机。艾米生活在一个喧嚣的城市中，一直苦恼于无法在嘈杂的环境中享受纯净的音乐。拥有了"静谧之源"，她终于可以完全沉浸在自己钟爱的音乐世界中，远离外界的噪声。

然而，正当艾米沉浸于这种前所未有的听觉体验中时，她发现了耳机的一个秘密功能：听到他人未说出口的想法。这项技术原本旨在通过分析语音的微小声波变化来进一步提升降噪效果，但意外地赋予了耳机"读心"的能力。艾米面临着一个道德困境：应该如何使用这种能力？经过一番挣扎，她决定利用这项能力帮助他人，以改善人际关系。故事以艾米用她的发现促进理解与和谐为结尾，展现了技术作为双刃剑被正确使用的重要性。

16.1
从录音棚到耳机：
被动降噪的历史与主动降噪的创新

» 王鹏

我们先从日常生活中的耳机聊起。请益帆老师给我们讲讲噪声是什么，声学的主动降噪技术是什么，原理是什么，和被动降噪技术有什么不一样，第一次戴主动降噪耳机有什么好玩的经历。

» 刘益帆

主动降噪的目的是把噪声处理掉。市面上的降噪有两种形式：一种叫主动降噪，另外一种叫被动降噪。录音棚、会议室、KTV需要隔音好，就要在房间四周用柔性的吸音海绵类材料包一圈，依靠其物理属性阻隔某些声波的传递。这种技术属于被动降噪，是传统降噪形式，已经有七八十年的历史，没有什么新技术进展。后来，行业中出现了主动降噪技术。噪声是一种声波，我们可以用麦克风感知噪声的分布，通过算法控制扬声器实时发出跟噪声相反的声波，在空气里面两种波叠加抵消。这属于主动降噪。

不管是主动还是被动，都是降噪的手段，不是谁替代谁的关系，而是综合降噪的需求。一般来说，两种技术手段都会用到，比如耳机配备的橡胶圈，会阻隔一部分噪声，这是被动降噪。某些高端耳机的卖点是带有主动降噪功能。现在市面上主要的主动降噪产品都与耳机有关。耳机降噪的目标范围不大，降噪目标以耳朵附近的点状小空间为主。

类似的模组和技术可以应用于抽油烟机、新风系统、空气净化器、吸尘器、中央空调等家电中，使得这些家电更加安静。同样，它们也可以应用于汽车场景，降低车内噪声，提升品质感。家电和汽车场景跟耳机相比，区别在于前者是空间场而不是点，二者技术难度不一样。

16.2
Bose 引领的创新：
主动降噪耳机从特殊场景走向民用市场

»史哲

声音跟海浪很像，浪过来了，可以用另外一个浪去撞击，撞在一起的浪就互相抵消了。小时候的降噪耳机，戴上后就像堵住耳朵一样，现在的主动降噪耳机功能经历了什么样的发展？

»刘益帆

要谈这个问题，不能单纯谈技术，产品的推陈出新，还包括很多产业和资本因素。技术上，声波对冲抵消的概念最早是欧洲科学家提出的。几十年前，这个概念只存在于纸面上和仿真系统中。降噪需要一个实时控制系统，对冲理论和信息的实时处理对芯片有极高要求。二三十年前，英国科学家发现控制理论和控制芯片的发展主要有两个流派：模拟控制和数字控制。模拟控制能够处理的计算量相对有限，但功耗低，应用广泛，数字控制则正好相反。

Bose 是世界上第一个将主动降噪技术应用到实际产品中的公司。最开始应用于特殊场景，比如飞行员在高速飞行情况下的噪声很严重，对听力会有损伤，对通信会有干扰。在这种情况下单纯的被动降噪已经不够用了。

几年后，在摩尔定律的推动下，芯片的价格逐渐降低，Bose

抓住机遇推出了面向民用市场的耳机，其服务对象也从飞行员扩展到了乘坐飞机的商务旅行者。Bose 耳机被人们熟知的标签就是降噪做得好。随着技术的进一步完善，芯片被进一步细分。整个系统从算法到产品再到整体方案，分工非常明确，催生出了更多的公司。控制理论和感知理论要处理三维声场，比如家电、汽车等空间的声场。上升到三维空间，降噪难度特别高，门槛更加明显。

16.3
TWS 耳机揭秘：
哪些声音可以被降噪，哪些不能

》王鹏

TWS 全称是 True Wireless Stereo（真无线立体声），TWS 耳机外观小巧、左右耳能够单独佩戴。我第一次戴 Bose 的降噪耳机是在飞机上，连飞机发动机声音都听不到，但能听到耳机中的人声音乐。那么声音中哪些可以被过滤掉，哪些无法过滤掉？

》刘益帆

这个话题非常有趣，有些噪声处理起来相当困难。

第 16 章 主动降噪：干净清澈的声音是如何得来的

第一种和稳定性有关。固定和稳定是不同的概念，固定是一成不变，稳定是虽然在变化，但变化规律可以被预测。现实生活中的噪声，很多人觉得不变，其实也在变，属于稳定噪声。稳定的噪声好处理，非稳定的噪声不好处理。比如，说话声是非稳定噪声，说完一个字，降噪算法很难预测下一个字是什么。发动机的声音虽然一直有抖动和变化，但是通过数学建模，一定程度上可以推演后续的声音变化。

第二种和频率高低有关。对于主动降噪而言频率越高越难实现。15 年前的 Bose 耳机能过滤掉飞机发动机的声音，但不能过滤掉人说话的声音，人说话的声音集中在 3500Hz 以内。如果主动降噪能处理 3000 ~ 3500Hz 的噪声，在现实生活中基本就够用了。

》史哲

Bose 公司的创始人不是学声学的，而是维纳的博士，维纳是研究控制论的。现在 TWS 耳机这么成功，除了技术成熟，也是商业选择的结果。苹果公司在最开始设计耳机的时候，有通透模式，也有降噪模式，两个模式切换的时候会明显地感受到降噪效果。我感觉降噪模式有一定危险性，尤其是对于戴耳机走路的行人，路上的很多声音都听不到。

16.4

超越耳机：
主动降噪技术在汽车和家电领域的创新应用

》刘益帆

很多耳机有通透模式、降噪模式、普通模式。普通模式对噪声不做任何处理，但戴上耳机后，噪声会小一些。降噪模式增加了主动降噪功能,喇叭发出的降噪声波让人感受到更安静的声场。通透模式可以把一部分外部声音放进来。只有产品设计达到某个阈值,消费者才会愿意买单。除了主动降噪耳机,还有哪些类似产品是消费者愿意购买的呢?什么时候它们能够变得大众化?主动降噪技术是一种平台型技术,通常只要有噪声,就需要使用主动降噪技术。

比如汽车头枕里面放四个麦克风,两个喇叭,能达到什么效果?通过开关,以头为中心半米范围内的空间就会安静下来。好像有个看不见的玻璃缸罩在头上,我们把技术展示放到了中国科学技术馆,很多小朋友感兴趣。不仅可以将降噪器放置在车内头枕上,还可以将其放置在办公桌上、座椅上。能放到什么环境中,要看噪声源和噪声环境会不会变化。家电属于噪声源,噪声环境不变。比如抽油烟机的噪声来自风扇,风扇跟管壁相对位置不变,运转噪声模式不变,折射反射属性也不变。随着 AI 技术的提升,产业升级变化也有了更多可能性。AI 理论越来越完善,芯片处理效率越来越高。在 3C 产品领域,苹果公司的上下游生态相对完整,产品体系相对完善,其产品不但降噪做得好,体积也小,于是整个行业就被"点燃"了。

第 16 章 主动降噪：干净清澈的声音是如何得来的

》王鹏

每个人的主观感觉不一样，有人受不了粉笔在黑板上的摩擦声，有人睡眠敏感，受不了空调交换机的声音。刚才提到的车内降噪，要处理汽车发动机产生的声音、轮胎压过路面的声音，以及行驶中产生的其他声音。算法在处理这些噪声时的难度一样吗？

》刘益帆

不同类型的噪声处理难度不同。拿汽车举例，发动机噪声是低频声音，在 300Hz 以内，算法相对容易处理。胎噪频率高一点，轮胎表面有纹路，压在不同粗糙程度的路面上时，整个轮胎会发生振动，车会共振，二者形成的胎噪频率平均是 800Hz，甚至超过 1000Hz，算法处理难度会大一些。空调噪声会占到整车噪声的 40% 左右，比例也挺高。更难处理的是风噪，在汽车的高速行驶过程中，空气流动产生的噪声频率会更高，平均超过 2000Hz，目前还没有能够处理风噪的商用方案。

不同的人对于噪声的感受不同。降噪有工业指标，噪声降低多少分贝是衡量标准。对于个人而言，更为合理的指标是心理声学。从人文关怀的角度，美国国家标准开始考虑心理声学的评价标准。不同年龄阶段、地域属性的人，对同样的噪声感受是不同的。同一个人在上班和睡觉时的感觉是不一样的。同样都是睡觉，在遇到同样的噪声时，感受也不同，比如都是 60dB 的电风扇声音或电视剧声音。

新智微光：科技创新驱动新质生产力

16.5

耳机设计的艺术：
声学与音频技术在 TWS 耳机中的应用

》史哲

噪声对我们的困扰有多大，潜在市场就有多大。Bose 公司的睡觉降噪豆，戴上以后就可以享受安静的睡眠。什么时候能出现一款产品，跟驱蚊器一样放在桌子上，周围 1 米范围内绝对安静呢？为什么苹果能够做到领先？耳机背后有哪些核心技术？难度在哪里呢？

》刘益帆

声学和音频是两个不同的东西，就好像光学和视频是两个不同的东西。中国开设声学专业的高等院校不多，但是音频行业的从业人员还是挺多的。主动降噪是一种声学技术，而耳机所依赖的则是音频技术。如果关注的是麦克风收到声波之后的事情，那就需要用音频信号技术进行处理。如果系统功能需要完善，需要关注麦克风收到声波之前的事情，比如声场里是左边能量高一些还是右边能量高一些，是前面高频多还是后面高频多，要了解麦克风接收信号前的事情，需要声学技术的积累。

一定要区分声学和音频，它们并不仅是字眼上的区别，更是代表了两个不同的领域。声学代表了模拟领域，音频代表了数字和数码领域。在赛车比赛中，仅仅技术好还不行，车也不能差，舒马赫开家用轿车也跑不出好成绩，所以"算法"和"芯片"都不能差。

耳机有很多功能，主动降噪和音质之间是互补关系，还是互

第 16 章 主动降噪：干净清澈的声音是如何得来的

斥关系呢？主动降噪的功耗和续航如何考虑？整体设计中，如何考虑天线与音频之间的关系？这涉及降噪能力，即使做好了方案，也不代表做好了耳机。反过来，即使你会做耳机，也不一定能做好降噪。就像赛车比赛环节，要有维护小组来帮助换轮胎，大家必须配合紧密。

对于降噪耳机来说，Bose 做得早且完善。但是光有降噪还不够，产品要做到足够轻量化、续航好、通信好，这些涉及软件、芯片、算法，一般厂商无法全部做到。耳机最开始是有线形态，从有线变成无线，但两个耳机之间还是有线连接；然后从无线耳机变成了 TWS 耳机，两个耳机之间没有线连接；最后 TWS 耳机变成了智能化耳机。

苹果在 2017 年推出了 TWS 耳机，三星更早就开始做 TWS 耳机，但当时市场反应不是很热烈。2018、2019 年，中国厂商纷纷开始做 TWS 耳机，提高了市场渗透率。2020 年，苹果推出了带主动降噪功能的 TWS 耳机，引爆了整个市场。虽然 Bose 更早做降噪耳机，但行业不温不火，苹果做了降噪耳机之后，整个行业就有了信心。

»史哲

我最近丢了两副 TWS 耳机，它们太容易丢了。感谢苹果帮助产业链成长，在产业链上下游有很多优秀的公司，它们扮演着重要的角色。

»刘益帆

苹果系统跟安卓系统有区别，几乎所有东西都是自己做：芯片、算法、方案都是自己做。安卓系统是另外一种打法，整个行业划分层次，每个层次不能像安卓系统一样独立存在。设计完音频算法之后，并不关心算法是运行在 A 芯片上还是 B 芯片上，因为效果都一样。芯片厂商也不关心是 I 型号还是 II 型号，只要芯片能"点亮"，就没有问题。

16.6
专业化的选择：
音乐类型与耳机音质的匹配艺术

》王鹏

耳机的无线充电、充电盒待机时间、耳机的触控操作，都属于外在能力。便宜的耳机和贵的耳机容易察觉出区别吗？在玩游戏、听歌、看视频的时候，画面和声音的同步能力、功耗高低和流畅度的关系，应该如何考虑？

》刘益帆

我们说了很多技术，比起技术类型是"三维"还是"一维"，产品商更关心最后做出来的产品给消费者带来的体验。从用户体验角度来看，刚刚提到的因素都要细致斟酌。由于人群不同、使用场景不同，产品的设计和功能实现可能会有所不同。比如做一款玩游戏时戴的耳机，对延时就要求很高，否则会影响游戏体验，但延时要求高了就可能要牺牲一些功耗。如果面向的是通勤人群，那么耳机就需要有足够的便携性。

还有一些诉求很难用语言表达。比如用耳机听音乐要求音质好，那么 Bose 耳机的好音质和索尼的好音质有什么区别？运动鞋可分为网球鞋、足球鞋、乒乓球鞋、篮球鞋，篮球鞋又分为前锋穿的鞋、后卫穿的鞋，总之是趋向于专业化。如果听欧美音乐，

第 16 章 主动降噪：干净清澈的声音是如何得来的

就更需要乐器的渲染，重低音和古典模式要表现出来，欧美音乐用 Bose 耳机听比较好。音乐制作人要戴监听级耳机，听电子乐则有另外的选择。这些很难用一两句话和一两个指标表达出来，使用过程的差别就是市场价值的差别，值得整个产业关注。

16.7
从音质为王到功能全面：
AirPods 如何改变市场消费习惯

» **史哲**

在苹果 AirPods 出来之前，很多人买耳机都比较看重音质。Bose 耳机的听歌感受比苹果耳机好。如果花 1800 块钱买一副耳机，我们肯定要看一些测评文章，把听不同音质、不同类型歌曲的感受都搞得很清楚才会下单。

» **刘益帆**

不完全是因为苹果的产品力比 Bose 强，苹果还是一个标志。现在的耳机市场与 2004 年之前的手机市场非常相似，那时的手机市场属于诺基亚、摩托罗拉、三星，以及国内白牌厂商。2004 年之后，功能手机往智能手机转换，中国品牌有华为、小米、OPPO、vivo 等。当年的功能手机，只有打电话和发短信等少数功能，升级为智能机后，要增加智能化功能，具有上网能力，生态越来越丰富。现在的用户对耳机有很多要求，包括降噪和录音等功能。针对商务场景，耳机需要和 AI 打通。

»王鹏

我对手机的依赖程度很高，这让我受到困扰，每天都看屏幕，视力越来越差。耳机也有类似问题，我有一段时间戴耳机特别多，听音乐工作效率高，过段时间我发现耳朵疼。大家也在讨论降噪功能对听力有没有损伤，不戴降噪耳机时环境噪声对听力有没有损伤，长时间佩戴耳机会不会造成内耳神经受损。您怎么看待这些问题？

»刘益帆

在产品带来便利的同时要考虑负面因素。耳机戴久了耳朵有可能发炎，橡胶圈跟皮肤接触的部分要进行处理。目前，行业中比较常用的是食品级别的硅胶。耳机戴久了，声音太大会对听力造成损害。在工作需要、独自欣赏音乐，或在嘈杂环境中接听电话等情况下，戴降噪耳机是一个更优选择。智能耳机对健康有益处，是技术进步的成果。智能手机出现后会引发了视力和社交距离感等问题，但这不是工程师的问题，而属于社会学范畴。就像汽车出现后，会不会导致肥胖人群增加，也不是工程师能回答的问题。

耳朵是人的传感器，耳机增加了传感器的功能。

16.8
智能声学产业趋势：
中国企业在全球竞争中的地位与挑战

» 史哲

在技术发展过程中，电子产品给人们带来更好的生活体验。我们国家在人才储备和生产制造方面处于什么状态，有哪些优势？产业应该朝着哪个方向发展？

» 刘益帆

在"智能＋声学"领域来看，中国的产业分布和国外的重心不一样。国外对制造的精度很注重，但是相对比较分散。中国企业有些指标排在靠前位置，这带来了中国产业升级的机会。在长时间的积累下，中国企业对消费能力和市场的把控力很强。

» 史哲

2021 年的 TWS 耳机出货量达到了 3.5 亿副，同比增长了 50%。未来还会有更大的增长吗？元宇宙技术的发展，会对耳机产生什么影响？

» 刘益帆

第一，未来的耳机会更加智能化。比如有些厂商基于耳机做助听产品——中国有 60% 的老人失聪或部分失聪。第二，服务更加精细化。制造业要做调整，把精度和良品率提高，并将软件、硬件方案系统化。第三，向新形态变迁。比如 VR 设备，人们对于虚拟化环境的体验，不仅仅是沉浸式，而且向交互式变迁。

新智微光：科技创新驱动新质生产力

对话嘉宾 ⋯⋯⋯⋯⋯⋯⋯⋯⋯⋯⋯⋯⋯⋯⋯⋯⋯⋯⋯⋯⋯⋯⋯⋯⋯⋯⋯⋯⋯⋯⋯⋯⋯⋯⋯⋯⋯⋯

刘益帆，安声科技创始人、董事长。在智能声学领域获得专利 100 余项，参编多项国家标准、行业标准。所创公司入选《财富》杂志 2024 年度中国最具社会影响力公司。北京专精特新商会理事，北京颠覆性技术创新基金专家组成员，北京声学学会理事，首都科技服务业协会理事。上榜 2024 年度《财富》杂志 U40 潜力榜。获得 2023 年度"胡润百富榜" U35 中国创业先锋奖、2022 年第五届金砖国家青年创新奖。2020 年入选北京中关村"高聚工程"人才。被国际财经杂志 Fast Company 评为"2019 中国商业最具创意人物"等。

第17章
科技体育

用数据挖掘每个人的运动极限

极限之跃：与数据赛跑

未来，一位名叫艾丽的数据科学家开发了一种通过数据挖掘分析出每个人运动极限的革命性技术。艾丽的团队收集了海量的生理和运动数据，使用先进的机器学习算法来预测个体的运动潜能，并创建了个性化训练计划，旨在帮助运动员突破自我，获取前所未有的成绩。

然而，当这项技术开始被应用于职业运动员的训练中时，艾丽遇到了意想不到的挑战：一位冠军跑者在遵循这一挑战身体极限的训练计划后，竟在比赛中突然崩溃。这一事件引起了公众对技术伦理的广泛讨论，艾丽和她的团队被迫重新评估他们的技术。

在经过深刻的反思和改进后，艾丽提出了一个更为人性化的解决方案：不仅考虑运动员的生理数据，还加入了心理健康的评估。这一改进大大增强了技术的安全性和有效性，能够帮助运动员们在确保健康的前提下达到真正的运动极限。艾丽的故事激励了许多人，彰显了科技与人文关怀结合的强大力量。

17.1
从正反馈到专业数据分析：
智能可穿戴设备在运动训练中的角色

》王鹏

要跟奥运冠军、裁判员、运动员一起玩炫酷的竞技体育，听上去很有趣。大家都特别喜欢体育类的游戏，比如任天堂的健身环。在居家健身器械、可穿戴设备、电子屏幕等越来越普及的今天，运动和科技的关系也越来越密切。怎么从专业角度查看动作是否标准，你们考虑过这类问题吗？

》史哲

我们看到过健身者通过穿戴跟踪器，在大屏幕上实时查看健身动作，模仿标准动作。这只是单向输入，没有反馈。普通人平常的锻炼和运动员训练有很大差异吗？

》李洪刚

运动员是职业性的工作，在训练中不仅要进行视频回看，还要从回看视频中提取足够有效的运动学数据进行分析。有一种数据叫"冠军模型"，是顶尖运动员的数据。将训练者的数据和冠军模型进行比较就可以得知差异在哪里。这跟普通消费者、健身爱好者做的事情有些相似，只是运动员训练时的数据采集更加丰富一些。

》王鹏

普通人提高有氧和无氧运动的效率，职业运动员提高运动表现。针对身体的稳定性和灵活性，所采集的信号有什么不同？

第 17 章 科技体育：用数据挖掘每个人的运动极限

> » 李洪刚

普通人关注数据的原因就像玩电子游戏，需要获得正反馈或者负反馈：是不是玩得越来越好，是不是频率越来越高？现在的智能手表和智能手环都有计步工具，也是为了类似目的。运动员关注的数据种类很多，由科研人员或者教练帮助挑选出来，不同时期挑选的数据也不一样。对于花样滑冰运动员来说最核心的是完成高周数的跳跃，当练习高周数跳跃的时候，也关心体能分配和规划是否合理。

17.2
"魔球"效应：
数据分析如何提升体育比赛的公正性与观赏性

> » 王鹏

2020 年到 2022 年，美国棒球大联盟的职业比赛出现了以"魔球理论"为基础的智能系统，分析击球手和接球手的数据、弱队逆袭的数据等。据说使用了"魔球理论"的球队赢得了更多比赛，甚至连赢了 20 场。这算是科技体育的发展趋势吗？

> » 李洪刚

是的，这是科技体育的发展趋势之一。对于球类运动，特别是足球、篮球等团体项目，只要拥有广泛的群众基础，数据分析的工作就可以开始了。更基础的数据是从选材开始，通过一套数据标准，跟踪一个运动员在职业队的成长过程。采用数据化的分析方法，让合适的运动员出现在关键的比赛场次上。另外一类是姿态类、动作类的项目。像冬奥会的一些项目，比如高山滑雪、速度滑冰等，给观众展示力与美、速度与激情。这类项目关注的是个体怎么表现出色、效率怎么达到最高、力量怎么充分发挥。

> **史哲**

在体育发展的早期，人们只是简单地统计数据，比如球队和球员的技术统计数据和排名。后来慢慢发展为跟踪技术，比如足球运动员在场上的跑动位置，还出现了可穿戴设备，记录跑动过程中的心肺、出汗等方面的数据。数据越来越全面，对职业技能和身体素质都能有更全面的评估。那么在技术发展方面有没有代际差异？

> **李洪刚**

多种类型的技术都在发展。一种跟统计相关，主要统计像跑动距离这种数据。这种数据分析很早就开始了。还有一种技术叫多目标跟踪（Multi Object Tracking），早期跟踪技术不稳定，可能会跟丢，现在有了人工智能后则逐渐成熟。姿态类的技术发展更加突飞猛进，能从多个画面中恢复出人体三维姿态。几年前依靠多相机拍照合成三维信息，现在只依靠一台相机拍摄的视频就能恢复人体三维姿态，重建速度越来越接近实时处理。赛场上瞬息万变，场下的分析师、教练要想尽快对场上的战术做出调整，需要有快速的数据分析。这些技术在教学、训练、比赛中都有需求，而且几种技术"重合"了。

> **王鹏**

像网球比赛中的鹰眼系统，可以通过回放视频，判断得分、失分。

> **李洪刚**

现在排球比赛和羽毛球比赛也都有了鹰眼系统。视觉分析技术渐渐普及了。

》王鹏

这也是趋势。算力和算法满足了判罚的需要，给观众提供了丰富的观感。

17.3
比较、积累、建模：
数据在体育训练中的三大用途

》李洪刚

数据有什么用？做电子裁判或者辅助裁判也是一种用途。相对于高速相机来讲，人眼的"刷新率"很低，因此要判断球的落地有没有压线时，人眼存在局限。

教练对数据分析的技术一开始并不感兴趣，他们说自己都知道结论了。后来我们总结了几点用处：

第一，数据可以用于比较。数据可以被量化。举个例子，有经验的教练知道运动员的左膝抬得不够高，但是不清楚具体的高度和角度。教练说不够高，最好是与足够高的数据进行比较，比如冠军模型。数据能够提供比较的方法和尺度。

第二，数据可以积累。教练觉得今天训练很正常，不用看数据。但是明天有数据，后天也有数据，当数据累积一周或一个月后，就可以判断训练有没有效果。教练说训练效果不太好，具体不好在哪里？数据可以解答这个问题。因此，可以通过积累的数据分析训练质量、训练效果，以及训练趋势。

第三，数据可以用于建立模型。什么是模型？模型就是一组数据、一组动作。有了数据才能建立模型。不是似是而非地评价，而是用数据化、数字化的方式建立模型，把教练和运动员的经验变成知识。基于数据和模型的知识，可以训练更多的运动员。

17.4
苏炳添速度的秘密：
短跑数据揭示的加速技巧

»王鹏

您服务过夏季、冬季奥运会，能不能举一些例子，比如在田径、冰雪项目中，都采集了哪些运动员训练过程中的数据？

»李洪刚

如果有一些物理力学知识的话就不难理解，采集的数据跟力学相关。一个人的走、跑、跳是组合运动，关节是旋转运动。我们将各关节的旋转角度提取出来，基于各方向的旋转进行三维姿态建模，并将轨迹重建出来，以分析重心变化。比如，要研究花样滑冰的高周数跳跃：第一，起跳能量从哪里来？是将动能转化为势能而来。第二，旋转能量从哪里来？花样滑冰不仅是在一个

第17章 科技体育：用数据挖掘每个人的运动极限

方向上的动能转换，还有旋转能量的产生，要产生角动量。第三，空中旋转四周半后要稳稳地落地，怎样保证稳？落地之后马上要迎接第二次跳跃，能量怎么补充上去？每组动作序列都会有角动量、动量、角速度、转动惯量等数据。当收紧或抱紧身体时，转动惯量会变小，当伸展开身体时，转动惯量会变大。

提取旋转中的数据要比提取直线加速中的数据难一些，对于短跑比赛需要提取直线加速数据。举个例子，苏炳添在赛场上能做到前30米世界第一，在奥运会半决赛时前60米世界第一。在直线加速运动中，从起跑就要观察步幅和步频，步幅是一步跨越的长度，在起跑阶段，步幅不重要，步频很重要，要尽量像四足动物一样，身体贴着地跑，所有的力都指向前方，而不是指向上方。当整个身体抬起来时，速度达到最高速度的60%～70%。

提取的这些力学和运动学的数据，对生成数据模型都有用。普通人可以穿戴传感器，专业运动员在极少数情况下可以穿戴。以科研为目的获取运动数据尚可，平时训练穿戴传感器的话，会影响运动习惯，也可能造成运动伤害。比如冰上运动员很少穿戴传感器。

17.5
超越传统选才：
数据分析在运动员潜力评估中的作用

» 史哲

做数据分析的第一步是收集数据，第二步是分析数据，第三步是进行数据优化，第四步是进行模型反馈。提到冠军模型，我想到了马拉松比赛中有很多埃塞俄比亚运动员。他们的模型是由他们的身体结构、肌肉类型决定的吗？未来的冠军模型是数字化的，会照着模型找运动员来培养吗？

» 李洪刚

你说的是运动员选材，是看身高和身体特征判断是不是运动员苗子。比如 Ralph Mann 博士在接触中国短跑运动员时发现对起跑器的规定有很多限制，很多优秀运动员后来都进行了调整。短跑运动员的起跑有节奏，从开始到结束都有规定方式：要跑多少步，每步跑到哪。如果跑得不好就要进行调整。

在选材的时候，要去看运动员的整体指标是否满足要求。非洲运动员的长跑能力强，除了肌肉能量代谢转化成力量的效率非常高之外，与生理生化的基础也有很大关系，比如氧的消耗和代谢能力要非常强。体育科研有几个支柱：一个是解剖，跟肌肉有关；一个是生理生化，跟乳酸血氧有关；一个是运动表现，跟生物力学有关。生物力学不仅仅研究技术动作，怎么跑得更快，还研究基础体能。基础好了，能效就高，每焦耳能量达成的效果就更好，比如别人跑一步消耗 100 焦耳，你跑一步消耗 50 焦耳，你的效率高，可以把力量留在后半程，所以运动表现不仅研究动作，也研究能效。运动员在选材时如果能效低 20%，就要通过研究动作来弥补这 20%。

17.6
视觉技术革命：
影响运动员训练与表现的数据采集

》王鹏

肌肉也分类型，有耐力型和爆发型。马拉松运动员需要更多的耐力型肌肉，这种肌肉也许是基因、环境、饮食决定的。现在依靠光学、视觉设备提取运动的三维信息，需要用多少台相机？相机的角度、高度、分辨率、帧率等因素会对算法的设计和开发产生重要影响吗？

》李洪刚

这个问题触及了技术的核心：首先，视觉技术既适合普通人，也适合专业运动员。普通人把手机放在三脚架上自拍就可以了，运动员身边不一定随时有教练，也可以用这样的方式拍摄。其次，很多项目的运动范围和空间范围非常大，像百米跑要能拍下 10 米、20 米、30 米、40 米等位置，花样滑冰运动员不止在一个位置跳跃，整个赛场 30 米 ×60 米范围内有四五个热点，拍摄范围要更大一些。这些都是可以通过视觉技术实现的。再举个例子，基于惯性传感器的动作捕捉，通常有一个归零的过程。所谓归零，就是走一圈回到原来的出发点。因为存在误差累积，重建后的 3D 轨迹能准确回到原点是不容易的。但基于视觉定位就能避免误差的累积，所以有很多优势。

17.7
多相机系统与三维重建：花样滑冰训练中的技术创新

》史哲

您提到了技术的复杂性以及视觉技术独特的优势。北京冬奥会期间，国家的滑冰运动员使用这些技术提高训练成绩，具体用在了哪些方面？训练效果如何？

》李洪刚

花样滑冰场地大小是 30 米 ×60 米，将近 2000 平方米，三维重建需要多架几部相机，10 部相机不一定够，怎么解决？日常训练采用的方法是用两台相机追踪拍摄，这里有一个强假设，只拍运动员跳跃时的动作。跳跃动作发生在很短的空间距离内，平移距离有 2 米多，在空中完成跳跃需要 0.7 秒。人类的神经系统、成像系统，可以不断地适应和调整，随时定位空间中运动物体的位置。相机还做不到这一点，没法根据追踪过程中相机的绝对位置和相对朝向对运动物体的位置和朝向进行矫正和补偿。人体各关节间的相对位置是固定的。虽然排列组合很多，但实际上花样滑冰的动作种类有限，关节和关节的关系则有几百种、上千种。使用深度神经网络进行训练，记住图像中前景、背景的关系以及组合，从 2D 关节特征点恢复和计算 3D 关节特征点是可行的。

第 17 章 科技体育：用数据挖掘每个人的运动极限

在视觉重建中，有一个典型的问题就是二异性：当人面朝相机的时候，手臂沿着相机光轴方向移动，相机没有办法分辨手臂在接近还是在远离。使用两部相机就可以解决二异性的问题，通过增加更多的信息来提高深度神经网络的准确性。二异性不仅体现在单一肢体上，人体有两条手臂、两条腿，都有类似问题需要解决。通常情况下用两部相机能恢复全身的 3D 关节特征点，对于 40 米速度滑冰、40 米直道滑行等，都能够满足要求。

17.8
智能捕捉运动瞬间：
如何重建人体三维动作与量化关键帧

》史哲

用深度学习的算法分析两部相机拍摄的视频内容，重建人体三维运动信息，提取动力学特征，把骨骼关键点的特征量化为一组连续的数据。在这些过程中，采样时间点怎么考虑？

»李洪刚

这个问题非常重要。在运动中有一些关键帧、关键事件。比如短跑最重要的几个时间点：脚什么时候接触地面，什么时候从地面抬起来，这些都非常重要。花样滑冰在起跳前有两到三个阶段，每个阶段中要抓住动作转换和生成的关键帧和关键事件，要能识别出它们，再把相应的数据逐段拼接上。

»史哲

优秀运动员的动作很标准，普通高中生使用的这种系统会不会更难做？

»李洪刚

也不是，高水平运动员强调数据的准确性，普通人对精度没有严格的要求。

»王鹏

如果深度神经网络估计的数据不准确，包括关键帧、关键关节的骨骼信息，那么运动员和教练用什么样的辅助工具，去告诉算法更准确的数据呢？

»李洪刚

提升数据准确性这个问题一直存在。比如 Ralph Mann 博士使用了我们开发的短跑工具，隔一周就会向我们反馈又有一些错帧。我举个小例子，通常的田径跑道是橘黄色的，突然间有一组视频内容中出现了蓝色跑道，这时候检测算法就会有错误。例如，在加州阳光明媚的户外，当运动员跑在阴影区域而背景非常明亮时，前景运动员的肤色检测模型很可能出现错误。新的场景、问题、工具需要不断修正。随着数据量的增加，错误会越来越少。

17.9

从 20mm 到 4mm：
3D 重建技术在运动场景中的精度飞跃

» **王鹏**

你们处理过的误差有多大，要修正多少次后误差才能达到可接受范围？

» **李洪刚**

专业上衡量 3D 重建误差，用的是关节点重建出来的结果。3D 坐标和真实数据比较起来，误差以 1mm 为单位衡量。现在的学术论文中比较好的结果在 20mm 左右，是在标准数据集上测试的结果，如果直接用在运动场景里误差可能更大。透露一下技术细节：因为动作是连续序列，当帧率较高时，动作在帧和帧之间的变化极其缓慢，因此可以借助相邻帧提供更精准的信息，得到更精准的还原。在花样滑冰或者短跑上我们能够把精度降到 4mm 以下的数量级，甚至有信心用超分辨的方法把精度再提高。4K 的画面分辨率经过超分辨还原成 8K，可以进一步降低误差。

» **史哲**

影视行业也有视频捕捉、3D 捕捉的技术，其精度要求和具体实现之间有多大差异呢？

» **李洪刚**

我举个例子，工业光魔这个参与了《星球大战》特效制作的团队，要求高精度重建的精度控制在 1mm 以内，并能够支持多人同时在场地上进行操作。第一，相机要多，不能有拍摄死角。第二，人物身上要贴反光标签。相机多会带来更大的数据量，计算成本呈几何级数增长。运动场景里，相机不能拍得太多，一直在室内场馆训练不现实，如果在外面训练，随身携带的相机很难采集到合适的数据。第三，重建精度要求可以逐渐提高，逐渐从 20mm 提高到 10mm 精度。现在的重建技术比影视业的捕捉技术要差一些，但随着相机数量增加或者数据量增大，精度可以继续提高。

17.10
姿态的秘密：
竞技体育中个性化动作分析的技术突破

》王鹏

在竞技体育里有什么类型的运动用不上辅助分析工具呢？

》李洪刚

对姿态要求不敏感的项目，比如越野、滑雪、马拉松等，我们开始以为是不需要的。后来发现动作会影响能效。有些马拉松运动员跑步时不抬臂，有些抬臂。部分研究表明，依赖体能的项目，运动姿态就值得分析。一些通常认为视觉技术很难发挥作用的领域中，辅助分析工具也有用武之地。比如在水下项目中，可以关注入水前或转身时的姿态。虽然水的折射使视频内容发生扭曲变形，但仍有机会使用深度神经网络做分析检测。像马术、高尔夫等运动，对动作姿态要求非常高，也非常适用于辅助分析工具。

第 17 章 科技体育：用数据挖掘每个人的运动极限

》史哲

还有一个问题。姿态跟个人身体结构有关，这些偏差怎么带入动作分析里呢？比如高尔夫，不同的世界冠军会根据自身特点使用不同的挥杆动作；篮球运动员有的胳膊长，有的腿长，投篮动作也会有差异。这些差异如何在分析系统中建模，每个模型又如何与最优模型进行匹配？

》李洪刚

对于优秀运动员来说，不是每人都用同一个模型。第一，在分析动作的时候通常以问题为基础，要弄清是提速的问题还是转体的问题。第二，人和人的身体结构有差异，但从力学和动力学角度分析总能找到共性。第三，冠军模型是根据世界上最优秀的运动员建立的，碰到一位新运动员的时候，要针对其体貌特征，比如肩宽、臂长、身高等生成个性化模型。个性化模型是通过拟合和加权得到的。从这个意义上来讲，只要掌握了力学和动力学的共性，就可以建立一个复合模型网络。

17.11
用数据打造冠军模型，挖掘每种身材的生理极限

》王鹏

复合模型是可以组合的吗？可以把标准的动作进行分解吗？

》李洪刚

复合模型既有个子不太高的运动员数据，也有个子很高的运动员数据。如果模型数据全部集中在身高 1 米 8 以上的运动员身上，分析 1 米 7 的运动员动作时，就会有先天偏差。

》**史哲**

有点像 NBA 选秀。球探看了很多场比赛，最后得到一个选秀模板。球探的工作是给球队和球员做定性分析：球队要不要补充某一类型的新人？在选拔新人时，球队的战术体系会成为运动员能否成功的关键吗？怎么去平衡个人和球队的关系？

》**李洪刚**

你刚才说的选运动员的例子，在中国很普遍。怎么认定优秀运动员呢？体貌特征是必要条件吗？当拥有了高效的数据提取方法后，可以对运动员进行不断的随访。采集数据后发到云端进行大数据分析，就能看到某些关键指标的变化曲线。培养冠军的名牌教练，要不要用新的数据补充经验模型？答案是肯定的。如果能加入新的世界纪录创造者的数据，冠军模型就会更有说服力。除了科技加持的选材数据，还有技术加持的比赛数据。

》**史哲**

有了数据模型，刘翔一开始就不会去练跳高，而是直接选择 110 米栏运动？

》**李洪刚**

这是一个有意思的话题。跨界跨项是常见的，很多运动员刚开始练习的项目，并不是他们最后成名的项目，但是对他们的成名很有帮助。举个例子，早期接受过冰球训练的运动员如果改练高山滑雪项目，会有天然优势。高山滑雪不断做大小回转，包括超级大回转。这次冬奥会，我国很多运动员都是跨界跨项的，比如钢架雪车的运动员。

》**史哲**

有了运动员的综合训练和专项训练数据，利用数据进行计算、

第 17 章 科技体育：用数据挖掘每个人的运动极限

模拟、仿真，可以做出更好的混合模型。利用混合模型发现运动员在其他项目上有优势，是不是能产生更多奥运冠军？

» 王鹏

中国乒乓球队技术达到顶峰的时期，比赛成绩特别好，据说国际乒联因此修改了比赛规则，变更了球的尺寸。如果使用了智能化技术，每位运动员的比赛成绩都提上来，是不是就要出现更加高难度的比赛规则？市场上除了数据采集和分析系统，还有哪些同类工具和产品？

» 李洪刚

视频采集系统很早就有了，之前靠人眼和人脑处理，后来陆续出现了应用软件。比如高山滑雪，有一家瑞士公司的分析软件把两路视频同时播放进行比较，左边是这次的跳跃镜头，右边是上次的跳跃镜头。后续出现的分析软件，找外包人员手工标注视频中运动员的关节点，分析图像帧和帧之间存在的差异和抖动。进入 AI 时代，用分析软件检测运动模型变得越来越准确和可靠。

17.12
手机上的健身教练：
让每个人享受专业训练体验

» 王鹏

现在除了体育总局采购硬件软件，普通的舞蹈、瑜伽、健身机构都找过你们吗？

» 李洪刚

我们的系统还处在原型阶段，每次应用都是新的场景，还没有在省队普及。从原型到成熟产品，需要考虑成本和商业模式。我们的产品现在给国家队使用，还在打磨。我们尝试用手机拍摄短跑运动员。专业短跑运动员需要 300 帧每秒以上的采集帧率，能够支持慢动作拍摄 480/960 帧每秒的手机就够用。如果算法在手机上运行缓慢，就需要将视频上传至云端处理，这将极大地考验网络带宽。对专业运动员，我们采集了人体的 33 个骨骼点。这种算法在手机上运行得太慢了，如果减少到 14 个关键骨骼点，对大众健身房就够用了。这也是未来的趋势。

》史哲

把高科技变成"低科技"，让每个人都可以享受到随手可得的科技福利。非常希望能看到这样的系统能融入我们的生活，让我们每天跑步做运动的时候，能达到减肥或健身的目的。

》李洪刚

我们设想过一个场景：数字健身教练陪着每个人，指出哪些

第17章 科技体育：用数据挖掘每个人的运动极限

动作是对的哪些是错的，陪着我们坚持下去。

对话嘉宾

李洪刚，瑞米科技创始人兼CEO。主持人工智能3D运动姿态重建、数据分析、元宇宙体育赛事的前沿应用研究。曾负责2022北京冬奥会重点项目的多相机数据采集和分析工作，承担基于有限多路视觉的大视场3D运动姿态重建、基于3D生成网络的长城虚拟修复、3D人脸表情实时重建，以及人工智能集群机器人等深度神经网络、机器视觉、图形学等前沿项目研究工作。拥有约40项国际专利。

第18章
有关 AI 艺术创作的讨论

艺术与 AI 的交锋：数字时代的著作权迷局

年轻艺术家林娜一直致力于传统绘画，她的作品以细腻的笔触和对生活的独特洞察备受赞誉。一日，林娜偶然发现网络上一幅爆火的数字艺术作品《幻景之域》，其风格竟与她一直构思却尚未完成的作品极为相似。深入调查后，她发现这幅作品由一家名为智绘科技的公司利用 AIGC 技术生成，该公司还通过出售作品著作权获取了巨额利润。

林娜坚信自己的创意被侵犯，毅然决定诉诸法律。法庭上，双方各执一词。她的律师指出，从创意的源头来看，林娜无疑是原创者。然而，智绘科技坚称他们公司才是对作品投入资源和技术的主体，理应享有著作权。

最终，经过长时间的审理和多方论证，法庭做出了一项具有里程碑意义的判决：认定林娜对作品的创意拥有优先权，智绘科技在使用类似创意进行 AI 创作时，需获得授权并付费。

这场官司结束后，林娜并没有沉浸在胜利的喜悦中。她意识到，技术的发展是不可阻挡的，艺术与科技的融合将是未来的趋势。于是，她开始尝试与智绘科技合作，利用 AIGC 技术拓展自己的创作边界，共同创作出了一系列令人惊叹的作品。这些作品既保留了人类艺术的温度，又展现了科技的神奇力量，成了艺术界新的典范，也为解决数字艺术领域的纷争提供了新的思路。

18.1
AI 艺术创作：
从身份谜题到作品认定的思考

»AI 工程师

我认为 AI 在某些领域已经拥有了人的创作能力。在艺术领域，AI 能在没有人类干预的情况下创作出极富创造性的优秀作品。在文学领域，微软的 AI 程序小冰创作了诗集《阳光失了玻璃窗》，包含 139 首现代诗；在音乐领域，华为利用 AI 技术补全了舒伯特未完成的《第八交响曲》；在绘画方面，AI 创作的《太空歌剧院》在科罗拉多州艺术博览会中脱颖而出，获得了头奖。AI 技术发展至今，已在艺术领域达到甚至超越了人类的水平，我们可以自豪地宣称：AI 就是艺术家！

»艺术家

我恐怕无法完全同意您的观点。AI 生成的作品或许能给人带来美的感受，但它们终究缺乏人的灵性。艺术是人类独有的领域，是对人性的探索，是人类深层次情感、智慧和感悟的表达。AI 终究不是人，它缺乏人的创造力。说到底，AI 只是通过计算分析人创作的作品的特征，用数字模型变换形式，再现人的创造而已。

»AI 工程师

我承认 AI 并非人本身，但这并不等同于认为 AI 在某些领域不具有人的智力水平。1950 年，英国数学家阿兰·图灵提出了著名的图灵测试，用于衡量一个计算机程序是否具有人类水平的智能。2014 年，聊天程序尤金·古斯特曼（Eugene Goostman）首次通过图灵测试，2016 年，清华大学语音和语言技术研究中心研发的写诗机器人薇薇也通过了图灵测试。2016 年，索尼在巴黎的计算机科学团队研发出深度巴赫（Deep Bach）AI 程序，能够自行创作出与巴赫风格极为相似的音乐作品。研究团队对 1600 多人进行测试，其中 400 多人是音乐家和音乐系的学生，最终 50% 以上的人认为它们是巴赫创作的作品。

»艺术家

通过了图灵测试也不等于 AI 具有人类在艺术上的独创能力。称 AI 为艺术家，是大部分艺术创作者不能接受的。2023 年 5 月，美国好莱坞约 1.15 万名编剧罢工，表示拒绝为 AI 打工。大多数艺术创作人士不能接受机器凌驾于人类之上，他们认为 AI 生成的作品是没有灵魂的。

»法学家

虽然 AI 在深度学习的基础上可以在一定程度上脱离设计者自行生成"作品"，但在法律层面，AI 只能被视为工具，不能被赋予人的主体资格。从这个意义上来看，AI 不能被认为是著作权人，因此也不能被称为"艺术家"。

»AI 工程师

既然 AI 不具有人的身份，那么 AI 生成的作品的作者是谁呢？是 AI 的设计者吗？

»艺术家

或许是 AI 的使用者吧？

»法学家

如果认为 AI 生成物可以被认定为"作品"，AI 的使用者或设计者也都不能被认定为是作者。《中华人民共和国著作权法实施条例》第三条规定，"著作权法所称创作，是指直接产生文学、艺术和科学作品的智力活动。"所谓"直接产生"，是指直接决定了构成作品的表达性要素。无论是 AI 的设计者还是使用者，对生成的结果既不能预知，也无法控制，因此他们不能被视为作者。

> **AI 工程师**

那么，AI 生成的作品难道就没有作者吗？

> **法学家**

不仅没有作者，AI 生成物甚至不应被认为是著作权法意义上的作品。

> **艺术家**

虽然我不认为 AI 可以与艺术家相提并论，但 AI 生成的图画、音乐、文字等确实和人创作的作品有许多相似之处。为什么它们甚至不能算作作品呢？如果画家用绘图软件绘画，那么这种画作能否被视为作品？

> **法学家**

使用绘图软件绘画与 AI 自动生成的图片是有区别的。当画家使用绘图软件绘画时，软件仅是工具，画家能预知画作，对绘制结果有控制力。而在 AI 生成的作品中，使用者只是提供了一些指令，却完全无法预知最后会生成什么样的图片。之所以说 AI 生成的作品不算作品，是因为它们不具备独创性。

> **AI 工程师**

我无法接受这个观点！你怎么能说它们没有独创性呢？你看看 AI 生成的《通向天堂之近路》（*A Recent Entrance to Paradise*），它模拟了临死的体验，多么富有创意啊！再看看

《虚假记忆：电工》（Rseudomnesia: The Electrician），它甚至可以获得索尼世界摄影奖，多么有感染力啊！还有荷兰代尔夫特理工大学使用 AI 生成的《下一个伦勃朗》（The Next Rembrandt），画风与伦勃朗如出一辙，创造出仿佛是伦勃朗亲笔所画但又前所未有的"自画像"，这不是具有创造性吗？

»法学家

判断是否为著作权法意义上的作品，关键在于其是否具有独创性。判断作品是否具有独创性的主要依据是创作者是否为自然人。世界各国的法律实践普遍不认为 AI 生成物具有独创性。在美国，著作权保护的基本原则之一是：作品的作者应该是自然人，除自然人之外的其他主体创作的作品，都不在著作权保护之列。从"大猕猴自拍案"开始，美国第九巡回法院确定了动物不能成为著作权主体的原则。2016 年，美国版权局重新对作品作者身份的要求进行了解释，在《美国版权局实践纲要》中，明确规定版权局不能为自然、动物或植物创作的作品，鬼神或超自然存在创作的作品登记著作权。在其后对 AI 生成物的裁决中，美国版权局都强调了著作权法只保护基于人类心智创作能力产生的智力劳动成果。2023 年 3 月，美国版权局又发布了《AI 生成作品的版权申请指南》，进一步明确了 AI 生成的部分是不受保护的。不仅是美国，世界各国的法律实践中也普遍认为：AI 不具有独创性，其生成物不属于著作权法意义上的作品。

18.2
AI 生成物权益困境：归属界定与著作权保护

» **艺术家**

AI 生成物虽然不属于"作品"，但是会产生利益，这些利益属于谁呢？

» **AI 工程师**

这个问题我特别关注，AI 生成物的权益属于我们设计者，还是使用者，还是由二者共享呢？

» **法学家**

学界有很多种观点，比如编程者独立权说、操作者独立权说、类职务发明说、共有权说、虚拟法律人格说、孳息说等。这些学说都具有其合理的逻辑。但是，如何确定权益的归属，有待于立法予以具体明确。

» **艺术家**

一些 AI 生成物有很高的艺术价值，如果得不到著作权法的保护，岂不是任何人都可以随意取用？这对那些使用 AI 生成优秀创作物的艺术家来说，是非常不公平的。

» **AI 工程师**

是啊，对我们 AI 研发企业也非常不公平。

» **法学家**

在现有著作权法的框架下，AI 生成物确实面临着这种困境。

如果认为AI生成物可以流入公共领域,是不利于产业发展的。

» AI工程师

那该怎么办呢?

» 法学家

在现有的著作权法的框架下,做某些变通处理,可以提供解决这个问题的思路。针对AI生成物著作权保护的困境,理论上主要有四种保护模式,分别为雇佣作品模式、孳息模式、邻接权模式、孤儿作品模式。

雇佣作品模式是指将AI视为雇员,将使用者视为雇佣者。该模式有助于将AI生成物纳入著作权法框架中,也有利于明确权益的归属。雇佣作品模式,其实质是通过适用"视为作者原则",借助雇佣作品或者职务作品规则,对AI生成物提供著作权保护。在司法实践中,深圳市南山区人民法院审理的腾讯公司AI生成物著作权案中,法官认为该生成物具有独创性,应当受到著作权法保护,并将其纳入法人作品范围加以认定。

孳息模式将AI生成物视为深度学习时所用数据的直接孳息。AI生成物的性质与物的直接孳息相似,也可以归属于事物的直接孳息。孳息模式有助于避开AI的"主体"问题。同时,也可以借助孳息的规则,确定权利归属。

邻接权模式是通过法律设定邻接权,为AI生成物提供保护。邻接权对主体独创性的要求较低,采用邻接权模式可以绕开AI的主体问题,并可以在一定程度上解决权利归属问题。

孤儿作品模式是指将AI生成物视为孤儿作品,在无法确认创作物作者身份或者难以联系作者的情况下,允许使用者先行对作品加以利用并给予实际作者经济补偿。孤儿作品模式以迂回的方式解决 AI 生成物主体不明的问题，有助于平衡 AI 投资者与使用者的利益。

18.3
AI 应用侵权迷局：
换脸争议与合理使用问题探讨

» 艺术家

此前，"AI 孙燕姿"很火，但我越深思，越感到恐惧。如果有人使用 AI 换脸的技术，我的作品会轻易地被另一张脸所替代，我会非常受打击。更可怕的是，如果把我的脸换到违法犯罪视频上，我的名誉可能会毁于一旦。

» 法学家

AI 换脸存在很大的法律风险，一方面可能侵犯一个人的人格权益，另一方面，也可能侵犯作品的著作权。AI 换脸属于深度合成技术。2023 年 1 月 10 日，《互联网信息服务深度合成管理规定》生效，这是我国第一部关于深度合成的部门规章，为规制 AI 换脸等深度合成提供了法律支持。

» AI 工程师

作为设计者和经营者，我也担心我们提供的 AI 服务会有侵权风险，法律风险是任何一个经营者都难以承受之重。

» 艺术家

我也很担心自己的作品的权益受到侵犯。

> **法学家**

AI侵犯著作权有其特点。一方面，在深度学习阶段，未经授权以复制、改编等方式侵犯作者权益时，很难为权利人察觉。另一方面，AI生成的作品也可能侵犯作者权益。随着AI技术的发展，AI侵权往往以一种难以识别的"洗稿"的方式出现。传统的实质性相似的认定，往往采用单独对比原则，采用"一般人"的标准来认定。然而，从"一般人"的角度判断，AI生成物中的相似之处很难辨别。因此，需要特别指出的是，对于AI生成物的判断，应该以专业技术人员的标准进行认定。

> **AI 工程师**

AI生成是建立在对海量素材学习的基础上的，如果每个作品都必须经过授权才能使用，将会产生一笔巨大的投入。我的很多同行都是因为这个原因，最终放弃了研发。在我国，AI对数据进行获取和利用，可以适用合理使用制度吗？

> **法学家**

遗憾的是，虽然我国著作权法规定了合理使用制度，但是其在AI上很难适用。首先，AI的使用不属于"个人学习研究"，因为AI在主体上不属于"个人"，在目的上看也是属于商业性质的，不符合研究学习的非商业目的要求；其次，很难认定AI的使用属于"科学研究"的情形，因为科学研究是以公共利益为目的的，那些商业目的的AI无法被认定为属于此种类型；最后，AI的使用也不属于"适当引用"的情形，这种情形在目的上是"为评论某一作品或说明某一问题"，但是AI并非基于该目的使用作品，而且AI的使用往往是全篇复制，使用该作品的主要部分或实质部分，不符合适当性的要求。

» AI 工程师

这对我来说真是个打击，我本想全力以赴研发 AI 服务，但获取授权的成本实在是一个沉重的负担。研发 AI 的道路充满阻碍，我经常会望而却步。

» 艺术家

从你们的角度思考，要获得授权的确很耗费资金。如果所有的钱都用在购买授权上，那还有什么资金用来研发呢？

» 法学家

AI 获取和利用数据适用合理使用制度，其实是有希望的。一方面，从政策上看，我国从国家政策层面高度关注国内 AI 产业的发展。另一方面，世界各国正在全球范围内探索并尝试建立合理的 AI 使用制度。

日本的合理使用制度是对 AI 发展最为支持的。日本《著作权法》在 2009 年和 2018 年的两次修订后，最终在第 47 条中规定，允许开展 AI 研究的主体复制他人的作品，并将其形成的数据库向公众提供。欧盟在《单一数字市场版权指令》的第 3 条和第 4 条中对此进行了规定。第 3 条是强制性的例外条款，要求成员国应规定该合理使用情形，科研机构和文化遗产机构可以为科学研究目的进行文本和数据挖掘。第 4 条是选择性的例外条款，允许成员国选择不限制适用文本与数据挖掘例外条款的主体，但如果著作权人明确排除使用者进行文本与数据挖掘，则不在此列。美国则基于转化性理论，在司法实践中确立其合理使用规则。面对 AI 的迅猛发展，很多国家都主动进行了立法上的回应。我个人认为，在不久的将来，我国也一定会采取有效的立法举措。

»AI 领域企业家

对于未来 AIGC 的大规模应用,我再补充几个重要的问题。第一是成本问题。当前的 AIGC,不论是训练还是生成,都需要大量的数据和算力,背后是海量资源和巨大成本。目前看来,各种面向终端消费者的应用,成本和收益还有差距。要实现这种成本收益的平衡,可能需要在算法和硬件基础架构上有着更多的创新,以更为低廉的成本提供各类消费级服务,真正让 AIGC 走入寻常百姓家的日常应用中。第二是绿色环保问题。对于这个问题,科学界和产业界已经提到了很多次。AIGC 的应用是"吞电兽",它的使用已经严重影响到了能源的使用和分配。未来,从全球角度看,很有可能出现类似"能源霸权"的"智能霸权"。这需要全球在能源使用上寻找到新的协调方式,探索新的能源产出方式,以适配由 AIGC 推动的 AI 时代。

谈及数据处理时,因为 AI 本质上是对人类经验的学习,所以给它"喂"什么样的数据,对于最后它能学到什么经验十分重要。个人认为,未来有必要在所有生成的数据内容上,标明哪些是人类产生的或真实世界产生的,哪些是由机器生成的。在明确数据来源的前提下,才能够得到与真实世界更为相符的判断。毕竟,在未来可能大量数据都是 AI 自己生成的,如果不用人类的反馈和知识判断加以控制,用机器数据去训练数据,很有可能会在黑盒机制下,形成某种意义上的"数据毒化",产生我们不可控的结果。

18.4
AI 监管与行业自律：
协同共进的发展之路

»艺术家

我仍然很担心 AI 会无节制地成长为一个破坏艺术创作的怪物。目前对 AI 有什么监管措施吗？

»AI 工程师

我也对 AI 的法律政策和监管措施非常感兴趣。

»法学家

AI 的监管日趋完善。在全球范围内，欧盟正在制定的《人工智能法案》可能是全球首部针对 AI 的法案，其主要是为使用 AI 系统的任何产品和服务制定规则。它的重点在于构建一个基于风险的制度模式，出发点是保护基本人权，以 AI 系统对人类基本权利的威胁程度进行区分，为不同级别的 AI 提出了不同的合规要求，并实施不同程度的监管。该法案将风险分为四个层级：不可接受的风险、高风险、较低风险、最低风险。这为我国 AI 的规制提供了良好的思路。

我国非常重视对 AI 的规制。2023 年 4 月 11 日，国家互联网信息办公室发布了《生成式 AI 服务管理办法（征求意见稿）》。这是一项主要针对 AI 服务提供者的框架性规定。它借鉴了 2022 年实施的《互联网信息服务算法推荐管理规定》以及 2023 年实施的《互联网信息服务深度合成管理规定》。

《生成式人工智能服务管理办法（征求意见稿）》比先前的

新智微光：科技创新驱动新质生产力

两部规定有了进一步的发展：首先，它在内容上做出了新的延伸；其次，监管主体范围扩大，扩大到所有向中国提供服务的 AI 平台。

此外，地方政府也在积极探索和尝试。2023 年 5 月，北京市公布了《北京市促进通用人工智能创新发展的若干措施（2023—2025 年）（征求意见稿）》，提出了 21 项措施，旨在从算力、数据、算法、应用和监管等五个重大方向引导北京的 AI 事业发展。

»艺术家

AI 使用者必须自律。如果有人模仿别人的画，用 AI 生成一幅类似的画，署上自己的名字，然后在网上出售，这对于原创画家来说是不公平的！

»法学家

缺乏诚信是要付出代价的。美国有一部漫画名为《黎明的查莉娅》，作者在没有透露漫画由 AI 生成的情况下，就获得了著作权注册证书。后来才发现该漫画是用 Midjourney 软件生成的。美国版权局一开始决定撤销整部漫画的著作权，但经过复审程序后，版权局决定认可文字部分是原创的，作者拥有著作权，同时认为整体的图文编排属于汇编作品，也可以得到著作权保护。但是在重新发给作者的注册证书上，特别注明了该漫画的图像是 AI 生成的，因此作者不享有著作权。

»AI 工程师

据我了解，AI 行业已经在行业自律上采取了行动。2019 年 8 月，由深圳 AI 行业协会发起，众多国内主要的科技公司共同制定了《新一代人工智能行业自律公约》。这份公约旨在构建 AI 的行业伦理体系，实现行业自律。提供 AI 服务的公司也在不断努力。2023 年 5 月，某公司官方发布声明，如果其平台的"头像生成器"

存在侵权行为，公司愿意为每张图片赔偿创作者 1 万元。

» 艺术家

我听说过这件事情。该公司有一个创作分享社区，推出了 AI 绘画功能，用户只需输入关键词就可以生成图像。我的很多从事绘画的朋友都对这个功能表示非常不满。他们通过注销账户、退出平台等方式进行抗议，引发了一场不小的风波，但该公司最终兑现了承诺。

» 法学家

这说明，要实现 AI 的健康发展，需要行业内所有人的共同努力。

» 艺术家

另外，艺术作为文化表达的独特载体，汇聚着不同地域、社会孕育出的多元创意。面对 AIGC 技术借助算法实现内容的自动化生成，我不禁想到一个问题——该如何处理技术和文化多样性的碰撞？

» AI 领域企业家

要尊重文化的多样性，我觉得最重要的还是要尊重人的主观能动性。AIGC 工具越顺手，越要在流程上加强人机协同，这样才能够在最为核心的领域中实现尊重和适应多样性。对于企业来说，在地内容的生产，必须利用在地人员进行协同创作。而 AIGC 工具可以很好地降低在地人员的准入门槛，从而保证人机协同环境下的多样性。秉持尊重文化差异的前提，首先要尊重不同国家和地区的人。尊重人的最好方法是让他们参与其中。而且，让人参与的 AIGC，更容易将在地的抽象的文化价值，形成更加顺应时代和在地表达的新形式、新内容。

其次，尊重、保护这种多样性文化，还需要加强训练所用数据源的选择和针对在地文化的专有模型设计。如果采用网络中的公开数据，往往会带有互联网上的刻板印象，稍有不慎，就会对在地文化造成极大的伤害，出现不可预知的后果。

18.5
AI 艺术创作与应用的星辰征途：
多元融合下的瑰丽展望

»AI 工程师

通过今天的对话，我深感理解 AI 需要理解艺术。AI 在艺术领域的所有成就，都基于过去数百年来无数人的艺术创作。AI 和艺术创作是殊途同归的，所有的精进都是在表达生命。我认为那是 AI 和艺术共同的归宿。

»艺术家

我非常同意您的观点。随着 AI 技术的日新月异，我们既需要理解艺术也需要理解 AI。法国文学家福楼拜曾说过："越往前走，艺术越要科学化，科学也要艺术化；二者在山麓分手，回头又在顶峰汇集。"

»AI 领域企业家

目前，人类对于 AI 的关注，主要来自大模型带来的通用性，及其展示出的和普通人熟悉的技能相关联的适用性，但是这种通用性并不能够保证其在这些工作或技能上一定比人类做得更好。当前普通人对于 AI 的普遍情绪是焦虑，这种焦虑其实来自人类的本能，是人类对于未知世界的不可控性表现出来的本能的焦虑。

而当前 AI 的黑盒特性，又从技术角度放大了这种焦虑。但是，当人类无法预测未来时，可以多往回看看，从历史中寻找经验。

当前的这种焦虑，在 19 世纪的大机器时代，在 20 世纪八九十年代的计算机时代，都曾经出现过。当时大家发现新的工具能够替代当时存在的很多岗位的工人，因此产生了恐慌。但是随着技术应用的深入，大家对于这种技术运用更为熟练了，理解更多了，反而也就没有焦虑了。毕竟从发展的角度看，一种新技术的应用，除了实现了岗位的替换，还有创造效应——新的技术应用后，会产生新的岗位。比如蒸汽机出现故障，就会出现蒸汽机修理工，这是新技术所创造的新工种。还有一种是补充效应，就是使用新工具完成老工作。比如计算机时代到来后，文员还是文员，只不过不再是笔头写作的文员，而是使用计算机写作的文员。

普通人有一个认知上的缺陷：往往会夸大当前新技术在未来的作用和影响，而忽视了一些持续进步的技术在一个时间跨度后的影响。现在看来，自 2022 年底出现 ChatGPT 之后，人类对于 AI 的重视和焦虑，很可能是杞人忧天。而目前各种专业 AI 在专业领域的应用，往往又被大家以自动化或软件处理的名义集体忽视。而这些专业领域的发展，很有可能在未来的数年间，重塑我们的生产生活行为。当然，目前这些专业软件也存在着和大模型技术融合的趋势，也在和人类当前的生产行为相融合。未来会怎么发展，我们只能以冷静、理智的心态，拭目以待。

》**法学家**

正如你们所说，伟大的实践家都是相似的，他们都有自我表达的欲望。我们今天探讨的 AI 与艺术的各种交汇，归根结底，都指向我们人类在前行路上永不止息的渴望。借用乔布斯先生的话，无论是在 AI、艺术还是法律工作中,我们都在试图用我们有限的才能去表达我们深层的感受,表达我们对前人所有贡献的感激,为历史的长河增添一丝丝痕迹。这就是推动我们前行的力量!

对话嘉宾

张宜春,博士,副研究员,中国艺术科技研究所数字艺术部主任,演艺装备系统技术文化和旅游部重点实验室副主任,全国文化艺术资源标准化委员会委员,中国计算机学会计算艺术专委会委员,中国人工智能学会人工智能与艺术专委会委员。共主持或参与国家重点研发计划2项,曾获得国家社会科学基金、国家自然科学基金、科技支撑计划等国家科技项目5项,省部级以上项目30余项。发表论文50余篇,申请国家发明专利10项,获得授权7项,出版专著2本、译著1本,获得省部级以上科技奖项6次。

赵天娟,北京市金阙律师事务所创始合伙人,北京市文化娱乐法学会品牌保护与IP授权法律专委会主任,美国加州大学伯克利分校法学硕士,美国华盛顿大学法学院访问学者。赵律师专注于知识产权和IP授权领域二十余年,和其团队多次被《钱伯斯杂志》(Chambers and Partners)、《法律500》(Legal 500)、《知识产权管理杂志》(Managing IP)、《亚洲法律杂志》(Asian Legal Business)等评选为中国领先的知识产权律师和团队。赵律师代理的案件曾被最高人民法院和某高级人民法院评选为年度全国和省级十大知识产权诉讼案件。赵律师著有《文娱综艺行业知识产权法实务研究》等多部专业图书,为文化娱乐行业的细分领域提供法律智库专家服务,曾受邀在多个国际法律专业论坛上发表演讲。